U0814458

中欧陆家嘴国际金融研究院
中东欧经济研究所

中东欧经济研究报告 2020—2021

RESEARCH REPORT ON CENTRAL AND EASTERN EUROPEAN ECONOMY 2020—2021

主　编　姜建清　副主编　盛松成　陈　进

中国金融出版社

责任编辑：张菊香
责任校对：潘　洁
责任印制：张也男

图书在版编目（CIP）数据

中东欧经济研究报告．2020—2021/姜建清主编；盛松成，陈进副主编．—北京：中国金融出版社，2021.11
ISBN 978 - 7 - 5220 - 1363 - 3

Ⅰ.①中…　Ⅱ.①姜…②盛…③陈…　Ⅲ.①欧洲经济—研究报告—中欧—2020 - 2021②欧洲经济—研究报告—东欧—2020 - 2021　Ⅳ.①F151

中国版本图书馆 CIP 数据核字（2021）第 208546 号

中东欧经济研究报告 2020—2021
ZHONG - DONG'OU JINGJI YANJIU BAOGAO 2020—2021
出版发行 中国金融出版社
社址　北京市丰台区益泽路 2 号
市场开发部　（010）66024766，63805472，63439533（传真）
网 上 书 店　www. cfph. cn
（010）66024766，63372837（传真）
读者服务部　（010）66070833，62568380
邮编　100071
经销　新华书店
印刷　保利达印务有限公司
尺寸　185 毫米 ×260 毫米
印张　17
字数　308 千
版次　2021 年 11 月第 1 版
印次　2021 年 11 月第 1 次印刷
定价　88. 00 元
ISBN 978 - 7 - 5220 - 1363 - 3
如出现印装错误本社负责调换　联系电话（010）63263947
编辑部邮箱：jiaocaiyibu@126. com

前　　言

《中东欧经济研究报告 2020—2021》是中欧陆家嘴国际金融研究院、中东欧经济研究所和中国—中东欧基金的投资管理机构世福资本管理有限公司携手合作完成的第四版研究报告。在前三版的基础上，新版研究报告架构略有改动，新增一篇“中东欧地区数字经济专题研究”，修改后依序为：第一篇“中东欧 17 国经济发展回顾与展望”，第二篇“中东欧地区数字经济专题研究”，第三篇“中欧合作框架下的‘17 +1 合作’”，第四篇“中东欧 17 国国别分析”。

作为研究中东欧经济的系列报告之一，《中东欧经济研究报告 2020—2021》在此前建立特色的基础上一以贯之。一方面，本书保持其作为中东欧经济研究年度文献的资料属性，持续更新了中东欧国家在 2019—2020 年期间各项宏观经济指标以及中国—中东欧合作在贸易、投资、金融、产业和基础设施建设等领域的最新数据和动态，可作为中东欧经济年鉴比较收录。另一方面，《中东欧经济研究报告 2020—2021》在以往的基础上进一步加强了其研究属性。新版报告不仅涵盖了与中东欧经济发展相关的扩展“研究专题”，如欧盟多年度财政框架和“欧盟下一代”复苏计划解析、中东欧国家趋同跟踪报告、《中欧全面投资协定》的分析与影响，还特别设立了专题研究章节深入分析中东欧国家在数字经济领域的发展特点和发展潜力。

为确保系列研究报告内容的一致性，《中东欧经济研究报告 2020—2021》依然通过多个视角来剖析中东欧 17 国经济发展趋势。从整体视角来看，本书沿用既往的分组类比分析法，深入剖析中东欧四个次区域，即维谢格拉德四国、波罗的海三国、东南欧五国和西巴尔干五国在过去一年，特别是在新冠肺炎疫情大流行期间的宏观经济表现、重点领域发展共性和特性，跟踪更新了中国—中东欧合作在贸易、投资、金融、产业以及基建领域的最新数据，动态对比了在中欧合作背景下，中国—中东欧与中国—欧洲发达国家在上述领域的合作近况。从国别视角来看，本书重点关注 2020 年新冠肺炎疫情对中东欧各国宏观经济环境的影响广度和程度，梳理了中东欧 17 国为应对疫情所实施的财政政策、货币政策、宏观政策以及各国如何重启经济，并更新了中国与中东欧 17 国双边经贸合作的最新统计数据。

截至目前，中东欧 17 国中有 12 国是欧盟成员国，西巴尔干五国也不同程度地开启了加入欧盟的进程，鉴于中东欧国家与欧盟之间有不可分割的利益关系，欧盟所制定的长期发展方向及策略对中东欧国家可谓至关重要。欧盟委员会自换届以来，先后发布了多份政策文件，推出新的倡议，制定新的议程，其中，欧盟委员会尤为重视数字化转型和绿色新政，将其视为欧盟经济现代化转型的双核驱动动能。在此背景下，《中东欧经济研究报告 2020—2021》特别增加第二篇“中东欧地区数字经济专题研究”。其中，第二篇第三章梳理了近年来中东欧国家数字经济整体发展水平，对比分析欧盟、中东欧地区数字经济发展趋势及特点，重点讨论在新冠肺炎疫情大流行期间，疫情如何影响中东欧国家不同领域的数字化转型进程。基于欧盟委员会、欧盟统计局、经合组织和麦肯锡发布的最新数据和报告，第二篇第四章试图深度分析中东欧国家能够更快实现高水平数字经济的三大潜力，即强大的人才储备库、高质且可负担的数字基础设施以及蓬勃发展的科技生态系统。

迄今为止，距离 2020 年初新冠肺炎疫情全球性大暴发已一年有余，全球经济前景仍然存在巨大的不确定性，社会和经济面临着极其严峻的挑战。然而，2020 年对于中国和欧洲来说是情况复杂却意义重大的一年。2020 年适逢中欧建交 45 周年，作为世界上最重要的双边关系之一，中国和欧盟在过去 45 年为全球化和全球经贸关系多边体系的形成作出了卓越贡献。在全球各国抗击新冠肺炎疫情的特殊背景下，中欧双方在 2020 年如期完成中欧投资协定谈判，签署《中欧地理标志协定》，中国替代美国成为欧盟第一大贸易伙伴。作为中欧合作框架下最重要的跨区域合作平台，中国—中东欧国家合作同样经受住了疫情的考验，展现出蓬勃活力和强大韧性。中东欧 17 国经济虽然在疫情大流行期间遭受重创，但整体下滑幅度低于欧盟 27 国；中国与中东欧国家贸易额在 2020 年首次突破千亿美元；中欧班列全年开行首次突破“万列”大关。在后疫情时代，中国—中东欧合作可借助中欧关系积极的发展势态，进一步深化经贸合作，促进双方经济社会发展，提振中东欧国家与中国合作的信心，拉动经济快速复苏。

目　　录

第三篇　中欧合作框架下的“17 +1 合作”

第四篇　中东欧 17 国国别分析

图录

表录

信息专题目录

研究专题目录

第一篇

中东欧17国经济发展回顾与展望

第一章　中东欧 17 国经济宏观回顾

第一节　宏观经济近况

自 2020 年 3 月 11 日被世界卫生组织宣布为“全球大流行”（Pandemic）以来，新冠肺炎疫情已持续近一年半的时间。在这一年多的时间里，全球各国社会和经济活动急剧同步萎缩，几乎是前所未有的。在中东欧地区，绝大部分国家经历了自 20 世纪 90 年代以来最严重的经济衰退。然而由于中东欧 17 国中大部分国家服务业占 GDP 份额较低且其外债占 GDP 比重在 2019 年有所回落，经济受到的冲击程度相对欧盟较小，实际 GDP（按不变价格计算）下滑幅度低于欧盟 27 国。根据欧盟统计局（Eurostat）和国际货币基金组织（IMF）的统计数据，2020 年欧盟 27 国实际 GDP 增速为 -6.1%，与中东欧 17 国 -4.7% 的平均水平相比，萎缩程度更大（见表 1-1）。

表 1-1　　2018—2020 年中东欧 17 国 GDP 实际增速　　单位：%

国别/地区	2018 年	2019 年	2020 年
波兰	5.4	4.7	-2.7
匈牙利	5.4	4.6	-5.0
捷克	3.2	2.3	-5.6
斯洛伐克	3.7	2.5	-4.8
爱沙尼亚	4.4	5.0	-2.9
立陶宛	3.9	4.3	-0.9
拉脱维亚	4.0	2.0	-3.6
罗马尼亚	4.5	4.1	-3.9
保加利亚	3.1	3.7	-4.2
克罗地亚	2.8	2.9	-8.0
斯洛文尼亚	4.4	3.2	-5.5

续表

国别/地区	2018 年	2019 年	2020 年
希腊	1.6	1.9	-8.2
塞尔维亚	4.5	4.2	-1.0
波黑	3.7	2.8	-5.5
阿尔巴尼亚	4.1	2.2	-3.5
北马其顿	2.9	3.2	-4.5
黑山	5.1	4.1	-15.2
维谢格拉德四国	4.4	3.5	-4.5
波罗的海三国	4.1	3.8	-2.5
东南欧五国	3.3	3.2	-6.0
西巴尔干五国	4.1	3.3	-5.9
中东欧 17 国	4.0	3.4	-4.7
欧盟 27 国	2.1	1.6	-6.1

资料来源：表中阿尔巴尼亚、波黑、黑山和北马其顿的数据来自国际货币基金组织（IMF），其余 13 国数据来自欧盟统计局（Eurostat）。

从中东欧的四个次区域来看，波罗的海三国表现最佳，2020 年全年经济仅下滑了 2.5%；其次是维谢格拉德四国，其 GDP 下滑程度（-4.5%）略小于中东欧 17 国的平均水平（-4.7%）；东南欧五国以及西巴尔干五国经济受到的冲击相对较大，两个地区 GDP 平均增速在 -6% 左右，几乎与欧盟 27 国衰退程度一致（见图 1-1）。

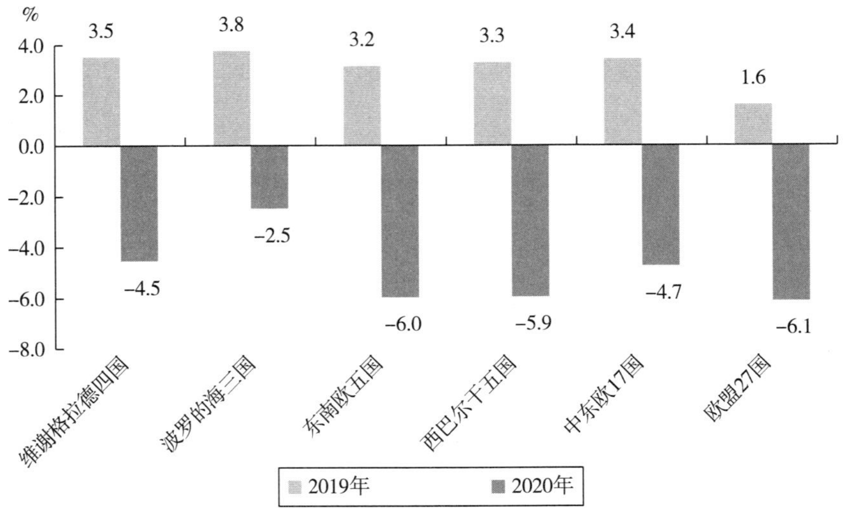

图 1-1 2019—2020 年中东欧四个次区域 GDP 实际增速

（资料来源：国际货币基金组织、欧盟统计局）

再从具体国别来看（见图 1－2），2020 年中东欧 17 国中受疫情影响较小的国家是立陶宛和塞尔维亚。欧盟委员会 2021 年初发布的研究报告[①]显示，得益于较强的外部需求，立陶宛在 2020 年的出口仍然具有较大弹性，其国内需求下滑部分几乎由净出口弥补。与此同时，由于旅游业在立陶宛总体经济中所占份额较低，随着疫情防控措施的放松，其经济在 2020 年下半年开始逐渐恢复。[②] 截至 2020 年底，立陶宛 GDP 仅下滑了 0.9%。塞尔维亚是中东欧地区经济表现仅次于立陶宛的国家，据 IMF 的统计数据，2020 年塞尔维亚经济仅萎缩了 1%。该国能够较好地抵御疫情的冲击，主要有以下两点原因：首先旅游业同样并非是塞尔维亚的支柱产业；其次是塞尔维亚政府借助大量海外资金实施了较大规模的财政援助政策，从而在很大程度上维持了本国经济在疫情期间的发展。[③]

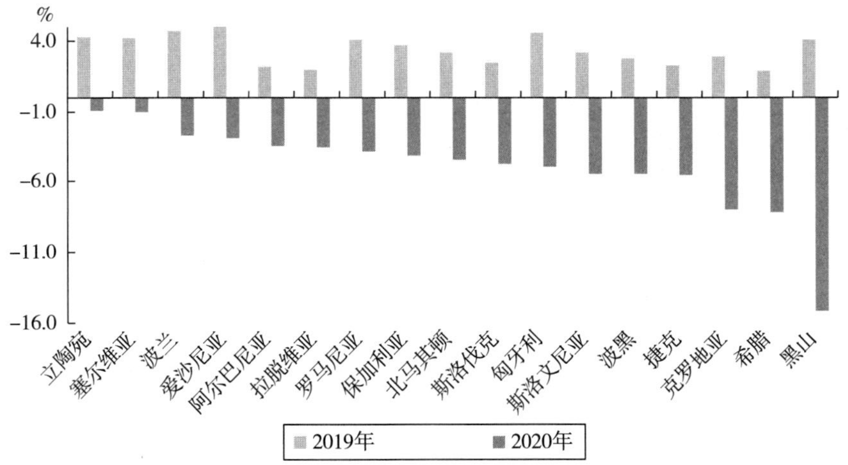

图 1－2　2019—2020 年中东欧 17 国 GDP 实际增速

［资料来源：图中阿尔巴尼亚、波黑、黑山和北马其顿的数据来自国际货币基金组织（IMF），其余 13 国数据来自欧盟统计局（Eurostat）］

2020 年，中东欧 17 国中受疫情冲击较大的三个国家是克罗地亚、希腊和黑山，其 GDP 增速分别萎缩了 8%、8.2% 和 15.2%。上述三国的共同特点是旅游业均是本国的重要经济支柱，在 GDP 中所占份额较高。例如黑山旅游业每年为其创造 11 亿～13 亿欧元的收入，直接和间接创造了约 36000 个就业岗位。根据黑山统计局提供的数据，2020 年前 8 个月，黑山入境游客人数比疫情暴发前（2019

① European Commission. European Economic Forecast Winter 2021 (Interim). Institutional Paper 144, February 2021.

② 详细分析请参考第四篇第七章第七节。

③ 详细分析请参考第四篇第八章第五节。

年）下降了 77.9%。2020 年前 7 个月，旅游业的收入仅有 7320 万欧元，而 2019 年同期为 5.32 亿欧元。①

另外，值得注意的是，对大部分中东欧国家来说，虽然内需为本国经济复苏所做的贡献要大于出口，然而外需对该地区国家 GDP 增长仍然至关重要，如果没有强劲的出口增长就无法维持持续的复苏。尤其是在汽车行业受到严重冲击的中东欧国家，如波兰、匈牙利、捷克、斯洛伐克、斯洛文尼亚、罗马尼亚等国，其汽车业产值占制造业总产值的比重高达 23% ~38% 不等。此外，由于上述国家的汽车生产集中在传统的燃油车领域，其很难如德国、美国和中国一样获得减排趋势下的电动车市场红利。短期来看，中东欧地区国家面临着绿色经济和数字经济转型的双重制约，疫情期间只能通过改善投资环境和其他政府政策提高企业抵御风险的能力。

2020 年，中东欧地区的通货膨胀率普遍从第一季度的 2% ~4% 降至第四季度的 2% 以内，反映出总需求疲软导致价格压力减轻（见图 1 –3 和图 1 –4）。但在食品价格上涨以及持续宽松的财政政策和货币政策的作用下，捷克、波兰和匈牙利的年度 CPI 同比上升 0.7 ~1.2 个百分点不等。同时，在年底的议息会议中，三国的中央银行均决定维持主要基准利率不变，使其实际利率分别为 –0.78%、–1.9% 和 –3.5%。

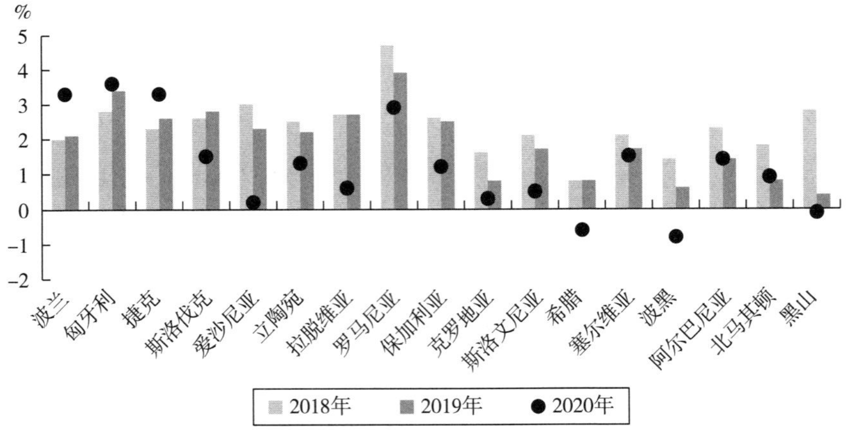

注：部分国家 2020 年数据为预测值。

图 1 –3　2018—2020 年中东欧 17 国 CPI 增速

（资料来源：维也纳国际经济比较研究所、各国统计局）

① 详细分析请参考第四篇第八章第四节。

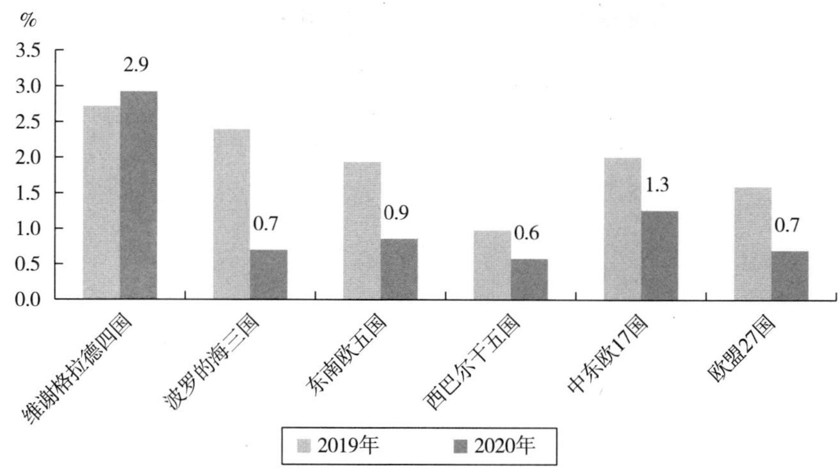

注：部分国家 2020 年数据为预测值。

图 1－4　2019—2020 年中东欧四个次区域 CPI 增速

（资料来源：各国统计局）

在 2020 年疫情大流行期间，中东欧国家政府普遍实施了支持提高收入的援助计划，包括维持低薪、退税、免税和延期还款等。但自 2020 年第三季度开始就业复苏停滞，使消费需求反弹趋于平稳，全年失业率同比普遍提高 2～4 个百分点（见图 1－5）。

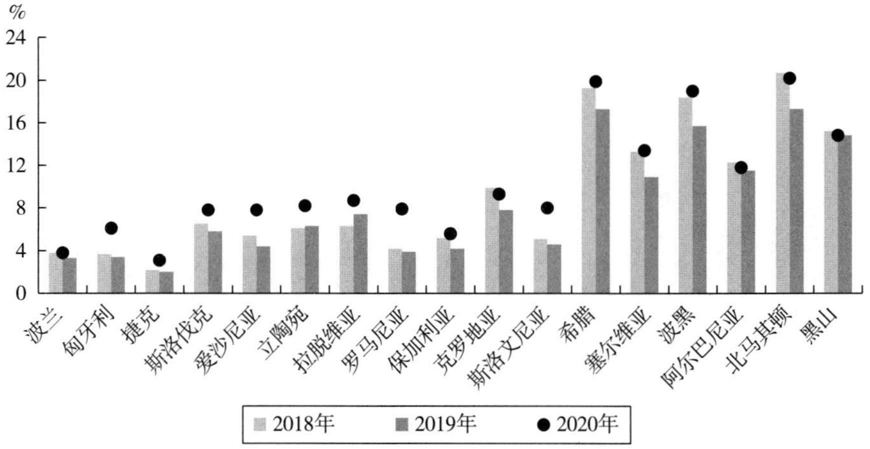

注：部分国家 2020 年数据为预测值。

图 1－5　2018—2020 年中东欧 17 国失业率

（资料来源：维也纳国际经济比较研究所、各国统计局）

在公共财政方面，中东欧国家的财政赤字率在 2020 年显著上升（见

图 1 -6)：一方面是由于各国在疫情期间的财政支出大幅增加，另一方面是受到 GDP 负增长影响。其中，罗马尼亚和希腊财政赤字率逼近 10%，高于欧盟平均水平（6.9%）。但受益于欧洲中央银行的政策，整个中东欧地区的外部融资条件都较为有利，资产价格波动的影响较小。除了希腊的政府债务占 GDP 的比重从 200% 提高至 259.4%，其他国家普遍上涨 10～15 个百分点（见图 1 -7）。

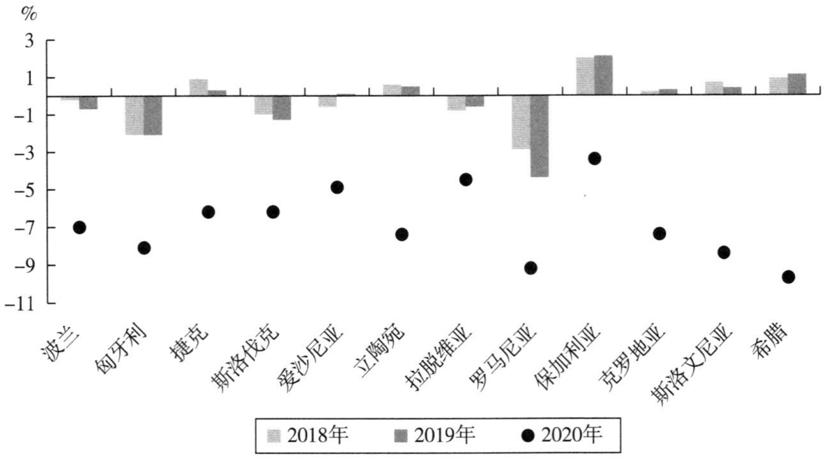

注：部分国家 2020 年数据为预测值。

图 1 -6　2018—2020 年中东欧主要国家财政赤字率（占 GDP 的比重）

（资料来源：维也纳国际经济比较研究所、欧盟统计局）

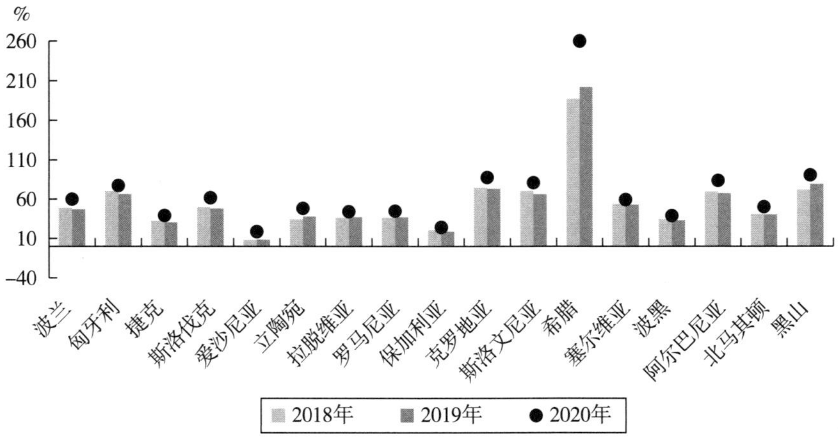

注：部分国家 2020 年数据为预测值。

图 1 -7　2018—2020 年中东欧 17 国政府债务率（占 GDP 的比重）

（资料来源：维也纳国际经济比较研究所、各国统计局）

这一情况与国际金融危机期间形成了鲜明对比。2008—2009 年，惠誉（Fitch）将 17 个中东欧国家中 6 个国家的评级下调，在 2020 年仅将 1 个国家的评级下调（斯洛伐克），将三个国家的展望下调为“负面”（北马其顿、罗马尼亚和斯洛伐克）。[①]

在国际收支方面，由于进口减少以及股息流出减少，2020 年中东欧 17 国的经常账户普遍改善。部分以出口为导向的国家由于其在全球价值链中的地位较高，反而进一步增加了出口，捷克、立陶宛和波兰在 2020 年的经常账户盈余都创下了历史新高，而旅游业风险较大的克罗地亚的经常账户也出现盈余（见图 1－8）。

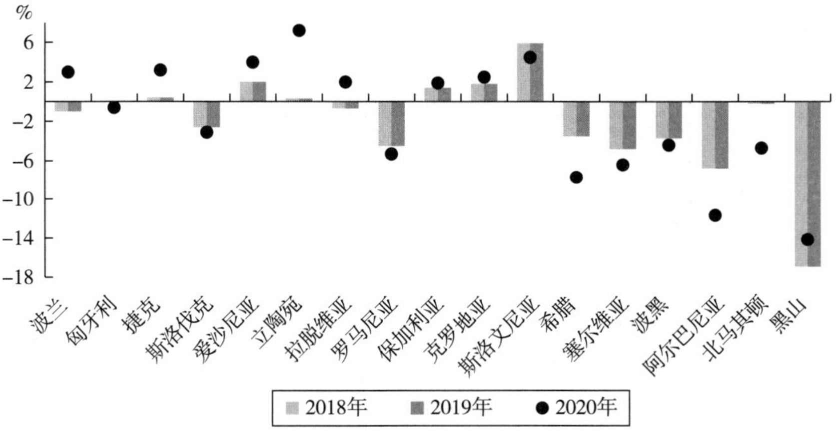

注：部分国家 2020 年数据为预测值。

图 1－8　2019—2020 年中东欧 17 国经常账户占 GDP 的比重

（资料来源：维也纳国际经济比较研究所、各国统计局）

第二节　贸易和投资近况

一、贸易近况

由于受到新冠肺炎疫情冲击，全球货物贸易和服务贸易成交额和成交量在 2020 年上半年陡降，第三季度才开始缓慢反弹。其中，与疫情相关的医疗制品贸易出现大幅增长。在中东欧地区，同样出现上述趋势。2020 年中东欧主要国家与疫情相关的医疗用品贸易份额概况见图 1－9。

① 更多信息请参考第二章第三节。

首先，从贸易额来看，与疫情相关产品的人均进口额最高的国家是斯洛文尼亚（2967 欧元），人均进口额较低的国家分别是波兰（454 欧元）、希腊（427 欧元）、罗马尼亚（368 欧元）和保加利亚（330 欧元），其他大多数中东欧国家的人均进口额在 500 ~ 1500 欧元。

其次，从产品类别看，不同国家参与贸易的份额不同。其中，贸易规模最大的产品类别是医疗消耗品，此类产品占比在斯洛文尼亚和希腊最高。在立陶宛，诊断设备所占的比重最高（41%）；爱沙尼亚在医疗设备中的份额最高（41%）；斯洛伐克在防护服中所占份额最高（23%）。罗马尼亚、捷克、斯洛伐克在医疗车辆和家具中所占份额最高（均为 11%）；爱沙尼亚在消毒剂和杀菌产品中所占份额最高（9%）。

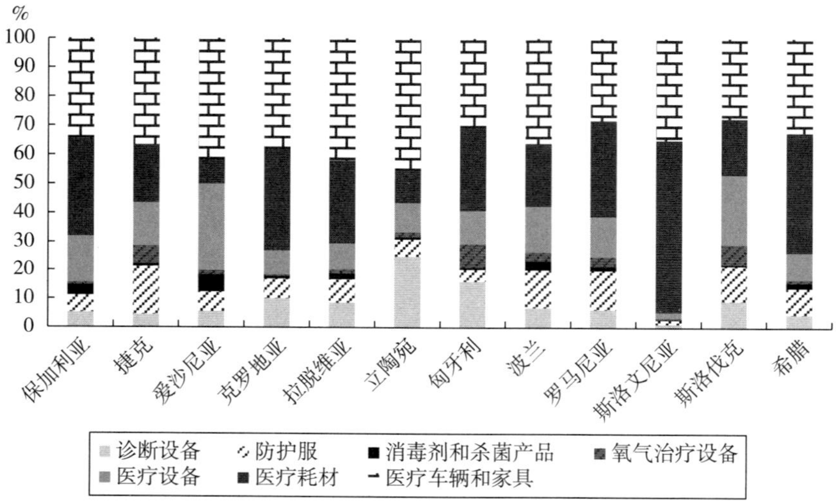

图 1 – 9　2020 年中东欧主要国家与疫情相关的医疗用品贸易份额（占进出口总额的比重）

（数据来源：欧盟统计局）

2020 年新冠肺炎疫情对服务贸易的冲击远大于货物贸易，然而随着服务贸易增长开始超过货物贸易增长，这一趋势在第四季度出现变化。但从全年来看，由于各国服务业经历了更严重的收缩，服务贸易尤其是旅游业存在比货物贸易更大的缺口。联合国世界旅游组织（UNWTO）的统计数据显示，2020 年全球国际游客减少了 74%，欧洲的运输业和旅游业在第四季度同比分别下跌达 10% 和 60%。在中东欧地区，2020 年以前该地区的服务贸易顺差主要集中在旅游和运输项，然而到 2020 年底，尽管中东欧国家边境大部分都恢复开放，但入境游客数、航空预订和酒店预订量同比降幅仍高达 60% ~ 80%（见表 1 – 2）。

表 1－2　　2020 年中东欧地区主要国家旅游业指标变化

月份	入境游客人数同比（%）	边境关闭比例（%）	航空预订量同比（%）	酒店入住率（%）	酒店搜索量同比（%）	酒店预订量同比（%）	新冠肺炎疫情确诊数（每百万人）
1 月	-3	0	-6	51	76	-11	0
2 月	-6	0	-15	55	104	-15	0
3 月	-42	0	-76	22	38	-68	4
4 月	-97	95	-97	6	-72	-95	32
5 月	-96	81	-98	9	-66	-89	47
6 月	-90	43	-96	15	-55	-69	46
7 月	-73	48	-90	30	30	-50	53
8 月	-72	48	-88	37	50	-51	45
9 月	-74	38	-90	32	7	-57	76
10 月	-80	38	-91	26	-18	-66	260
11 月	-82	14	-93	21	-46	-68	361
12 月	-82	14	-90	20	-43	-61	303
2020 年全年	-70	—	-83	—	-7	-58	—

注：“—”表示暂无数据。

资料来源：联合国世界旅游组织①。

二、投资近况

整体来看，2020 年流入中东欧地区的外商直接投资（FDI）同比下降 58%，高于全球 49% 的平均降幅，但显著好于发达经济体 75% 的降幅。然而，在中东欧内部却出现较大差异。在波罗的海三国，FDI 下降幅度较大，约为 35%，而西巴尔干地区仅下降 8%。此外，捷克、拉脱维亚、波兰和斯洛文尼亚均发布报告，表示获得了比上年同期更高的投资承诺，尤其是在房地产领域。

就并购活动而言，中东欧地区的交易金额与数量在 2020 年降到过去 10 年的最低水平。② 其中，交易金额为 608 亿欧元，同比下降 12.9%；交易量为 1705 宗，同比下降 16%。私募股权交易保持稳定，交易量为 319 宗，交易额同比下降 11%（主要并购交易信息见表 1－3）。

① 更多信息请参考：https：//www. unwto. org/unwto－tourism－recovery－tracker。

② 更多信息请参考：https：//moneybuzzeuropa. com/ma－activity－in－2020－in－cee－at－the－lowest－levels－in－the－past－10－years/。

表 1－3　　2020 年中东欧地区主要并购交易

日期	目标公司	目标公司所属产业	目标公司所属国	出资公司	出资公司所属国	协议额（亿欧元）
1 月 9 日	RESIDOMO SRO	房地产	捷克	HEIMSTADEN BOSTAD AB	瑞典	13.00
2 月 7 日	AXA SA	金融	波兰	UNIQA INSURANCE GROUP AG	奥地利	10.02
3 月 13 日	GOODMAN GROUP	房地产	波兰	GLP PTE. LTD.	新加坡	10.00
4 月 6 日	GLOBE TRADE CENTRE S. A.	房地产	波兰	OPTIMA INVESTMENTS LIMITED	匈牙利	14.29
9 月 21 日	PLAY COMMUNICATION S. A.	电信	波兰	LLIAD SA	法国	36.87
10 月 23 日	CEZ	能源	罗马尼亚	MACQUARIE INFRASTRUCTURE AND REAL ASSETS	澳大利亚	10.00
10 月 30 日	BUDAPEST BANK ZRT.	金融	匈牙利	MAGYAR TAKAREKSZOVETKEZTI BANK ZRT.	匈牙利	20.00

资料来源：Mazars 集团①。

2020 年中东欧地区的并购交易涉及了多个行业领域（见图 1－10）。其中，科技领域是中东欧地区最活跃的行业之一。据统计，2020 年，中东欧地区在科技领域的并购交易量最高，共计 57 宗，超过了 2019 年的 51 宗；其次是制造业，该领域的并购交易量由 2019 年的 47 宗上升至 2020 年的 56 宗；尽管 2020 年零售、食品和休闲领域的并购交易量呈现出明显的下降趋势，但是上述三个领域有望在未来两年变得更加活跃。

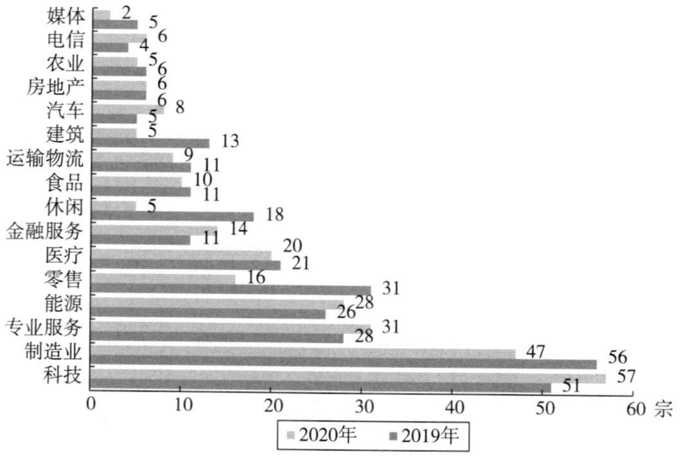

图 1－10　2019—2020 年中东欧地区并购交易量的行业分布

（资料来源：Mazars 集团②）

① 更多信息请参考：https：//www. mazars. hk/content/download/1041328/54313389/version//file/Investing%20in%20CEE%202020 _ 21. pdf。

② 更多信息请参考：https：//www. mazars. hk/content/download/1041328/54313389/version//file/Investing%20in%20CEE%202020 _ 21. pdf。

在证券投资方面，与 2019 年相比，2020 年中东欧证券市场体现出以下两个特点：第一，IPO 数量大幅增加，尤其是波兰华沙证券交易所和纳斯达克波罗的海证券交易所，达到自 2015 年以来的峰值；第二，医疗和科技产业成为主要融资领域（见表 1－4）。

表 1－4　　2020 年中东欧主要证券交易所 IPO 情况

交易所名称	IPO 数量（家）	IPO 规模（百万欧元）	领域
布达佩斯证券交易所	1	14.2	农业
保加利亚证券交易所	1	1.1	科技
布拉格证券交易所	3	2.2	科技、医疗
华沙证券交易所	14	267	贸易、医疗
萨格勒布证券交易所	3	5.3	金融、食品
纳斯达克波罗的海证券交易所	49	2894.2	食品、零售、科技、医疗、金融、房地产、能源

资料来源：FESE 数据库[①]。

第三节　银行和保险业近况

一、银行业近况

正如前文提及，由于中东欧大部分国家银行的不良贷款指标在 2019 年底处于历史低位，其他的指标同样表现良好，如平均资本充足率为 20%、股本回报率为 12.7%、资产回报率为 1.5%，中东欧地区银行业在 2020 年应对经济衰退时处于相对有利的地位，尤其是该地区排名前 15 位的银行集团。

然而，《中东欧经济研究报告 2019—2020》显示，中东欧地区的中小银行仍然非常分散，市场份额较小、效率较低，其资产质量高度依赖于经济复苏以及政府持续的支持政策。自新冠肺炎疫情暴发以来，中东欧国家援助政策在稳定银行资产质量方面发挥了重要作用，各国中央银行均采取了旨在确保银行体系流动性的措施，例如以更优惠的利率支持银行向企业部门贷款、部分受疫情影响严重的家庭能够延长还款周期或利用放贷便利等。

与此同时，2020 年中东欧地区的银行并购仍在继续，该地区主要国家银行并购交易信息见表 1－5。2019 年 9 月至 2020 年 9 月，交易量最大的银行并购市场是波罗的海地区，共有 6 笔交易；其次是塞尔维亚，进行了 4 笔交易；再次是捷

① 更多信息请参考：https：//fese.eu/statistics/https：//www.nasdaqbaltic.com/statistics/en/statistics。

克和罗马尼亚，各有 3 笔交易。最活跃的交易者是匈牙利 OTP 银行和希腊比雷埃夫斯银行，分别进行了 3 笔和 2 笔交易。

表 1 – 5　　2020 年中东欧地区主要国家银行业并购交易

目标银行所属国	目标银行	出资方	协议额（百万欧元）
捷克	WALDVIERTLER SPARKASSE BANK	CESKA SPORITELNA	—
匈牙利	TAKAREK GROUP; MKB BANK, BUDAPEST BANK	THREE – PARTY MERGER	—
拉脱维亚	MEDICINOS BANKAS	GROWMORE ASSET MANAGEMENT	—
捷克	WUESTENROT HYPOTECNI BANKA	MONETA MONEY BANK	175
斯洛伐克	OTP BANKA	KBC	—
匈牙利	GRANIT BANK	HUNGARIAN STATE PRIVATE INVESTOR	12
斯洛文尼亚	ABANKA	NOVA KREDITNA BANKA MARIBOR	511
拉脱维亚	DANSKE BANK	SIAULIU BANKAS	108
立陶宛	SIA UNICREDIT LEASING \ INSURANCE BROKER	CITADELE BANK	—
拉脱维亚	—	—	—

注：“—”代表暂无数据。

资料来源：德勤[①]。

二、保险业近况

近些年，中东欧地区的保险公司经历了先转变为国有公司，然后私有化的进程。在这一进程中市场上还出现了新的私营保险公司，外国直接投资也进入了保险市场，发展速度较快。因此，中东欧地区外资控股的保险公司占比较高，尤其是由诸如奥地利、德国、意大利、法国等西欧国家控股的保险公司，但保险密度和保险普及率仍大大低于西欧标准。例如，奥地利的人均年保费超过 2000 欧元，而阿尔巴尼亚仅为 50 欧元，斯洛文尼亚为 1000 欧元，中东欧地区平均约为 450 欧元。

根据德勤的统计数据，由于非寿险业务线的扩张，2019 年中东欧地区的保费收入（GWP）增速为 6.3%，平均保险费渗透率（GWP 与 GDP 的比率）约为 2.4%。人均年 GWP 增长了 6.4%，达到 348 欧元。

中东欧地区 GWP 前十大保险集团的 GWP 总额占总 GWP 的 70% ~75%，平均分布在 5 ~6 个中东欧国家。首先，与银行业相似，由于市场结构非常细小且分散，近年来中东欧地区的保险业也出现了整合的趋势，并购活动较为活跃（见

① 更多信息请参考：https://www2.deloitte.com/mk/en/pages/finance/articles/cee-banking-m-a-study-2020.html。

图 1－11）。2020 年，法国 AXA 集团以 10 亿欧元的价格将其在波兰、捷克和斯洛伐克的股份出售给了奥地利 Uniqua 集团；安联集团收购了罗马尼亚的 Gothaer 保险公司；维也纳保险集团 Vienna Insurance Group AG 以总价 8. 3 亿欧元的价格收购了荷兰保险公司 Aegon NV 在匈牙利、波兰、罗马尼亚和土耳其的保险、养老和资产管理业务，并成为匈牙利最大的保险企业。其次，保险公司的风险偏好也发生了变化。传统的重点业务仍然是为小型企业提供标准产品，但由于风险意识的增强，结构性再保险的新兴业务增加。

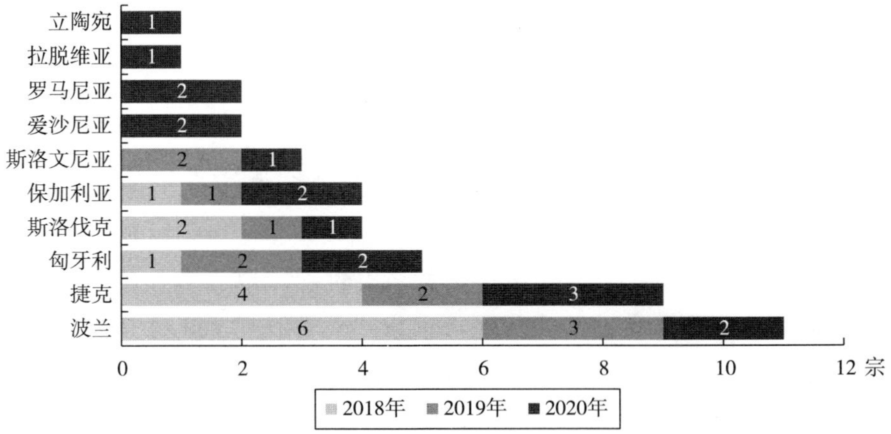

图 1－11　2018—2020 年中东欧地区部分国家保险行业并购活动

（资料来源：德勤）

2020 年整体经济的低迷在以下三方面直接和间接地影响了中东欧地区的保险行业。

第一，与 2019 年同期相比，人寿保险的保费同比下降了约 3%。一方面，这一下降受到银行放贷活动普遍放缓和家庭储蓄下降的影响，另一方面是由于寿险类投资产品受到越来越严格的法规约束，延续了长期下降趋势。这在 2020 年第二季度的数据中已经有所体现，但在顶级保险公司中，寿险产品却实现了增长。

第二，非寿险作为中东欧地区主要的保单类型，尤其是车险产品，产生了两个方面的效应。一方面，由于大多数国家实行封锁，贸易活动放缓，客流量下降，索赔人数减少，对保险公司产生了积极影响。另一方面，一些商业车队运营商已经要求冻结保险合同，再加上汽车销量的下降，车险 GWP 小幅下降。此外，财产险和意外险的市场规模变化不大。

第三，疫情导致国际金融市场波动，股市和利率的下跌导致保险公司的投资组合和收益下降，给其资产负债表、产品盈利能力（尤其是在寿险领域）和与储蓄产品相关的投资管理费带来压力。

第二章　中东欧 17 国经济前景展望

第一节　全球宏观环境展望

自 2020 年初全球因新冠肺炎疫情进入“大封锁”以来，几乎所有国家的经济都跌入衰退深渊，迄今为止，全球经济前景仍然存在巨大的不确定性，社会和经济均面临着极其严峻的挑战。虽然疫苗的持续推广提振了人们对未来的信心，但变异病毒的出现和病亡人数的不断增加再次触发多国新一轮的封锁。尽管如此，在过去一年里人们已经逐步摸索到走出这场健康和经济危机的道路。一方面，得益于科学和医学界的创新，全球范围内已经研发出多种疫苗用以降低病毒感染率和感染程度；另一方面，在疫情防控常态化后人们已经逐步调整了工作和生活方式，这使全球经济得以在总体流动性减弱的情况下继续有效运转。短期来看，全球经济发展前景不仅取决于病毒和疫苗的较量结果，还取决于为应对这场危机所实施的经济政策的长期影响的有效性，全球经济活动若要恢复到疫情前水平，依然道阻且长。[①]

整体来看，国际货币基金组织（IMF）2021 年 4 月发布的《世界经济展望》（*World Economic Outlook*）中对全球经济复苏形势充满信心（见表 2－1）。IMF 将 2020 年全球经济增速修订为－3.3%，收缩幅度小于 2020 年 10 月展望报告中－4.4% 的预测值。与此同时，IMF 同样调整了 2021 年全球 GDP 增速的预测值，将其从 2020 年 10 月发布的 5.2% 向上修订至 2021 年 4 月的 6%，提高了 0.8 个百分点。向上修订的主要理由有两点：一是少数大型经济体推出了更多的财政支持；二是 2021 年下半年预计将出现疫苗驱动的经济复苏。[②]

---

① IMF. World Economic Outlook：Managing Divergent Recoveries. April 2021.

② IMF. World Economic Outlook：Managing Divergent Recoveries. April 2021.

然而，从全球范围来看，由于各国在疫苗普及速度、经济政策支持力度以及经济结构性因素（例如对旅游业的依赖程度）等方面存在显著差异，其复苏进程同样出现了较大的分化。截至 2020 年底，部分国家经济复苏快于预期，如中国、美国，而另一些国家由于实施了多轮封锁措施，放慢了经济重启进程，如大部分欧洲国家。

具体来看，IMF 将发达经济体 2021 年的 GDP 增速从此前预测的 3.9% 上调至 5.1%。其中，美国在 2021 年度的经济增速预计为 6.4%，超过疫情前水平。以中国为代表的亚洲新兴市场和发展中经济体复苏前景基本稳定。IMF 预测报告显示，中国的 GDP 已于 2020 年恢复到疫情前水平，在 2021 年和 2022 年经济增速预计分别可达 8.4% 和 5.6%，而世界大部分其他国家在 2022 年之后才能回到疫情前水平（见表 2 - 1）。

与之相比，欧盟和中东欧地区经济复苏前景却较为令人担忧。2020 年中，部分欧洲国家的重新开放，助力了该地区夏季旅游业的恢复，从而在一定程度上推动了经济的复苏。但进入 2020 年秋季之后，感染病例的激增迫使欧洲大部分地区再次进入封锁状态，并一直持续到 2021 年初。基于此，与 2020 年 10 月展望报告中的预测值相比，IMF 在 2021 年 4 月的报告中将欧盟 27 国和中东欧 17 国 2021 年的经济增速分别向下修订了 0.6 个百分点，至 4.4% 和 4.5%（见表 2 - 1）。

表 2 - 1　　2020—2022 年中东欧地区和全球主要地区 GDP 增速预测　　单位：%

地区	2021 年 4 月 IMF 修订值	2020 年 10 月 IMF 预测值	2021 年 4 月 IMF 预测值	
	2020	2021	2021	2022
维谢格拉德四国	-4.6	5.1	4.2	4.8
波罗的海三国	-2.4	4.5	3.6	4.5
东南欧五国	-6.1	4.8	4.5	4.7
西巴尔干五国	-5.9	5.5	5.3	4.2
中东欧—欧盟 12 国	-4.7	4.9	4.2	4.6
中东欧 17 国	-5.1	5.1	4.5	4.5
欧洲 15 国	-5.6	5.0	4.0	3.8
欧盟 27 国	-6.1	5.0	4.4	3.9
欧元区	-6.6	5.2	4.4	3.8
新兴市场和发展中经济体	-2.2	6.0	6.7	5.0
亚洲新兴市场和发展中经济体	-1.0	8.0	8.6	6.0
中国	2.3	8.2	8.4	5.6

续表

地区	2021 年 4 月 IMF 修订值	2020 年 10 月 IMF 预测值	2021 年 4 月 IMF 预测值	
	2020	2021	2021	2022
印度	-8.0	8.8	12.5	6.9
东盟五国	-3.4	6.2	4.9	6.1
欧洲新兴市场和发展中经济体	-2.0	3.9	4.4	3.9
俄罗斯	-3.1	2.8	3.8	3.8
全球发达经济体	-4.7	3.9	5.1	3.6
美国	-3.5	3.1	6.4	3.5
全球	-3.3	5.2	6	4.4

注：1.《中东欧经济研究报告 2019—2020》中关于 2020 年 GDP 增长率的统计数据为预估值，本书中为 2021 年 4 月 IMF 修订后的最终值。

2. “欧洲 15 国”包括奥地利、比利时、丹麦、芬兰、法国、德国、希腊、爱尔兰、意大利、卢森堡、荷兰、葡萄牙、西班牙、瑞典以及英国。

3. “欧元区”包括奥地利、比利时、塞浦路斯、爱沙尼亚、芬兰、法国、德国、希腊、爱尔兰、意大利、拉脱维亚、立陶宛、卢森堡、马耳他、荷兰、葡萄牙、斯洛伐克、斯洛文尼亚和西班牙。这 19 个国家将欧元作为其通用货币。

资料来源：国际货币基金组织。

我们再来观察常用于判断宏观经济大环境的最重要的先行指标之一——采购经理人指数（Purchasing Managers' Index，PMI）的变化趋势。2020 年上半年全球经济陷入深度衰退之中，随着常态化疫情防控措施的逐步推进以及各国政府实施大规模的援助政策，PMI 最终在 2020 年第三季度开始强劲反弹。根据埃信华迈（IHS Markit）发布的全球综合 PMI 指数（见图 2-1），自 2020 年 7 月该指数已超过 50 的临界值，并在 2021 年 3 月底上涨到 53，高于疫情暴发前同期，即 2019 年 3 月的水平（52.7），显示出全球经济体扩张的迹象。

然而，由于 2021 年初新冠肺炎疫情又一次在部分主要经济体暴发，全球经济活动很可能会受到一定的限制。但与此同时，大部分发达经济体和一部分发展中国家正在紧锣密鼓地开展疫苗接种工作，很大程度上将进一步遏制疫情对经济活动的影响。因此，短期来看，全球经济增长虽然较弱，但是在持续强有力的政策支持下，整体发展前景将会进一步改善。根据欧盟委员会 2021 年 2 月发布的预测报告①，假设 2021 年初全球范围内大规模疫苗接种达到预期的效果，发达国家和新兴市场的疫情防控措施将在 2021 年下半年相继适当放松，全球 GDP 增速将在

① European Commission. European Economic Forecast Winter 2021 (Interim). Institutional Paper 144, February 2021.

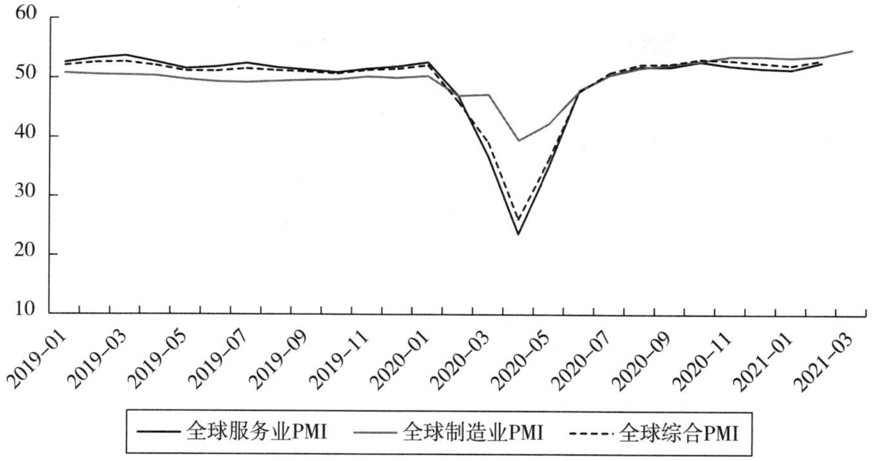

注：1. 综合PMI指数是衡量制造业和服务业活动水平的总体指标。这一系列指数，包括制造业PMI指数和服务业PMI指数，均是在2007—2009年国际金融危机之后开始编制的。2. PMI指数以50作为经济强弱的分界点：当指数高于50时，则被解释为经济较上月有扩张的迹象；当指数低于50时，则表明经济较上月有衰退的可能；当指数等于50时，说明经济较上月没有变化。

图2－1 2019年1月至2021年3月全球PMI指数

（资料来源：埃信华迈）

2021年和2022年分别反弹至5.2%和3.8%（见表2－2）。

从商品和服务贸易来看，自2020年第四季度，全球制造业PMI指数的新出口订单分项值稳居50以上，虽然在2021年1—2月，该分项指数略有下降，但仍保持在临界值的水平。短期来看，受全球制造业活动强劲增长的积极影响，全球商品贸易将与全球经济活动同步复苏。相比之下，全球服务贸易在经历了2020年上半年的大幅收缩后，复苏势头较为疲软，并且该趋势预计将延续至各国对度假旅游等活动的限制解除之后。加之全球贸易紧张局势和贸易政策的不确定性可能对各项贸易活动持续施压，总体而言，除欧盟以外，全球商品贸易复苏仍在继续，但服务贸易则相对滞后，预计2021年两类贸易出口增速将达7.5%，2022年增速将略降，预计为4.9%（见表2－2）。

表2－2 2020—2022年全球GDP增速和贸易增速预测 单位：%

项目	2021年2月预测			2020年10月预测		
	2020年	2021年	2022年	2020年	2021年	2022年
GDP增速	－3.4	5.2	3.8	－3.8	4.7	3.7
商品和服务进口增速	－9.1	6.5	4.6	－10.5	6.0	4.4
商品和服务出口增速	－9.4	7.5	4.9	－10.3	6.3	4.1

注：欧盟委员会预测的全球GDP增速和贸易增速未将欧盟考虑在内。

资料来源：欧盟委员会。

正如前文所提，2021 年 1 月，欧洲地区经济复苏前景并不乐观，对此，我们还可以通过以下几个前瞻性指标来分析。一是欧盟经济景气指数（European Union Economic Sentiment Indicator，ESI），该指数是欧盟委员会每月根据 5 个市场信心指数加权计算所得[①]，这 5 个市场信心指数分别为工业信心指数（Industrial Confidence Indicator，40%）、服务业信心指数（Service Confidence Indicator，30%）、消费者信心指数（Consumer Confidence Indicator，20%）、零售贸易信心指数（Retail Trade Confidence Indicator，5%）和建筑业信心指数（Construction Confidence Indicator，5%）。因此，经济景气指数可以用于评估欧盟和欧元区当前的经济情况并预测未来的发展前景。当该指数增长时，表明无论在工业层面还是消费者层面，情况均有积极改善；反之亦然。根据欧盟委员会公布的指数报告，在 2021 年初（1 月），无论是欧盟还是欧元区的经济景气指数均出现略微下降的势头，表明整个欧洲地区经济活动仍然萎靡不振（见图 2－2 分图 1）。

二是消费者信心指数，该指数是经济景气指数的组成部分之一，反映了欧元和欧盟区家庭对未来一年经济发展的预期，是一个衡量消费者消费活动的先行指标。当消费者信心十足时，倾向于消费，这对总体经济将产生有利影响，该指数则上升；反之亦然。如图 2－2 分图 2 所示，由于对总体宏观经济形势以及家庭财务状况日益恶化的担忧，欧盟和欧元区消费者信心指数同样从 2020 年 12 月的－14.9下降至 2021 年 1 月的－16.5。

三是就业预期指数（The Employment Expectations Indicators，EEI），该指标是由欧盟委员会编制的一个综合指数，主要反映的是被抽样调查的 4 个商业部门（工业、服务业、零售贸易业和建筑业）经理人的雇佣计划，可视为欧盟和欧元区劳动力市场的前瞻性指标。经过标准化之后，就业预期指数的长期均值为 100。因此，当某月的指数值大于 100 时，表明以历史标准来看，被调查地区经理人对就业的预期是看高的；而低于 100 时，则相反。欧盟委员会最新公布的指数数据显示，2021 年 1 月，就业预期指数在欧盟和欧元区均有所下降，明显低于上述两个地区的长期平均水平（100），且远低于 2020 年 2 月的水平，暗示着欧洲地区劳动力市场前景仍然低迷（见图 2－2 分图 3）。[②]

① 经济景气指数的 5 个组成部分均是根据主要行业代表问卷调查分析计算所得。欧元区抽样规模约为 5.5 万家公司，代表欧元区制造业的所有部门，以及欧元区 2.4 万个家庭。调查中所选取的一国公司和家庭数量是根据该国对欧元区经济所做的贡献而设定。针对公司的问卷调查内容主要包括订单数量、生产产出、库存和消费活动，并提供未来 3 个月的展望；针对家庭的问卷调查内容主要包括个人财务状况、储蓄可能性、就业情况等。

② European Commission. European Economic Forecast Winter 2021（Interim）. Institutional Paper 144, February 2021.

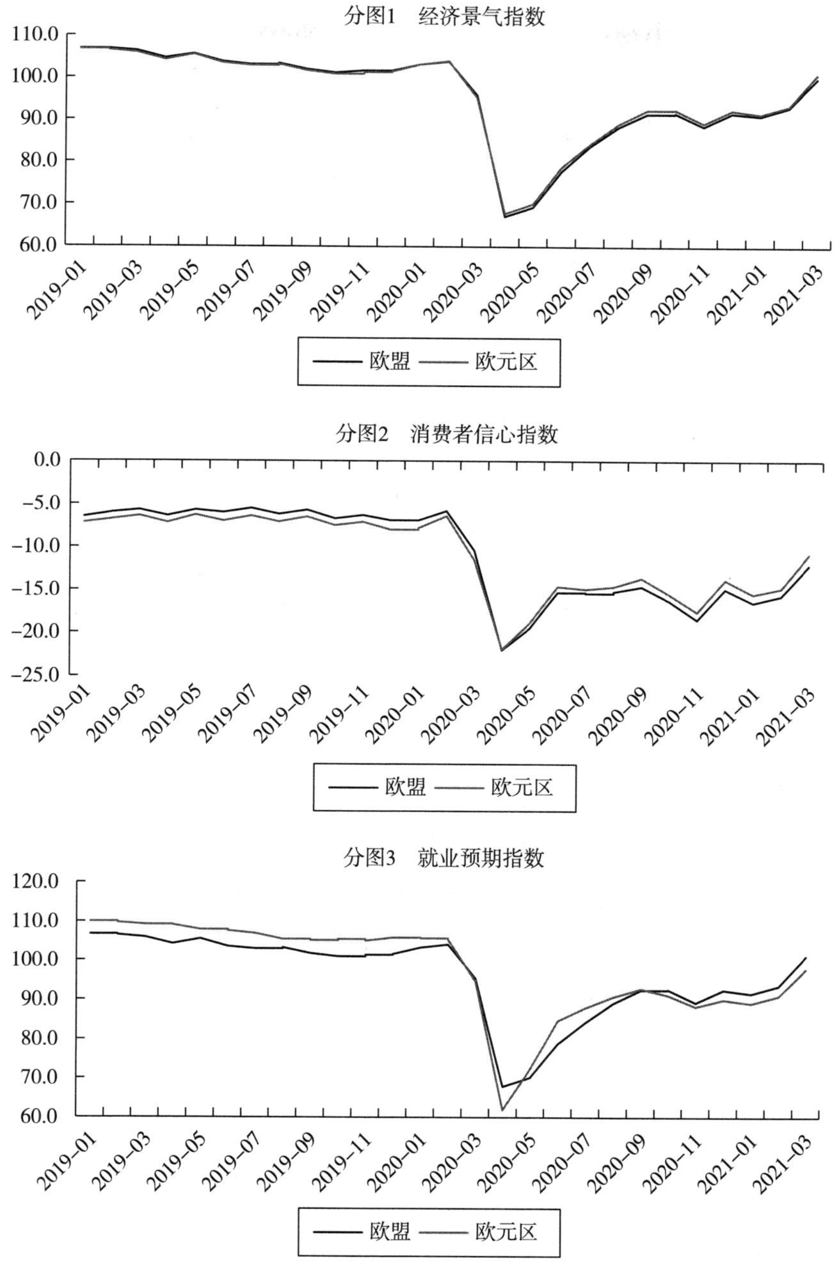

注：消费者信息指数抽样调查问卷所提供的选择答案只包括“是”与“否”和“好”与“坏”，因而最终指数值是正负之间的差异，当是正数时表示消费者积极的反应较多，当是负数时表示消费者消极的反应较多。

图 2－2　2019 年 1 月至 2021 年 3 月欧盟和欧元区 3 个经济先行指标发展趋势

（资料来源：欧盟委员会）

然而时隔两个月之后，随着欧洲各国疫苗接种工作大规模的展开，各商业部门和消费者信心均受到提振。欧盟委员会 2021 年 3 月的问卷调查结果显示，欧盟和欧元区消费者信心指数上升到近 12 个月的最高值。与此同时，欧盟和欧元区的经济景气指数和就业预期指数升幅远超预期，这是自新冠肺炎疫情在欧洲暴发以来，欧盟和欧元区经济景气指数首次反弹至 100 以上，而两个地区的就业预期指数也非常接近 100 的长期水平。

2021 年，欧盟第一大经济体德国表现得尤为突出，经济景气指数月度改善幅度最大，从 2 月的 95. 8 上升至 3 月的 103. 7，涨幅达 7. 9，其他欧盟主要国家的月度景气指数增长也非常显著，如西班牙（ +6. 2）、法国（ +5. 4）和意大利（ +4. 9）（见图 2 –3）。基于此，欧盟委员会预计 2021 年第二季度欧盟和欧元区的经济活动将温和加速；假设欧洲地区的限制措施大范围取消，那么欧洲地区经济增速在 2021 年下半年将达到 3% 左右；得益于外部需求的强劲反弹，欧洲地区 2021 年第四季度 GDP 增速也将保持稳定。欧盟委员会更为乐观的预估是，当感染率季节性地下降以及遏制措施大幅放松之后，欧盟和欧元区的夏季旅游业有望大规模地复苏，从而推动欧洲地区经济加速恢复。不过，在此之后经济增长预计再次放缓。

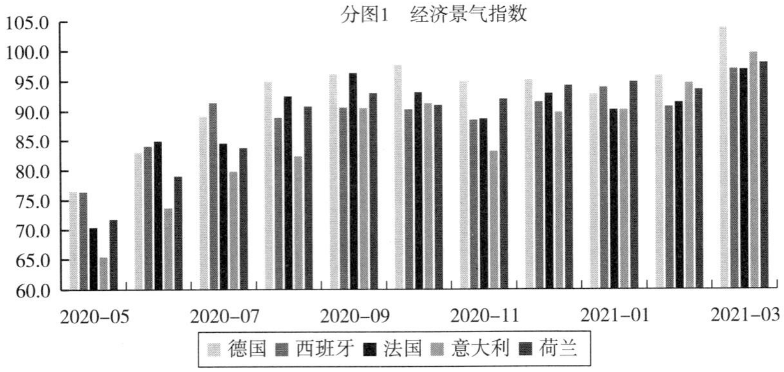

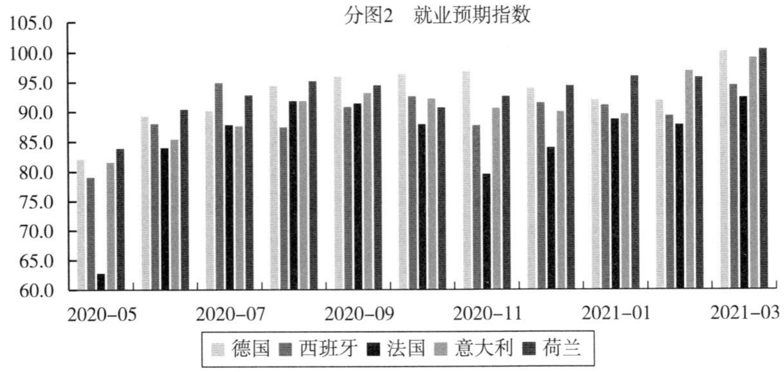

图 2 –3 2020 年 5 月至 2021 年 3 月欧元区主要经济体经济景气指数和就业预期指数

（资料来源：欧盟委员会）

在欧洲地区 3 月经济景气指数明显提升的基础上，未来几个月，随着消费者信心的逐渐恢复，欧盟委员会预计私人消费将成为推动欧盟和欧元区经济增长的主要动力。当疫情稳定之后，累积的大量储蓄[①]、有保障的家庭收入、积极的市场情绪都将为私人消费的持续增长创造有利条件。从投资领域来看，随着疫苗接种工作的顺利进行，欧元区宽松的货币政策以及有针对性的政府支持计划将推动企业增加投资。欧盟委员会预测，在闲置产能下降和公共投资规模增加的双重动力下，资本形成总额在短期内将逐步趋稳。从净出口来看，由于欧盟的主要贸易伙伴需求的复苏强于预期，因而欧盟出口的增长也将获得动力。不过，由于欧盟对其以外市场游客的接待和运输服务的正常化可能需要延迟，服务业出口前景仍将保持低迷。

总体来看，在 2020 年欧盟和欧元区 GDP 增速分别收缩 6.3% 和 6.8% 之后，欧盟委员会预计 2021 年上述两个地区 GDP 增速将分别反弹至 3.7% 和 3.8%；此后随着欧洲经济的进一步巩固，2022 年欧盟和欧元区经济增速将分别达到 3.9% 和 3.8%，该值已经基本恢复到疫情危机前的水平，与欧盟委员会 2020 年 10 月的预测值相比有了显著的改善（见表 2-3）。

表 2-3　2020—2022 年欧盟和欧元区 GDP 增速及通货膨胀率预测　单位：%

地区	项目	2021 年 2 月预测			2020 年 10 月预测		
		2020 年	2021 年	2022 年	2020 年	2021 年	2022 年
欧盟	GDP 增速	-6.3	3.7	3.9	-7.4	4.1	3.0
	通货膨胀率	0.7	1.5	1.5	0.7	1.3	1.5
欧元区	GDP 增速	-6.8	3.8	3.8	-7.8	4.2	3.0
	通货膨胀率	0.3	1.4	1.3	0.3	1.1	1.3

资料来源：欧盟委员会。

第二节　中东欧 17 国经济短期展望

在新冠肺炎疫情暴发初期，中东欧地区国家经济所遭受的冲击整体上要小于欧洲发达地区，其主要原因有两点：首先，中东欧国家在 2020 年初普遍实施了大规模的封锁政策，其严格程度高于欧洲发达地区，从而使得该地区的感染率和死亡率均低于西欧（见图 2-4）；其次，与欧洲发达地区[②]相比，中东欧地区国家

① 据欧盟委员会估计，2020 年前三个季度欧元区家庭储蓄额占 GDP 的比重高达 3%。

② 经济较发达的欧洲国家，如卢森堡、法国、英国等，其服务业占 GDP 的比重达 70% 以上，而中东欧地区国家服务业占 GDP 的比重普遍低于欧盟平均值。

服务业占 GDP 的比重通常较低，因而在第一轮大封锁期间，服务业占比较低的国家所遭受的冲击也相对较小。①

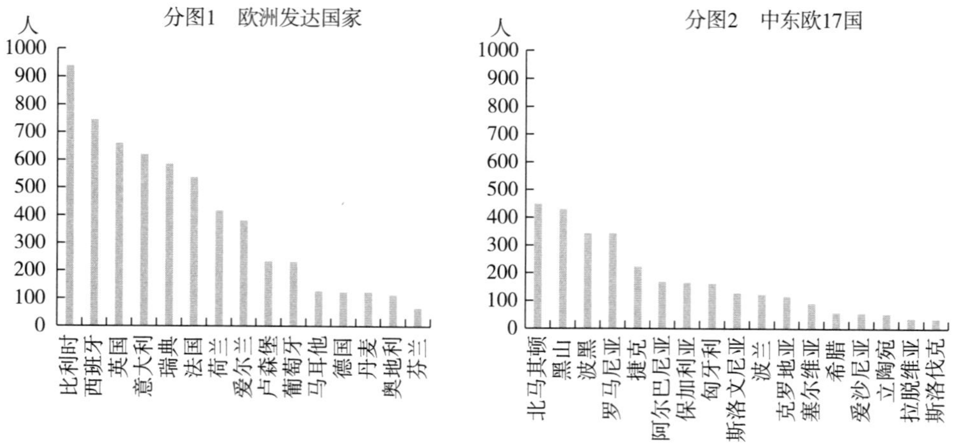

注：图中数据统计截止日期为 2020 年 10 月 27 日，主要展示在疫情暴发初期中东欧地区和欧洲发达地区因新冠肺炎而死亡的人数上的差距。然而在第二轮和第三轮疫情之后，情况却有所不同，更多详细信息请参考：https：//www. worldometers. info/coronavirus/?%23countries。

图 2－4 第一轮疫情暴发后中东欧 17 国和欧洲发达地区国家每 100 万人中因新冠肺炎而死亡的人数

（资料来源：维也纳国际经济比较研究所）

与此前《中东欧经济研究报告 2019—2020》第二章所预估②的情况基本一致，中东欧地区严重依赖旅游业的国家在此次疫情危机中受到了严重的影响。根据 IMF 2021 年 4 月的修订数据，黑山、克罗地亚和希腊 2020 年经济分别收缩了 15.2%、9% 和 8.2%，远高于中东欧 17 国 －5.1% 的平均水平（见表 2－4）。与此同时，在大封锁期间，因汽车需求量急剧下降，供应链上下游的大量工厂停工停产，中东欧地区汽车行业高度专业化的小型、开放经济体同样遭受了较大程度的影响，如匈牙利、斯洛文尼亚、斯洛伐克和捷克 2020 年经济增速分别为 －5%、－5.5%、－5.2% 和 －5.6%，萎缩程度均大于东欧—欧盟 12 国的平均水平 －4.7%（IMF 2021 年 4 月修订值，见表 2－4）。

据维也纳国际经济比较研究所（wiiw）经济学家估计，鉴于中东欧地区国家经济起点和经济结构差异较大，其复苏进程预计也将出现分化。一方面，随着美国和中国等大型经济体逐渐走出低迷形势，中东欧地区的外部供应冲击有望得到较快修正，其制造业部门，如整车制造厂以及汽车零配件和部件厂的国际供应链

① wiiw. No quick Recovery in Sight，with Coronavirus Risks looming large ［R］. Forecast Report，Autumn 2020.

② 详细信息请参考：姜建清．中东欧经济研究报告 2019—2020［M］．北京：中国金融出版社，2020.

将得以恢复。[①] 另一方面，对服务业，如旅游业依赖更大的巴尔干地区经济复苏则需要花费更多时日。世界银行最新发布的《全球经济展望》中显示，即便旅游业出现显著复苏，西巴尔干各国经济要恢复至疫情前水平亦仍需时日。其中，黑山所需时间最长，塞尔维亚所需时间最短。[②]

表 2－4　　2020—2022 年中东欧 17 国 GDP 增速　　单位：%

国别/地区	2021 年 4 月 IMF 修订值	2021 年 4 月 IMF 预测值		2020 年 12 月 wiiw 预测值		
	2020 年	2021 年	2022 年	2020 年	2021 年	2022 年
波兰	－2.7	3.5	4.5	－4.4	3.5	3.4
匈牙利	－5	4.3	5.9	－6.5	3	4.6
捷克	－5.6	4.2	4.3	－6.6	3.9	3.5
斯洛伐克	－5.2	4.7	4.4	－7.3	4.1	3.9
爱沙尼亚	－2.9	3.4	4.2	－4.8	3.9	3
立陶宛	－0.8	3.2	3.2	－2	4.5	3.2
拉脱维亚	－3.6	3.9	5.2	－4.6	4.4	2.8
希腊	－8.2	3.8	5	—	—	—
罗马尼亚	－3.9	6	4.8	－5.5	3.7	4.5
保加利亚	－3.8	4.4	4.4	－5.1	1.7	2.6
克罗地亚	－9	4.7	5	－9.4	5	4
斯洛文尼亚	－5.5	3.7	4.5	－6.7	4.5	3
塞尔维亚	－1	5	4.5	－2	4.5	4.1
波黑	－5.5	3.5	3.2	－5.1	3.2	3.1
阿尔巴尼亚	－3.5	5	4	－6.4	4.6	4
北马其顿	－4.5	3.8	4	－6	4.5	4
黑山	－15.2	9	5.5	－9	5	4.1
维谢格拉德四国	－4.6	4.2	4.8	－6.2	3.6	3.6
波罗的海三国	－2.4	3.6	4.5	－3.3	4.3	3.1
东南欧五国	－6.1	4.5	4.7	－6.7	3.7	3.5
西巴尔干五国	－5.9	5.3	4.2	－5.7	4.4	3.9
中东欧—欧盟 12 国	－4.7	4.2	4.6	－5.7	3.8	3.5
中东欧 17 国	－5.1	4.5	4.5	－5.7	4.0	3.6
欧盟 27 国	－6.1	4.4	3.9	－8.3	6	2.7

注：1. 本表 2020 年中东欧 17 国 GDP 增速统计数据分别来自 IMF 和 wiiw，与第一章数据的统计口径略有差异。2. “—”表示暂无相关数据。

资料来源：维也纳国际经济比较研究所、国际货币基金组织。

① wiiw. No quick Recovery in Sight, with Coronavirus Risks looming large [R]. Forecast Report, Autumn 2020.

② 更多信息请参考：中欧陆家嘴国际金融研究院、中东欧经济研究所，《中东欧视界》，2021（1）。

我们同样利用欧盟委员会商业和消费问卷调查所得的两个前瞻性指标——工业信心指数和服务业信心指数来对中东欧 17 国短期经济前景进行分析。首先是工业信心指数，该指数是对一国制造业企业当前发展的整体评估，以及对下一季度的预期。该指数基于一国制造业主要代表对包括生产前景、订单增长前景和工业企业股票增长前景在内的问卷调查分析结果而得。如图 2－5 所示，虽然 2020 年大部分中东欧国家的工业信心指数仍然低于零，但在 2021 年的 2—3 月已经陆续出现上升的趋势。其中，斯洛文尼亚、爱沙尼亚和阿尔巴尼亚三国的工业信心指数已经反弹为正值，分别为 7.7、3.6 和 1.2，高于欧盟 1.1 的平均水平；斯洛伐克、捷克、立陶宛、拉脱维亚和塞尔维亚五国工业信心指数虽然仍为负值，但也已经比较接近疫情前的水平；与疫情前水平差距仍然较大的国家包括匈牙利、波兰、保加利亚、希腊和克罗地亚。另外，罗马尼亚、北马其顿和黑山三国制造业的前景依然黯淡，其工业信心指数仍未出现明显改善的趋势。

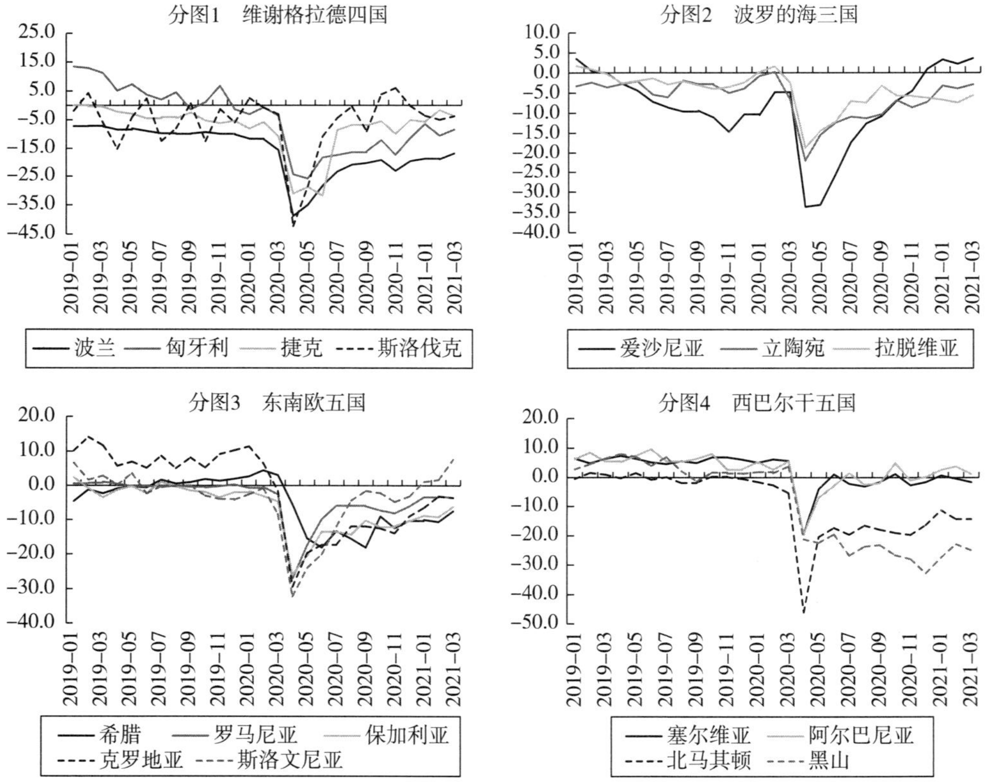

注：欧盟委员会暂未收录波黑的数据。

图 2－5　2019 年 1 月至 2021 年 3 月中东欧 17 国工业信心指数

（资料来源：欧盟委员会）

其次是服务业信心指数，该指数是基于对一国大型服务业公司经理的问卷调查分析结果而得，反映了该国服务业的商业前景，是经济发展的领先指标。问卷调查的主要内容包括有关过去三个月的商业情绪，并提供商业环境的展望，以及下一季度的预期产出价格。图 2 -6 展示了 2019 年 1 月至 2021 年 3 月中东欧 17 国服务业信心指数发展趋势，与工业信心指数相比，该地区服务业信心指数在 2020 年下半年的反弹程度明显较弱。截至 2021 年 3 月底，仅有捷克和立陶宛两国的服务业信心指数反弹为正数，其余 15 国（占比为 88%）仍然为负数，与疫情暴发前同期（即 2019 年 3 月）中东欧 17 国 100% 的信心指数形成了鲜明的对比。不过，值得庆幸的是，部分中东欧国家的服务业同样在 2021 年 3 月出现改善的势头，如波兰、斯洛伐克、拉脱维亚、希腊、罗马尼亚、保加利亚、克罗地亚、斯洛文尼亚以及北马其顿。

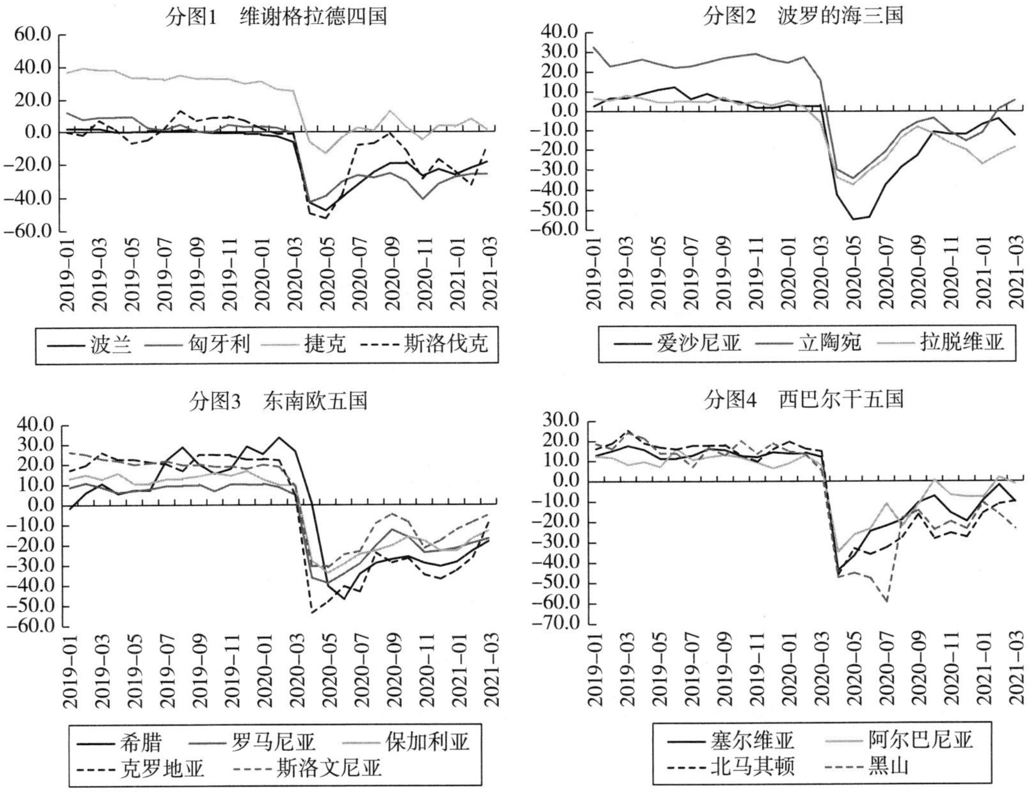

注：欧盟委员会暂未收录波黑的数据。

图 2 -6　2019 年 1 月至 2021 年 3 月中东欧 17 国服务业信心指数

（资料来源：欧盟委员会）

基于上述两个关键先行指标的发展趋势，虽然中东欧国家工业和服务业信心指数较 2020 年底有所改善，但是短期内未显现出快速复苏的迹象。考虑到目前（2020 年

3 月）第三轮疫情正席卷欧洲大部分国家，加之各国疫苗接种工作进展不一，中东欧地区经济发展中期前景仍然存在巨大的不确定性。对此，维也纳国际经济比较研究所设定了“基准情景”来定性分析中东欧地区经济的复苏进程。该基准情景假设新冠肺炎疫情于 2021 年基本得到控制，长期封锁措施也已经停止，在这样的“乐观”情况下，中东欧 17 国经济增速在 2021 年和 2022 年将分别反弹至 4% 和 3.6%。其中，中东欧—欧盟 12 国和西巴尔干五国在 2021 年的增长预期分别为 3.8% 和 4.4%；中东欧 17 国中反弹程度最大的正是此前对旅游业依赖最大的国家，如在基准情景里，克罗地亚和黑山两国 2021 年的经济增速有望达到 5%，高于中东欧地区的平均水平（4%），略低于欧盟 27 国均值（6%）。wiiw 预计在未来两年中东欧 17 国能够保持较稳定的经济增长，一方面是得益于欧元区经济复苏的提振，另一方面是获得的“欧盟下一代”（Next Generation EU，NGEU）复兴计划，即欧盟抗击新冠肺炎疫情的临时复苏工具的支持（详细内容见研究专题 1）。此外，wiiw 预测报告还强调，即使在基准情景下，疫情大流行给中东欧地区带来的影响将是持久的，例如对交通、住宿、餐饮娱乐、旅游等服务需求的低迷很可能会成为一种常态。与之相对的是，信息通信技术将会受益于新形势并蓬勃发展，对此，本书第二篇将深入分析中东欧地区数字经济在疫情暴发前后的发展概况以及未来的发展潜力。①

研究专题 1　2021—2027 年欧盟多年度财政框架和“欧盟下一代”复兴计划②③④

《中东欧经济研究报告 2018—2019》专题 5 曾为读者介绍了欧盟多年期财政框架概况，其中包括当时尚未批准的 2021—2027 年欧盟多年期财政预算（2021—2027 Multiannual Financial Framework，MFF）提案。⑤ 2020 年 11 月 10 日，欧洲议会（European Parliament）和欧盟理事会（Council of the European Union）成员国最终就 2021—2027 年欧盟多年期财政预算以及“欧盟下一代”（Next Generation EU，NGEU）复兴计划（抗击新冠肺炎疫情的临时复苏工具）达成历史性协议。这项欧盟有史以来最大的一揽子计划将由欧盟预算支持，其总额高达

① wiiw. No quick Recovery in Sight，with Coronavirus Risks looming large [R]. Forecast Report，Autumn 2020.

② EU budget and recovery fund deal：a significant step to boost Europe's integration and recovery. 更多信息请参考：https：//scoperatings. com/#! search/research/detail/164386EN。

③ Jérôme Creel，Mario Holzner，Francesco Saraceno，Andrew Watt and Jérôme Wittwer. How to spend it：A Proposal for a European Covid – 19 Recovery Programme. Policy Notes and Reports 38，June 2020.

④ 中欧陆家嘴国际金融研究院，中东欧经济研究所 . 欧洲理事会主席：欧盟预算资金的分配将与法治挂钩 [J]. 中东欧视界，2020（9）.

⑤ 更多信息请参考：姜建清 . 中东欧经济研究报告 2019—2020 [M]. 北京：中国金融出版社，2020.

18243 亿欧元，旨在重建新冠肺炎疫情后的欧洲，使其更加绿色①和数字化、更具韧性、更能够应对当前和未来的挑战。

一、“欧盟下一代”复兴计划

“欧盟下一代”复兴计划的 7500 亿欧元的资金将由欧盟委员会向国际市场融资而来，这是一种特殊的共同债务工具，旨在通过支持投资和改革来整合欧洲预算，以增强成员国经济的恢复力，促进可持续增长。其中的 3900 亿欧元将以无须偿还的赠款形式直接发放，其余 3600 亿欧元将在 2058 年前以贷款形式用于各成员国恢复经济，各成员国可在 2021—2023 年用于应对紧急情况，尤其是在数字化和绿色转型方面。

该复兴计划资金主要覆盖了“经济复苏和恢复社会秩序”（Recovery and Resilience Facility，RRF）、“欧盟政策补助”（REACT - EU）、“地平线欧洲”（Horizon Europe）、“欧盟投资”（Invest EU）、“农村发展”（Rural Development）、“公正过渡基金”（Just Transition Fund）以及“欧盟委员会应急资金”（Resc EU）七个领域（见图 2 -7）②，其中“经济复苏和恢复社会秩序”所需资金占比最大（89.7%），远超其余六项的总占比（10.3%），是“欧盟下一代”复兴计划的核心。

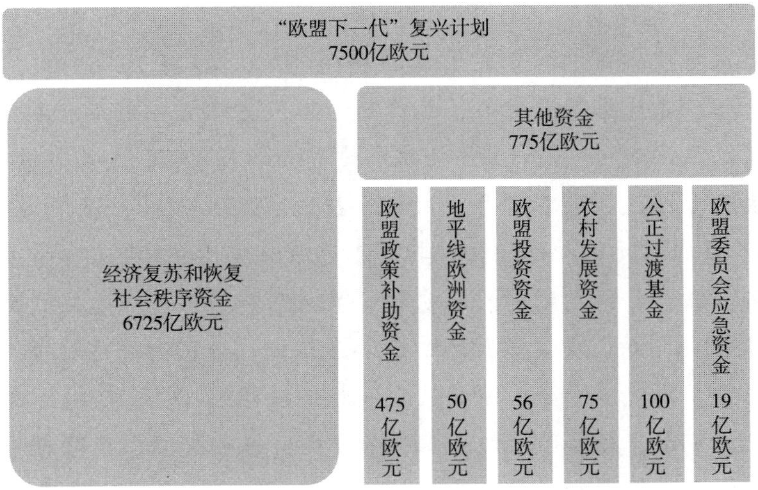

图 2 -7 “欧盟下一代”复兴计划资金分配方案

（资料来源：欧盟委员会）

① 更多信息请参考：http：//www. xinhuanet. com/world/2020 -11/16/c _ 1210887977. htm。为尽快走出疫情阴霾，欧盟将绿色转型作为经济复兴计划的核心之一，并在“绿色新政”框架下持续推出多项新的政策举措，进一步提升经济增长的韧性和持续性，因而上述 1. 8 万亿欧元总预算中 37% 的资金将投入与绿色转型目标直接相关的领域。

② European Commission. EU's Next Long - term Budget & Next Generation EU：Key Facts and Figures ［R］. November 2020.

欧盟的“经济复苏和恢复社会秩序”资金共计 6725 亿欧元，主要用于支持欧盟成员国进行改革和投资，从而减轻新冠肺炎疫情对经济和社会的影响。为了能够获得该专项资金，欧盟成员国须制订各自的复苏和恢复计划，包括一系列连续的改革措施以及公共投资项目，这些计划应在 2026 年前得以实施。此外，欧盟委员会特别指出，欧盟成员国制订的复苏计划须立足于中长期，聚焦于如何更有效地从数字和绿色转型中获益。对于已经提交的申请，欧盟委员会将在接下来的 2 个月内按照相关条例中列出的 11 项标准进行评估，并将其评估内容转化为具有法律约束力的行动条款。此外，成员国提交的计划中是否将至少 37% 的支出用于支持气候目标以及 20% 的支出用于数字化转型是欧盟委员会需要特别评估的内容。在此之后，欧盟理事会将有 4 周的时间审核欧盟委员会提交的建议，一旦欧盟理事会批准各成员国的计划，13% 的预融资资金将会被划拨给这些国家。①

截至 2021 年 5 月 15 日，欧盟委员会已收到来自比利时、丹麦、德国、希腊、西班牙、法国、意大利、拉脱维亚、卢森堡、奥地利、葡萄牙、斯洛文尼亚和斯洛伐克 13 国的复苏和恢复计划。其中，葡萄牙是第一个（2021 年 4 月 22 日）提交计划的欧盟国家；中东欧—欧盟 12 国中的希腊、斯洛伐克、拉脱维亚、斯洛文尼亚和匈牙利分别于 2021 年 4 月 28 日、4 月 29 日、4 月 30 日、5 月1 日和 5 月 12 日正式提交了各自的复苏和恢复计划。具体来看，希腊提出获得 305 亿欧元拨款的申请（178 亿欧元的赠款和 127 亿欧元的贷款），其复苏计划由四大部分组成，包括绿色、数字、技能、就业和社会凝聚力②；斯洛伐克提出获得 66 亿欧元赠款的申请，其复苏计划围绕五个关键政策重点开展，包括绿色经济、教育、研发创新、卫生和公共管理数字化③；拉脱维亚提出获得 18 亿欧元赠款的申请，其复苏计划由六部分组成，分别为绿色转型、数字化转型、医疗保健、减少不平等、经济转型和加强法治④；斯洛文尼亚提出获得 25 亿欧元赠款的申请，其复苏计划涵盖四个方面：绿色转型、数字转型、智慧可持续和包容增长、保健和福利（长期护理和社会住房的投资和改革）⑤；匈牙利

① 更多信息请参考：https：//ec. europa. eu/info/business – economy – euro/recovery – coronavirus/recovery – and – resilience – facility _ en。

② 更多信息请参考：https：//ec. europa. eu/commission/presscorner/detail/en/IP _ 21 _ 1990。

③ 更多信息请参考：https：//ec. europa. eu/commission/presscorner/detail/en/ip _ 21 _ 2046。

④ 更多信息请参考：https：//ec. europa. eu/commission/presscorner/detail/en/ip _ 21 _ 2097。

⑤ 更多信息请参考：https：//ec. europa. eu/commission/presscorner/detail/en/ip _ 21 _ 2101。

提出获得 72 亿欧元的赠款申请，其复苏计划包括绿色转型、医疗保健、研发、数字化、凝聚力和公共管理等关键政策领域①。

二、2021—2027 年欧盟多年期财政预算

欧盟的长期财政预算将继续在支持其经济复苏方面发挥关键作用，并确保欧盟资金的传统受益国在非常时期能够获得足够的资金维持经济正常运行。从欧盟委员会 2020 年 11 月 11 日发布的详细数据来看②，2021—2027 年欧盟多年期财政最终确认的预算总额为 10743 亿欧元，虽然较 2018 年 5 月 2 日欧盟委员会发布的预算提案（12794 亿欧元）减少了 2051 亿欧元，但欧盟却增加了一项因疫情而设立的 2021—2023 年复兴计划预算（7500 亿欧元），从而使得此次一揽子计划预算总额远超 2018 年的预算提案（见图 2－8）。

从欧盟长期财政预算中的具体项目来看，最终方案包含的 7 个项目中有 6 项的预算资金较此前的预算提案减少了，其中降幅前三位的是“安全与防卫”、“移民与边界管理”和“单一市场、创新与数字”，分别从 275 亿欧元、308 亿欧元和 1874 亿欧元降低至 132 亿欧元、227 亿欧元和 1434 亿欧元，降幅分别为 52%、26%和 23%。

与此同时，“凝聚力与价值”一项的预算却大幅增加，从提案的 4424 亿欧元提高到 10997 亿欧元，增幅达 149%。这主要是因为一揽子协议中的复兴计划。根据新协议，“欧盟下一代”为“凝聚力与价值”（在多年期财政预算 3778 亿欧元的基础上）额外提供了 7219 亿欧元的资金支持。

总体来看，最新达成的协议具有以下几个关键特点。③

第一，通过“地平线欧洲”的科研和创新政策，欧盟多年期财政预算中超过 50%的资金将用于支持欧盟的现代化转型；通过“数字欧洲”（Digital Europe）和“公正过渡基金”来实现绿色和数字转型；通过医疗设备储存库“拯救欧洲”以及 EU4Health 健康计划来提高抗击疫情恢复能力。

第二，欧盟传统的“团结和共同农业政策”将继续获得大量的欧盟预算资金，其主要目标是支持绿色和数字转型。

第三，欧盟还承诺将上述一揽子计划预算资金的 30% 用于解决气候变化问题，这是欧盟有史以来最大的预算中的最高份额。此外，该项预算增加了灵活

① 更多信息请参考：https：//ec. europa. eu/commission/presscorner/detail/en/IP _21 _2442。

② European Commission. EU's Next Long – term Budget & Next Generation EU：Key Facts and Figures ［R］. November 2020.

③ European Commission, EU's Next Long – term Budget & Next Generation EU：Key Facts and Figures ［R］. November 2020.

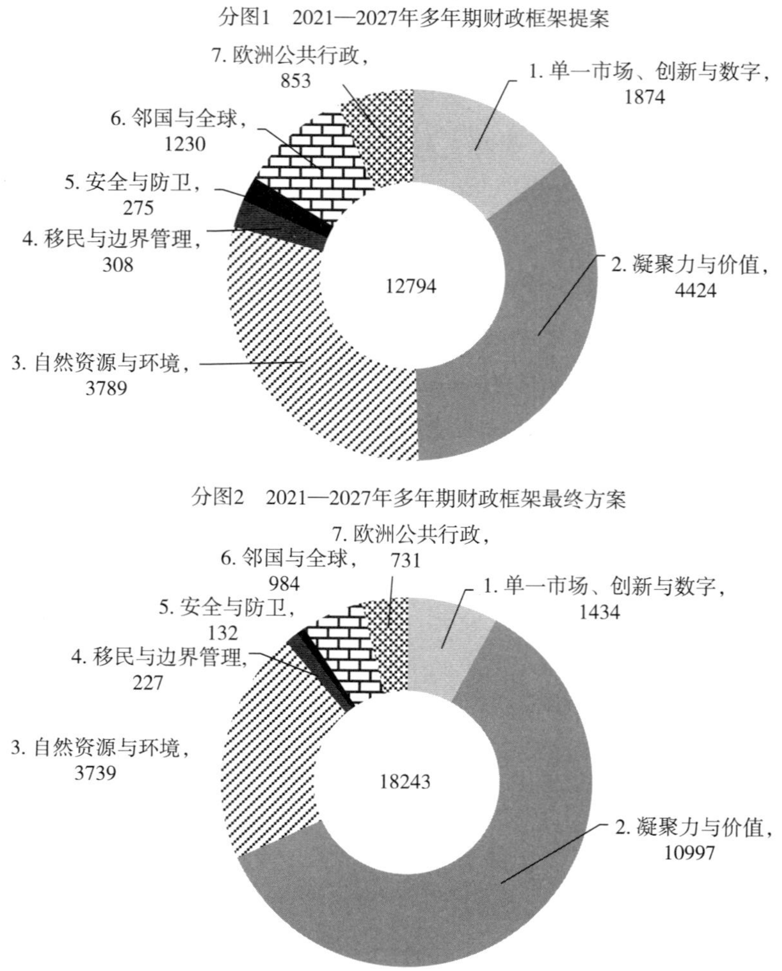

注：1. 图中各项资金单位为“亿欧元”。2. 分图 2 中的 2021—2027 年多年期财政框架包含了欧盟复兴计划的资金。

图 2－8　欧盟 2021—2027 年多年期财政预算提案与最终方案对比①

（资料来源：根据欧盟委员会官网信息整理）

性机制，包括推出欧洲全球化调整基金、团结和紧急援助储备金、英国退欧调整储备金等②。

第四，与 2020 年 7 月欧洲特别理事会达成的协议相比，欧盟为“地平线欧洲”、EU4Health、Erasmus + 等关键项目增加了总额为 150 亿欧元的资金分配

① 更多信息请参考：https：//www. consilium. europa. eu/en/infographics/recovery – plan – mff – 2021 – 2027/#。

② 更多信息请参考：https：//byteclicks. com/12404. html。

（见图 2－9），目的是确保欧盟财政预算能继续发挥其支持经济复苏的关键作用，同时还能够确保欧盟的资金受益国可以获得足够的资金来继续维持正常运行。①

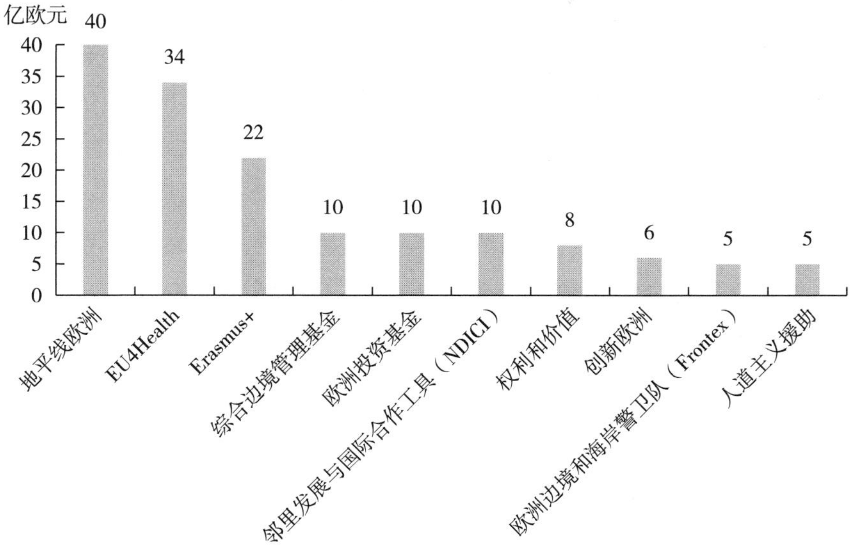

图 2－9　2021—2027 年欧盟预算 150 亿欧元追加资金优先分配方案

（资料来源：欧盟委员会）

三、2021—2027 年区域政策资金

正如我们在《中东欧经济研究报告 2018—2019》中所介绍，欧盟的区域政策（Regional Policy of the European Union），也称为聚合政策（Cohesion Policy），是欧盟的主要投资政策，旨在改善欧盟地区整体的经济福利，避免区域性差异，从而提高区域竞争力。因而，欧盟长期财政预算的大部分资金都用于该政策，且这一政策的受益国绝大多数来自中东欧地区。②

根据欧盟委员会 2020 年 7 月发布的欧盟聚合政策资金分配细节来看③，在 2021—2027 年预算期，欧盟 27 国区域政策资金总额为 3694.22 亿欧元（现价），中东欧—欧盟 12 国所获得的资金为 2208.38 亿欧元（现价），占欧盟 27 国资金总额的 59.78%。与欧盟 2018 年公布的预算提案相比，中东欧—欧盟 12 国中有 1/2 的国家在 2020 年最终方案中所分配资金份额均向上调整，如波兰

① 更多信息请参考：https：//ec. europa. eu/info/strategy/eu－budget/long－term－eu－budget/2021－2027 _ en。

② 更多信息请参考：姜建清．中东欧经济研究报告 2018—2019［M］．北京：中国金融出版社，2019.

③ European Commission. Breakdown of Cohesion Policy Allocations per Member States. July 2020.

（+0.75 个百分点）、匈牙利（+0.65 个百分点）、捷克（+0.48 个百分点）、保加利亚（+0.04 个百分点）、立陶宛（+0.06 个百分点）和爱沙尼亚（+0.02 个百分点）。

具体来看，2021—2027 年波兰获得了 750.34 亿欧元的区域政策资金，所占份额（20.31%）在 27 国中居首位；罗马尼亚、匈牙利、捷克和希腊 4 国可视为中东欧地区的“第二梯队”，分别获得了 303.05 亿、225.26 亿、217.61 亿和 213.79 亿欧元（现价）政策资金，均高于欧盟 27 国区域政策资金的均值（136.82 亿欧元，现价）；中东欧地区的其余 7 国，即斯洛伐克、保加利亚、克罗地亚、立陶宛、拉脱维亚、爱沙尼亚和斯洛文尼亚所分配的资金则均低于欧盟均值，其相应的份额均低于 3.5%。排名最后的斯洛文尼亚获得了 32.79 亿欧元（现价），所占比重不及总额的 1%，仅有 0.89%（见图 2－10）。

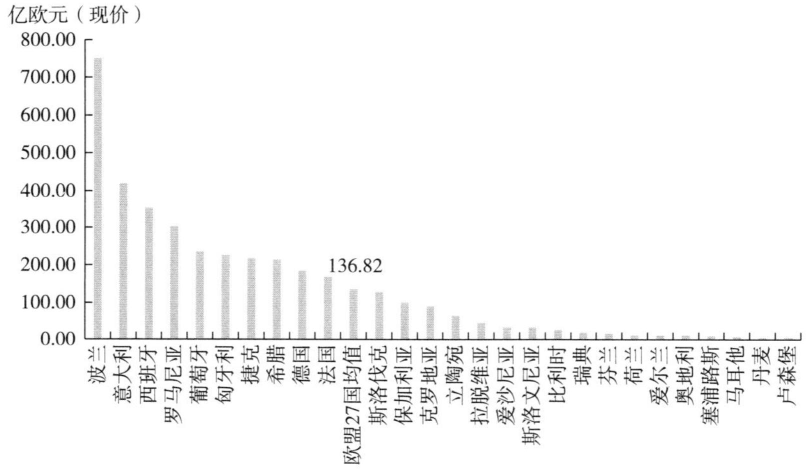

图 2－10　2021—2027 年欧盟 27 国区域政策资金分配方案（按国别）

（资料来源：欧盟委员会）

四、“经济复苏和恢复社会秩序”资金

此外，对大多数的中东欧国家来说，“欧盟下一代”复兴计划同样对这些国家在疫情后的经济恢复和复苏扮演着重要的角色，其中复兴计划的核心资金“经济复苏和恢复社会秩序”资金更是重中之重。正如图 2－7 所示，该项资金共计 6725 亿欧元，占复兴计划总资金的比重达 89.7%，其中无须偿还的赠款为 3125 亿欧元，贷款为 3600 亿欧元。根据数据的可得性，我们重点梳理了中东欧—欧盟 12 国赠款分配情况。①

① European Commission. Recovery and Resilience Facility—Grants Allocation per Member State. July 2020.

从表2-5我们可以看到，中东欧地区国家获得复兴计划赠款的分配格局与欧盟区域政策资金的分配类似，也就是获得赠款总额较高的5个国家同样是波兰、希腊、罗马尼亚、捷克和匈牙利，共计661.05亿欧元，占中东欧—欧盟12国赠款总额的72.84%。而波罗的海三国以及斯洛文尼亚同样也是获得赠款较少的4个中东欧国家，总额共计为68.8亿欧元，占比仅为7.58%。

表2-5　2021—2023年欧盟“经济复苏和恢复社会秩序”赠款分配方案

国别/地区	2021—2022年承诺分配赠款的70%（亿欧元，2018年价格）	2023年承诺分配赠款的30%（亿欧元，2018年价格）	赠款（亿欧元，2018年价格）	占欧盟27国赠款总额的比重（%）	占中东欧—欧盟12国赠款总额的比重（%）
波兰	189.17	41.43	230.60	7.38	25.41
希腊	126.12	36.31	162.43	5.20	17.90
罗马尼亚	95.29	42.71	138.00	4.42	15.21
捷克	33.01	34.44	67.45	2.16	7.43
匈牙利	43.3	19.27	62.57	2.00	6.89
保加利亚	43.26	16.55	59.81	1.91	6.59
克罗地亚	43.22	16.28	59.50	1.90	6.56
斯洛伐克	43.33	15.02	58.35	1.87	6.43
立陶宛	19.52	4.8	24.32	0.78	2.68
拉脱维亚	15.31	3.42	18.73	0.60	2.06
斯洛文尼亚	11.95	3.63	15.58	0.50	1.72
爱沙尼亚	7.09	3.08	10.17	0.33	1.12
中东欧—欧盟12国均值	49.13	16.85	65.98	—	—
欧盟27国均值	81.02	34.72	115.74	—	—

注：“—”代表不适用。

资料来源：欧盟委员会。

第三节　国际三大评级机构对中东欧17国评级及展望

一、穆迪

基于过去一年中东欧地区国家在财政以及经济韧性方面的表现，2021年1月穆迪对该地区2021年整体主权信用评级展望设定为“稳定”，对比2020年疫情暴发之前穆迪对中东欧地区整体主权信用评级展望给出的“负面”结果，该展望结果显示穆迪对中东欧地区国家经济增长前景总体较为乐观。

根据穆迪 2021 年 1 月发布的展望报告，2021 年中东欧地区预计将实现 4.1% 的经济增速；在 2022 年之后，中东欧国家的经济增长将比大多数欧元区国家更为强劲。主要原因有以下三点：第一，与欧元区国家相比，大部分中东欧国家的旅游资源相对较少，对旅游业的依赖性不如欧元区国家程度高，依赖程度更高的工业和制造业在中东欧地区的复苏前景更为积极；第二，“欧盟下一代”复兴计划将为中东欧国家经济复苏提供有力的资金支持；第三，尽管中东欧国家 2021 年的债务和赤字将会大幅上升，但各国政府承担和削减债务的能力在增强。基于此，短期来看，新冠肺炎疫情对中东欧国家经济活动的影响相对较小，中期中东欧国家的增长前景强劲；然而长期来看，中东欧经济体仍然面临着经济增长的结构性障碍，最突出的便是人口老龄化迅速，这对该地区经济实力和财政可持续性构成了一系列挑战。

通过对比 2019—2020 年和 2020—2021 年穆迪对中东欧 17 国主权信用评级结果（见表 2－6），我们可以看到，尽管疫情暴发给全球经济带来巨大冲击，然而在过去一年中穆迪对中东欧地区大部分国家的经济抗击性给出了较高评价。

表 2－6　　2019—2021 年穆迪对中东欧 17 国主权信用评级结果

国别	2019—2020 年			2020—2021 年		
	长期外币主权评级	短期外币主权评级	展望	长期外币主权评级	短期外币主权评级	展望
波兰	A2	P－1	稳定	A2	P－1	稳定（2019 年 4 月 19 日）
匈牙利	Baa3	—	稳定	Baa3	—	正面（2020 年 9 月 25 日）
捷克	Aa3	（P）P－1	稳定	Aa3	（P）P－1	稳定（2021 年 2 月 5 日）
斯洛伐克	A2	—	稳定	A2	—	稳定（2019 年 9 月 27 日）
爱沙尼亚	A1	—	稳定	A1	—	稳定（2021 年 3 月 5 日）
立陶宛	A3	—	正面	A2↑（2021 年 2 月 12 日）	—	稳定（2021 年 2 月 12 日）
拉脱维亚	A3	—	稳定	A3	—	稳定（2019 年 5 月 31 日）
希腊	B1	NP	稳定	Ba3↑（2020 年 11 月 6 日）	NP	稳定（2020 年 11 月 6 日）

续表

国别	2019—2020 年			2020—2021 年		
	长期外币主权评级	短期外币主权评级	展望	长期外币主权评级	短期外币主权评级	展望
罗马尼亚	Baa3	P－3	负面	Baa3	P－3	负面（2020 年 4 月 24 日）
保加利亚	Baa2	—	正面	Baa1 ↑（2020 年 10 月 9 日）	—	稳定（2020 年 10 月 9 日）
克罗地亚	Ba2	—	正面	Ba1 ↑（2020 年 11 月 13 日）	—	稳定（2020 年 11 月 13 日）
斯洛文尼亚	Baa1	—	正面	A3 ↑（2020 年 10 月 2 日）	—	稳定（2020 年 10 月 2 日）
塞尔维亚	Ba3	—	正面	Ba2 ↑（2021 年 3 月 12 日）	—	稳定（2021 年 3 月 12 日）
波黑	B3	—	稳定	B3	—	稳定
阿尔巴尼亚	B1	—	稳定	B1	—	稳定
北马其顿	—	—	—	—	—	—
黑山	B1	NP	稳定	B1	NP	稳定

注：1. 穆迪长期评级针对一年期以上的债务，评估发债方的偿债能力，预测其发生违约的可能性及财产损失概率。而短期评级一般针对一年期以下的债务。穆迪长期评级共分为九个级别：Aaa、Aa、A、Baa、Ba、B、Caa、Ca 和 C。其中 Aaa 级债务的信用质量最高，信用风险最低；C 级债务为最低债券等级，收回本金及利息的机会微乎其微。在 Aa 级到 Caa 级的六个级别中，还可以添加数字 1、2 或 3 进一步显示各类债务在同类评级中的排位，1 为最高，3 则最低。通常认为，从 Aaa 级到 Baa3 级属于投资级，Ba1 级以下则为投机级。穆迪的短期评级依据发债方的短期债务偿付能力由高到低分为 P－1、P－2、P－3 和 NP 四个等级。此外，穆迪还对信用评级给予展望评价，以显示其对有关评级的中期走势看法。展望分为“正面”（评级可能被上调）、“负面”（评级可能被下调）、“稳定”（评级不变）以及“发展中”（评级随着事件的变化而变化）。对于短期内评级可能发生变动的被评级对象，穆迪将其列入信用观察名单。被审查对象的评级确定后，将从名单中去除。目前，穆迪的业务范围主要涉及国家主权信用、美国公共金融信用、银行业信用、公司金融信用、保险业信用、基金以及结构性金融工具信用评级等几方面。更多内容请参考 http：//finance. people. com. cn/forex/GB/17980169. html。2. “—”表示暂无主权评级、展望数据。3. 表中显示日期是指穆迪对该评级或展望进行调整的日期。4. 该表信息截止日期为 2021 年 4 月 15 日。

资料来源：穆迪。

首先，中东欧 17 国中有 6 国的长期外币主权评级被上调，分别是立陶宛在 2021 年 2 月 12 日由“A3”上调为“A2”、希腊在 2020 年 11 月 6 日由“B1”上调为“Ba3”、保加利亚在 2020 年 10 月 9 日由“Baa2”上调为“Baa1”、克罗地亚在 2020 年 11 月 13 日由“Ba2”上调为“Ba1”、斯洛文尼亚在 2020 年 10 月 2 日由“Baa1”上调为“A3”以及塞尔维亚在 2021 年 3 月 12 日由“Ba3”上调为“Ba2”。

其次，有 9 国的长期外币主权、短期外币主权和展望评级结果暂无变动，包括波兰、捷克、斯洛伐克、爱沙尼亚、拉脱维亚、罗马尼亚、波黑、阿尔巴尼亚和黑山。

最后，匈牙利展望在 2020 年 9 月 25 日由“稳定”上调为“正面”，预示着该国评级可能被上调，经济发展前景较为积极。

针对 2020—2021 年度评级结果，希腊、匈牙利和罗马尼亚三国发展前景值得特别关注。首先，穆迪已经持续两年将希腊的长期外币主权评级向上调整。此次上调的主要原因有以下两点：第一，希腊正在进行的改革在一定程度上支持了其公共机构的可持续性，并在税务管理、合规和反腐败等领域取得了切实的进展，而且这些重要的改善出现逆转的风险较低；第二，尽管希腊的旅游业在疫情期间受到较大的负面影响，但是得益于投资环境的不断改善以及大量欧盟复苏基金的流入，外加希腊政府审慎的财政立场，该国的公共债务趋势进一步逆转，穆迪认为希腊的经济增长前景非常积极，将其评级设定为“Ba3”，展望为“稳定”。

其次，匈牙利是本轮评级中唯一一个在疫情大流行期间展望被上调为“正面”的中东欧国家，表明该国短期前景非常积极。穆迪进行此次展望上调的根本原因是：第一，匈牙利与属于同一评级级别，即 Baa3 和 Baa2 级别的国家相比，近期经济表现更为强劲，预计短期的增长前景更为积极；第二，匈牙利国内和外部债务状况在近一年内均得到相应的改善。尽管匈牙利目前的经济增长和政府债务削减计划不可避免地会受到新冠肺炎疫情的影响，然而相对其他国家而言，匈牙利信用所受到的影响更有限。此外，穆迪还提出匈牙利在“Baa3”评级级别所面临的挑战包括：（1）该国经济对制造业的严重依赖，特别是对德国汽车行业的敞口较高；（2）该国政府债务问题虽然有所改善，但其债务占 GDP 比重仍然高于同一水平国家的中位数；（3）制度和政府治理框架仍然存在不足之处。基于此，穆迪维持了匈牙利“Baa3”的评级级别，但是将其展望上调至“正面”。

最后，罗马尼亚的前景值得警惕，自 2020 年 4 月新冠肺炎疫情在欧洲暴发之后，罗马尼亚成为中东欧 17 国中第一个也是唯一一个展望被下调为“负面”的国家（截至 2021 年 4 月 15 日，其长期主权评级和展望暂无变动）。穆迪对罗马尼亚经济实力的评估为“Baa2”，这是罗马尼亚长期主权仍然保持在“Baa3”级别的有力支持，同时“Baa3”的评级结果也反映了穆迪将罗马尼亚强劲的国内经济增长与限制该国增长潜力的结构性弱点（公共基础设施）加以平衡的综合考虑。然而，近年来，罗马尼亚的财政指标始终未得到较好的改善，总体赤字和结构性赤字均在扩大；加之罗马尼亚国内仍然较高的政治风险和不断扩大的经常账户赤字，使其抵抗外部风险的能力受限。最终，穆迪仍然维持罗马尼亚长期主权“Baa3”的评级以及“负面”的展望结果。

二、标准普尔全球评级

根据标准普尔全球评级（简称标普）在 2021 年 3 月发布的《中东欧地区主权评级展望 2021》报告，中东欧 17 国中，除了罗马尼亚和黑山两国展望为“负面”，其余 15 国的展望均为“稳定”，显示出标普对中东欧地区经济复苏前景充满信心。这主要基于标普两方面的评估结果：第一，由于短期有效的封锁政策、具有一定韧性的对外出口以及积极的政策支持，中东欧地区经济收缩程度比欧洲其他地区更小；第二，中东欧地区整体的政策灵活性使得政策制定者能够应对新冠肺炎疫情。

与 2019—2020 年标普的评级结果相比，在 2020—2021 年中东欧 17 国主权信用评级结果分布基本保持稳定，并未出现太多的评级调整行动（见表 2－7）：仍然有 11 国的长期主权信用评级被标普归类为投资级别，包括波兰、匈牙利、捷克、斯洛伐克、爱沙尼亚、立陶宛、拉脱维亚、罗马尼亚、保加利亚、克罗地亚和斯洛文尼亚。其中，仅有立陶宛和拉脱维亚进行了评级调整行动，两国从“A”上调为“A＋”。中东欧 17 国中有 6 国的长期评级被归类为投机级，包括希腊、塞尔维亚、波黑、阿尔巴尼亚、北马其顿和黑山。但是上述 6 国中有 4 国的展望被下调，希腊、塞尔维亚和波黑 3 国的展望由“正面”下调为“稳定”，黑山的展望由“稳定”下调为“负面”。

表 2－7　　2019—2021 年标普对中东欧 17 国主权信用评级结果

国别/地区	长/短期外币主权评级及展望	机构评估	经济评估	外部评估	财政评估（预算表现）	财政评估（债务表现）	货币政策评估
波兰	A－/稳定/A－2	4	4	2	4	2	2
匈牙利	BBB/稳定/A－2	4	4	2	2	4	3
捷克	AA－/稳定/A－1＋	2	3	1	3	2	2
斯洛伐克	A＋/稳定/A－1	3	3	2	3	2	2
爱沙尼亚	AA－/稳定/A－1＋	2	3	2	2	1	3
立陶宛	A＋/稳定/A－1	3	3	2	2	2	3
拉脱维亚	A＋/稳定/A－1	3	3	2	2	2	3
希腊	BB－/稳定/B	5	3	5	3	6	3
罗马尼亚	BBB－/负面/A－3	4	4	3	4	3	3

续表

国别/地区	长/短期外币主权评级及展望	机构评估	经济评估	外部评估	财政评估(预算表现)	财政评估(债务表现)	货币政策评估
保加利亚	BBB/稳定/A-2	4	4	2	2	1	5
克罗地亚	BBB-/稳定/A-3	4	4	2	2	5	4
斯洛文尼亚	AA-/稳定/A-1+	3	3	1	3	3	2
塞尔维亚	BB+/稳定/B	4	4	4	2	2	4
波黑	B/稳定/B	5	5	4	3	2	6
阿尔巴尼亚	B+/稳定/B	5	5	4	3	5	5
北马其顿	BB-/稳定/B	5	4	3	4	3	4
黑山	B+/负面/B	4	4	6	4	6	6
维谢格拉德四国均值	—	3.3	3.5	1.8	3.0	2.5	2.3
波罗的海三国均值	—	2.7	3.0	2.0	2.0	1.7	3.0
东南欧五国均值	—	4.0	3.6	2.6	2.8	3.6	3.4
西巴尔干五国均值	—	4.6	4.4	4.2	3.2	3.6	5.0
中东欧—欧盟 12 国均值	—	3.4	3.4	2.2	2.7	2.8	2.9
中东欧 17 国均值	—	3.8	3.7	2.8	2.8	3.0	3.5

注：1. 标普国际评级投资级包括 AAA、AA、A 和 BBB，投机级则分为 BB、B、CCC、CC、C 和 D。信用级别由高到低排列，AAA 级和 AA 级具有较高信用等级；A 级和 BBB 级具有中等信用等级；BB 级到 D 级为低信用等级，D 级视为对条款的违约。从 AA 级至 CCC 级，每个级别都可通过添加“+”或“-”来显示信用高低程度。例如，在 AA 序列中，信用级别由高到低依次为 AA+、AA、AA-。此外，标普还对信用评级给予展望，显示该机构对于未来（通常是 6 个月至 2 年）信用评级走势的评价。决定评级展望的主要因素包括经济基本面的变化。展望包括“正面”（Positive，评级可能被上调）、“负面”（Negative，评级可能被下调）、“稳定”（Stable，评级不变）、“观望”（评级可能被下调或上调）和“无意义”。标普还会发布信用观察以显示其对评级短期走向的判断。信用观察分为“正面”（评级可能被上调）、“负面”（评级可能被下调）和“观察”（评级可能被上调或下调）。2. 各项评估得分是以 1~6 的评分体系来衡量，其中 1 分表现最优，6 分表现最差。3. 该表信息截止日期为 2021 年 4 月 15 日。

资料来源：标准普尔全球评级。

基于“基准情景”假设，标普认为在大范围防疫限制放松的情况下，随着消费需求逐渐上升、欧盟复苏资金的流入以及各国政府政策的持续支持，中东欧地区经济将在 2021 年相对较快地复苏，GDP 有望在 2022 年或者 2023 年恢复到疫情前水平。尽管 2020 年中东欧国家政府债务普遍大幅上升，但这些债务在一定程度上将被较低的借贷成本所抵消。因此，标普预计到 2023 年中东欧国家公共债务占 GDP 的比重会逐步趋于稳定。

正如前文所说，在此次疫情大流行中，由于波罗的海地区国家经济表现出持续的韧性，在本轮评级中拉脱维亚和立陶宛的长期主权信用评级均被上调为“A+”。拉脱维亚是欧元区债务与GDP比率最低的国家之一，这为本国政府实施灵活的财政政策提供了坚实的基础。据标普估计，拉脱维亚的经济将在2021年逐步复苏，随之财政赤字将收窄，公共债务也将稳定在适度的水平。

与穆迪的评级行动一致，标普将罗马尼亚“负面”的展望结果已经维持一年以上（截至2021年4月5日），这种负面展望仍然是基于标普对罗马尼亚未来12个月的财政和外部收支平衡所面临巨大风险的评估而设定的。一方面，如果罗马尼亚政策制定者仍然不能制定一份用于降低本国财政失衡的可信的计划书，财政和外部收支失衡的持续时间超出标普的预期，那么罗马尼亚的长期主权评级将会面临下调的风险；另一方面，如果罗马尼亚新一届政府能够迅速巩固本国财政，从而稳定公共和外部财政状况，罗马尼亚的前景展望有望上调为“稳定”。

黑山是疫情大流行期间另一个前景展望被下调为“负面”（2020年9月4日）的中东欧国家。这主要反映了新冠肺炎疫情对黑山经济和财政的冲击比标普此前预估的更严重和更广泛。标普认为，如果黑山政府在2021年能够整顿本国财政状况，有效防止债务规模继续上升，其前景展望则很可能上调为“稳定”。此外，黑山同样需要保障其资产质量稳定，若资产质量显著恶化或者流动性限制加剧，破坏了该国银行体系的稳定性，那么黑山的长期主权评级将面临下调的风险。

三、惠誉国际信用评级

在新冠肺炎疫情大流行的一年里，中东欧地区国家的经济弹性得到了惠誉国际信用评级（简称惠誉）的肯定，主要表现在惠誉维持了该地区10个国家的长期/短期主权评级以及展望结果，并上调了拉脱维亚和保加利亚的展望，分别从“负面”和“稳定”上调为“稳定”和“正面”。惠誉认为遏制新冠肺炎疫情蔓延以及加速疫苗接种是决定中东欧地区国家2021年经济复苏的关键，而“欧盟下一代”复兴计划资金将在此基础上进一步推动中东欧国家的复苏步伐，并在2022年继续发挥其巨大的资金支持作用。

与上一轮（2019—2020年）评级结果相比，2020—2021年度惠誉并未对中东欧地区国家进行大规模的评级调整，17国中仍然有11国的长期主权评级保持为投资级（“BBB”及以上），3国为投机级（见表2-8）。然而，值得注意的是，此次惠誉对斯洛伐克的评估结果与穆迪和标普的结果差异较大。惠誉对斯洛伐克的长期主权评级虽然仍属于投资级，在2020年5月8日却将其从“A+”下调为

“A”，是 17 国中唯一评级下调的国家，与此同时，惠誉还将斯洛伐克展望向下调整为“负面”。其主要原因有两点：第一，为了应对疫情危机，斯洛伐克政府在财政收入大幅降低的情况下继续扩大开支，使其财政指标在过去一年显著恶化。惠誉已经将斯洛伐克 2020 年一般政府收支平衡预测值向下大幅修正至 -7.7%，而该指标在 2019 年仅为 -1.3%。此前斯洛伐克宣布了一项占本国 GDP 比重 6% 的财政刺激计划，包括直接财政支持、流动性支持和贷款担保。根据惠誉预测，斯洛伐克财政赤字将使其政府总债务占 GDP 的比重从 2019 年底的 48% 上浮至 2020 年的 59.9%。按照斯洛伐克相关法律，本国政府债务设有“债务刹车”上限，即债务占 GDP 比重不能超过 57%，但考虑到经济受到疫情冲击的特殊情况，即便超过 57% 的上限标准，也不太可能触发政府制裁机制。第二，因经常账户赤字持续扩大以及外国直接投资（FDI）不断下降，斯洛伐克的外部状况预计将进一步走弱。鉴于 2020 年斯洛伐克汽车出口大幅下降，惠誉预计其经常账户赤字将扩大至 GDP 的 4.3%，而该指标在 2019 年仅为 2.9%。与此同时，2020 年斯洛伐克的 FDI 占 GDP 的比重将下降近一半，至 1.2%。

表 2-8　　2019—2021 年惠誉对中东欧 17 国主权信用评级结果

国别	2019—2020 年			2020—2021 年		
	长期外币主权评级	短期外币主权评级	展望	长期外币主权评级	短期外币主权评级	展望
波兰	A-	F2	稳定	A-	F2	稳定
匈牙利	BBB	F2	稳定	BBB	F2	稳定
捷克	AA-	F1+	稳定	AA-	F1+	稳定
斯洛伐克	A+	F1+	稳定	A（2020 年 5 月 8 日）	F1+	负面（2020 年 11 月 6 日）
爱沙尼亚	AA-	F1+	稳定	AA-	F1+	稳定
立陶宛	A	F1+	稳定	A	F1+	稳定
拉脱维亚	A-	F1	负面	A-	F1	稳定（2020 年 10 月 9 日）
希腊	BB	B	稳定	BB	B	稳定
罗马尼亚	BBB-	F3	负面	BBB-	F3	负面
保加利亚	BBB	F2	稳定	BBB	F2	正面（2021 年 2 月 19 日）
克罗地亚	BBB-	F3	稳定	BBB-	F3	稳定

续表

国别	2019—2020 年			2020—2021 年		
	长期外币主权评级	短期外币主权评级	展望	长期外币主权评级	短期外币主权评级	展望
斯洛文尼亚	A	F1 +	稳定	A	F1 +	稳定
塞尔维亚	BB +	B	稳定	BB +	B	稳定
波黑	—	—	—	—	—	—
阿尔巴尼亚	—	—	—	—	—	—
北马其顿	BB +	B	稳定	BB +	B	负面（2020 年 5 月 15 日）
黑山	—	—	—	—	—	—

注：1. 惠誉的长期评级用于衡量一个经济主体偿付外币或本币债务的能力。惠誉的长期信用评级分为投资级和投机级，其中投资级包括 AAA、AA、A 和 BBB，投机级则包括 BB、B、CCC、CC、C、RD 和 D。以上信用级别由高到低排列，AAA 等级最高，表示最低的信贷风险；D 为最低级别，表明一个实体或国家主权已对所有金融债务违约。惠誉的短期信用评级大多针对到期日在 13 个月以内的债务。短期评级更强调的是发债方定期偿付债务所需的流动性。短期信用评级从高到低，分为 F1、F2、F3、B、C、RD 和 D。惠誉采用“+”或“-”用于主要评级等级内的微调，但这在长期评级中仅适用于 AA 至 CCC 六个等级，而在短期评级中只有 F1 一个等级适用。2. 惠誉同样对信用评级给予展望，用来表明某一评级在一两年内可能变动的方向。展望分为“正面”（评级可能被调高）、“稳定”（评级不变）和“负面”（评级可能被下调）。但需要指出的是，正面或负面的展望并不表示评级一定会出现变动；同时，评级展望为稳定时，评级也可根据环境的变化被调升或调降。此外，惠誉使用评级观察表明短期内可能出现的评级变化。“正面”表示可能调升评级，“负面”表示可能调降评级，“循环”表明评级可能调升也可能调低或不变。惠誉的业务范围包括金融机构、企业、国家、地方政府等融资评级，总部分设于纽约和伦敦两地。更多内容请参考：http：//finance. people. com. cn/forex/GB/17980169. html。3. “—”表示暂无数据。4. 该表信息截止日期为 2021 年 4 月 15 日。

资料来源：惠誉国际信用评级。

拉脱维亚在此次疫情危机中的表现可以说非常出色，不仅在标普的长期外币主权评级中获得上调，而且还在惠誉的展望评级中重新获得“稳定”。2020 年 10 月 9 日，惠誉将拉脱维亚的展望由“负面”上调为“稳定”，主要基于两点：（1）疫情大流行初期围绕疫情对拉脱维亚经济发展和公共财政影响的高度不确定性已经逐渐减弱，随着一系列疫情防控措施和政府支持政策的推进，该国经济已显现出一定程度的抗冲击能力；（2）得益于对非居民服务部门依赖的减少以及监管和反洗钱框架的不断改进，拉脱维亚金融部门在疫情风险中面临的长期风险较少，其金融稳健性显示出一定的韧性。

研究专题 2 中东欧国家趋同跟踪报告

《中东欧经济研究报告 2018—2019》第二章曾详细介绍了中东欧国家经济的趋同趋势以及影响该趋势的四大内生因素。由于中东欧国家在欧洲经济一体化过程中始终扮演着举足轻重的角色，早在 1996 年，欧洲央行和欧盟委员会便定期发布各自的趋同报告，目的是追踪非欧元区成员国在试图采用欧洲单一货币方面所取得的进展。基于这些最新报告，本专题将在 2018—2019 年版的基础上追踪更新中东欧非欧元国家近两年趋同发展的形势及加入欧元区的前景。

一、中东欧非欧元国家趋同近况

为研究寻求加入欧元区的欧盟成员国经济的趋同趋势，欧洲央行制定了一套统一的衡量框架来进行分析。这套框架建立在两大基础之上：一是《欧洲联盟运行条约》（*the Treaty on the Functioning of the European Union*，TFEU）里针对一国物价、政府财政、汇率和长期利率发展的相关规则（标准）以及欧洲央行对这些规则的具体实施细节。二是一系列用于考察一国经济趋同可持续发展的后瞻性和前瞻性的经济指标。从后瞻性视角来审视非欧元区国家的经济发展，原则上包括过去 10 年的经济数据。因为这有利于确定一国目前所取得的成就在多大程度上是真正结构改革（结构调整）的结果，进而可以更好地对该国经济趋同的可持续性进行评估。此外，在适当的情况下，欧洲央行同样强调了前瞻性视角评测的重要性，特别提出有利的经济发展趋势是否能够持续下去，关键在于一国对现有和未来挑战是否能够作出适当和持久的政策反应。①

然而，随着新冠肺炎疫情在全球范围内大规模暴发，欧盟 2020 年度的经济趋同评估面临着较大的挑战。首先，从时间维度来看，欧洲央行和欧盟委员会用于评估经济趋同的数据时间区间大致为 2019 年 4 月至 2020 年 5 月，因而关于待评估国家的趋同路径将受到何种影响，以及该影响在待评估国家的表现是否一致等问题，我们尚未得出明确的结论。其次，从评估方法来看，正如在上文所提到，欧洲央行采用了一定程度的前瞻性评测策略，但是由于未来的高度不确定性，欧洲央行和欧盟委员会或只能在下一年度的趋同报告里，通过“事后评估”（Ex – post Evaluation）来进行全局性影响的评估。

根据《欧洲联盟运行条约》，欧洲央行在 2018—2020 年度趋同报告中给出了 4 个主要审核标准的实施细则。第一，物价稳定性（Price Stability），即一国在被评估前一年的平均通货膨胀率不得超过欧盟成员国中 3 个通货膨胀率最低

① 更多信息请参考：ECB. Covergence Report. June 2020。

国家的平均数再加 1.5 个百分点。本年度通货膨胀率较低的 3 个欧盟成员国为葡萄牙（0.2%）、塞浦路斯（0.4%）和意大利（0.4%），其通货膨胀率平均值再加上 1.5 个百分点即为物价稳定的参考值（1.8%）。第二，健全的公共财政（Public Finances Soundness），即一国的政府预算赤字占 GDP 的比重须小于 3%，政府债务占 GDP 的比重须小于 60%。第三，汇率稳定性（Exchange Rate Stability），即一国须加入为期 2 年的欧洲汇率机制（European Exchange Rate Mechanisum Ⅱ，ERM Ⅱ），在此期间该国货币对欧元不能贬值，欧洲央行允许其汇率在给定值上下 15% 的范围内波动。[①] 第四，长期利率融合度（趋同）（long – term interest rates convergence），即一国在被评估前一年的长期名义年利率不得超过欧盟成员国中 3 个通货膨胀率最低国家长期名义年利率的均值再加 2 个百分点。本年度通货膨胀率最低的 3 个欧盟国家的长期利率分别为 0.5%（葡萄牙）、0.8%（塞浦路斯）和 1.6%（意大利），其平均值再加上 2 个百分点即为长期利率的参考值（2.9%）。

截至目前，中东欧 17 国中有 12 国已是欧盟的成员国，它们当中仅有 6 国[②]加入了欧元区，其余 6 国仍处于审核期，分别是保加利亚、捷克、克罗地亚、匈牙利、波兰和罗马尼亚。整体来看，自 2018 年 5 月欧洲央行趋同报告[③]发布以来，中东欧地区 6 个国家遵循趋同指标的进展程度不一（见表 2 –9），主要表现在以下几个方面。

第一，物价稳定性普遍不高。2020 年度，除了克罗地亚，其余 5 国的通货膨胀率均高于欧洲央行规定的 1.8% 的参考值，然而在 2018 年，仅有捷克和匈牙利两国的通胀率过高。

第二，公共财政在 2018—2020 年波动较大。2019 年，中东欧 6 国政府赤字占本国 GDP 的比重基本达到欧洲央行的标准，仅有罗马尼亚一国出现过度赤字。然而，随着 2020 年新冠肺炎疫情的暴发，6 国政府财政赤字均出现不同程度的恶化，恶化程度最大的国家为波兰，最小的国家是保加利亚。此外，欧盟委员会还预测中东欧国家的政府债务占 GDP 的比重在疫情后将呈上升趋势。但就 2020 年 6 月欧洲央行发布的趋同报告结果来看，仅有克罗地亚和匈牙利两国的债务比率高于 60% 的参考值。

① 更多关于欧洲汇率机制的介绍请参考信息专题 1。

② 希腊早在 2000 年便达到加入欧元区的标准，并于次年 1 月 1 日正式加入；斯洛伐克和斯洛文尼亚均于 2007 年加入欧元区；爱沙尼亚、拉脱维亚和立陶宛分别于 2011 年、2014 年和 2015 年加入欧元区。

③ ECB. Covergence Report. May 2018.

第三，汇率稳定方面，中东欧地区的保加利亚和克罗地亚表现出色，两国于 2020 年 7 月 10 日正式加入了 ERM Ⅱ。欧洲央行为两国设定了基本汇率，分别为 1 欧元兑 1.9558 保加利亚列弗和 1 欧元兑 7.5345 克罗地亚库纳，并允许两国在给定汇率上下 15% 的范围内浮动。此外，若 2 年内该汇率机制没有遇到任何市场压力，两国则有望正式加入欧元区。

第四，长期利率趋同性较高。自 2018 年 5 月以来，大部分中东欧国家的长期利率均呈现下降的趋势，截至 2020 年 5 月，仅有罗马尼亚的长期利率高于 2.9% 的参考值。

表 2－9　　2018—2020 年中东欧 6 国经济趋同指标一览

国别	年份	物价稳定性	政府预算发展及预测			汇率稳定性		长期利率（%）
		HICP 通货膨胀率（%）	赤字过度	政府一般盈余（+）/赤字（−）占 GDP 的比重（%）	政府一般债务占 GDP 的比重（%）	加入 ERM Ⅱ 机制	兑换欧元汇率	
保加利亚	2018	2.6	No	2.0	22.3	No	0.0	0.9
	2019	2.5	No	2.1	20.4	No	0.0	0.4
	2020	2.6	No	−2.8	25.5	Yes	0.0	0.3
捷克	2018	2	No	0.9	32.6	No	2.6	2
	2019	2.6	No	0.3	30.8	No	−0.1	1.5
	2020	2.9	No	−6.7	38.7	No	0.2	1.5
克罗地亚	2018	1.6	No	0.2	74.7	No	0.6	2.2
	2019	0.8	No	0.4	73.2	No	0.0	1.3
	2020	0.9	No	−7.1	88.6	Yes	−1.0	0.9
匈牙利	2018	2.9	No	−2.1	70.2	No	−3.1	3.1
	2019	3.4	No	−2	66.3	No	−2.0	2.5
	2020	3.7	No	−5.2	75	No	−4.3	2.3
波兰	2018	1.2	No	−0.2	48.8	No	−0.1	3.2
	2019	2.1	No	−0.7	46	No	−0.8	2.3
	2020	2.8	No	−9.5	58.5	No	−0.6	2.2
罗马尼亚	2018	4.1	No	−2.9	34.7	No	−1.9	4.7
	2019	3.9	No	−4.3	35.2	No	−2.0	4.5
	2020	3.7	Yes	−5.2	46.2	No	−1.1	4.4
参考值		1.8		−3.0	60			2.9

注：1. 表中 HICP（Harmonized Index of Consumer Prices）为调和消费者物价指数，是欧洲央行的通货膨胀和物价稳定的消费物价指数，采用了欧元区成员国各国价格指数的加权平均值。2. HICP 和长期利率参考值的时间区间为 2019 年 4 月到 2020 年 3 月。3. 欧洲央行评估 6 国政府赤字和债务的统计数据截至 2020 年5 月。4. 汇率稳定性一栏的正值（负值）代表一国货币对欧元汇率的升值（贬值）。

资料来源：欧洲央行。

二、中东欧非欧元国家加入欧元区前景分析

根据欧洲央行 2020 年公布的主要趋同经济指标，再综合中东欧国家对加入欧元区自身不同的利益诉求，我们将中东欧 6 国加入欧元区的立场及前景大致分为以下三类。

第一类为趋同经济指标基本达标，趋同前景较为乐观的国家。经过多年积极的努力，保加利亚和克罗地亚于 2020 年 7 月 10 日正式加入 ERM Ⅱ，这标志着两国朝着加入欧元区的目标迈出了一大步。早在 2007 年加入欧盟之时，保加利亚已经将其货币与欧元挂钩，汇率固定在 1.95583。2013 年加入欧盟的克罗地亚实行了所谓的“可控浮动汇率机制”，即克罗地亚央行会干预其货币市场，以防止本国货币兑欧元的汇率过度波动。在央行的严格管理下，克罗地亚库纳对欧元汇率在 2018 年 5 月至 2020 年 3 月期间波动程度较低。截至 2020 年 3 月 31 日，库纳兑欧元汇率为 7.6255，较 2018 年 4 月的平均水平下降 2.8%。[①]

保加利亚和克罗地亚分别于 2018 年 7 月[②]和 2019 年 7 月表达了加入 ERM Ⅱ的意愿，两国均承诺在加入该机制之前实施一系列旨在确保能顺利加入 ERM Ⅱ的改革政策，包括加强银行监管、积极应对非银行金融部门存在的问题、进一步促进宏观审慎政策和反洗钱框架建设、收集编制统计数据、提高机构管理质量、减轻政府财政和行政负担等，欧洲央行和欧盟委员会负责监督上述承诺的履行情况。目前来看，尽管 2020 年新冠肺炎疫情对欧盟和欧元区经济带来巨大冲击，保加利亚和克罗地亚始终在疫情大流行的过程中为达到目标而持续努力，最终获得了欧洲央行和欧盟委员会的认可，进入欧元区的“等候区”。

然而，鉴于疫情带来的高度不确定性，保加利亚和克罗地亚在物价稳定和公共财政方面的趋同趋势值得特别关注。在过去 10 年里，保加利亚的通货膨胀率在一个相对较大的范围内波动，从 -1.7% 到 3.8%，其平均水平保持在 1.1% 上下。然而，截至 2020 年 3 月，保加利亚在过去一年的平均通胀率已达 2.6%，远高于欧洲央行 1.8% 的参考值，并且未来这一指标与参考值之间的差异很可能会在现在的基础上进一步扩大。其主要原因是目前保加利亚的人均 GDP 和物价水平仍然远低于欧元区水平，然而随着保加利亚正式加入 ERM Ⅱ，这种快速的“追赶”结果很可能使其面临更大的通胀压力。

① 在过去 10 年中，保加利亚的国际收支状况得到了持续改善，净外债显著下降。尽管与欧洲央行的标准相比，克罗地亚的国际收支和净外债仍然过高，但是这两项指标在过去 10 年同样也有所改善。

② 2018 年 6 月 29 日，保加利亚政府表达了将保加利亚列弗纳入ERM Ⅱ的意愿。同年 7 月，欧元区财政部长、欧洲央行、丹麦财政部长和丹麦国家银行行长代表对此给予了肯定和支持。与此同时，为顺利过渡并能够最终加入 ERM Ⅱ，保加利亚政府也作出了多项政策承诺，包括加强银行监管、积极应对非银行金融部门问题、提高机构管理质量等。

另外，据欧盟委员会预测，由于经济活动明显恶化以及为缓解疫情而实施的大规模宽松财政政策和宏观审慎措施的综合影响，保加利亚和克罗地亚的财政状况在 2021 年将持续恶化。因而，除了应对新冠肺炎疫情的政策措施外，保加利亚和克罗地亚同样需要考虑更多审慎的和可持续性的财政政策，以保障未来公共财政的稳健发展。

第二类为趋同经济指标持续恶化，趋同前景较为悲观的国家。近几年罗马尼亚的公共财政表现得始终不尽如人意，早在新冠肺炎疫情暴发之前，欧盟委员会在《2019 年债务可持续性检测报告》（*Debt Sustainability Monitor* 2019）中便指出，中长期来看，罗马尼亚公共财政可持续性风险偏高始终是该国加入欧元区的一大障碍。从表 2－9 中我们看到，罗马尼亚政府债务占 GDP 的比重虽然在 2020 年度暂时低于参考值（60%），但是政府预算却在 2019 年超过了 3% 的参考值，出现了过度赤字。因而，在 2020 年 4 月欧盟委员会启动了对罗马尼亚的过度赤字程序，要求该国最迟在 2022 年之前纠正过度赤字。目前来看，罗马尼亚政府预算仍未见明显改善，尤其疫情暴发之后，欧盟委员会预测罗马尼亚财政赤字将继续恶化，远高于 3% 的参考值。

值得注意的是，罗马尼亚政府的债务形势同样越来越严峻，原因主要有两点。一是罗马尼亚在 2019 年通过了一项争议较大的养老金法案，这项新法案旨在提高罗马尼亚退休人员收入水平，但大幅增加的养老金开支却危及了罗马尼亚政府财政的可持续性。二是 2020 年新冠肺炎疫情暴发导致罗马尼亚国内经济活动显著恶化，为缓解疫情危机，政府实施的扩张性财政政策使其债务负担越发严重。因而，与上文提及的保加利亚和克罗地亚类似，除了应对疫情大流行的政策措施外，罗马尼亚同样需要进一步推行结构改革，提高本国民众的生活水平，采取巩固措施以纠正过度赤字，维护公共财政的可持续性。

第三类为趋同经济指标较为稳定，但对于加入欧元区的立场仍不明确的国家。捷克、波兰和匈牙利同属于维谢格拉德集团，三国在中东欧地区均为经济较发达国家，其经济趋同指标基本保持稳定①。然而一直以来它们对加入欧元

① 在过去 10 年里，捷克的物价稳定性指标总体表现较好，通货膨胀率在 0.2%～3.6% 波动，平均值为 1.6%。然而，截至 2020 年 3 月捷克过去 12 个月的平均通货膨胀率已攀升至 2.9%，超过参考值（1.8%）1.1 个百分点。鉴于疫情还未得到有效的控制，在持续宽松的财政和货币政策环境中，这一指标的变化将存在高度的不确定性。从公共财政指标来看，在 2020 年度的评估中，捷克达到了趋同标准。然而，捷克政府同样因缓和疫情而实施了大量的救助措施，其财政状况在短期内急剧恶化。因而，在实施应对疫情的措施之外，审慎的财政政策对保障未来稳健的公共财政至关重要。自 2010 年以来，捷克的长期利率一直呈现下降趋势，在 2020 年度的评估期内，捷克长期利率达到 1.5% 的平均水平，低于 2.9% 的趋同参考值。截至目前，捷克仍未加入 ERM Ⅱ，而是使用灵活汇率机制。在近两年的评估期内，捷克克朗兑欧元汇率为 27.31，较 2018 年 4 月的平均汇率水平低 7.7%。

区的积极性不高（态度不明确），尤其是波兰和捷克，无论是两国政府还是民众，对使用欧元仍然持犹疑观望态度。

基于自身较好的经济基础以及近年来经济的稳步增长，波兰政府曾表示其首要任务并不是加入欧元区，而是让本国居民的收入提高到西欧国家水平。捷克政府则始终对欧元区国家在此前的全球金融危机和欧债危机中的整体表现较为担忧。如今，欧元区尚未解决的一系列问题被疫情放大，又一次消耗了捷克本就不高的热情。此外，根据欧盟委员会官方民调机构在2020年7月发布的《欧洲晴雨表快讯》（*Flash Eurobarometer*）① 的调查报告，我们同样看到波兰和捷克民众对于采用欧元的态度同样不积极。图2－11显示，在欧盟7个尚未采用欧元的国家中，一半的受访者（50%）支持在自己国家引入欧元，而反对这一想法的民众所占比例略低（46%），4%的民众尚未表态。

对比来看，捷克民众是中东欧国家中对采用欧元态度最为消极的。2020年欧盟委员会的调查显示，捷克反对采用欧元的民众占比为63%，高于7国46%的平均值，较2019年还上涨了3个百分点；捷克支持采用欧元的民众占比为

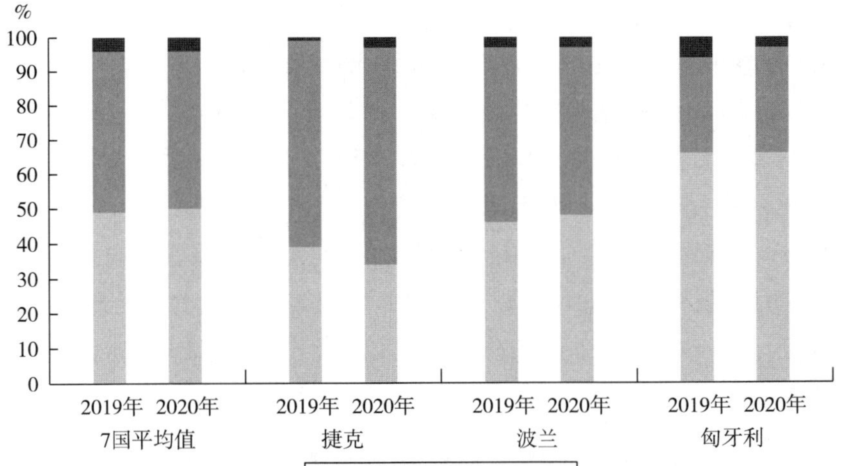

注：1. 该图展示的民调结果所对应的提问为："一般来说，你个人是支持还是反对在你的国家引入欧元？" 2. 7国平均值是指保加利亚、捷克、克罗地亚、匈牙利、波兰、罗马尼亚和瑞典7个国家民意调查结果的平均值。

图2－11　2019—2020年捷克、波兰和匈牙利民众对采用欧元的民调结果

（资料来源：欧盟委员会）

---

① 更多信息请参考：European Commission. Flash Eurobarometer 487 – Introduction of the Euro in the Member States that Have Not Yet Adopted the Common Currency. July 2020。

34%，低于7国50%的平均值。在捷克，高达72%的受访者认为自己国家并未做好加入欧元区的准备，并且有37%的民众希望永远都不要采用欧元。波兰民众对加入欧元区的积极性整体上也低于7国的平均水平。在波兰，反对采用欧元的民众（49%）与支持采用欧元的民众（48%）基本持平，然而大部分波兰民众（76%）仍然认为自己国家并未做好加入欧元区的准备，35%的民众希望能等待一段时期再考虑采用欧元，26%的民众则希望永远不要采用欧元。

与捷克和波兰两国情况有所不同，匈牙利政府、央行和民众对采用欧元的态度并不一致，因而整体上对加入欧元区的立场仍然不明确。以欧尔班总理为代表的匈牙利政府对采用欧元持相对温和的态度，他曾表示加入欧元区能帮助匈牙利在欧洲发挥更重要的作用。然而，以毛托尔奇行长为代表的匈牙利央行则明确反对本国过快引入欧元作为单一货币。他曾表示，欠发达国家应该奉行自己的货币政策，尤其是要保留贬值本国货币的能力，以提高经济竞争力；只有实现了国民收入水平的趋同，采用欧元在经济上才是合理的，因此，匈牙利最早能够加入欧元区的时间大约是2030年。[①] 与匈牙利政府和央行立场截然不同的是，匈牙利民众对采用欧元的态度非常积极。根据2020年《欧洲晴雨表快讯》，66%的匈牙利民众支持在自己国家引入欧元，该比重远高于7国50%的平均值，仅有31%的受访者反对引入欧元；希望匈牙利能“尽快”和“等待”一段时间加入欧元区的民众占比分别为27%和44%，两者总比重高达71%，仅有12%的民众希望永远不要采用欧元（见图2-11）。

整体来看，影响捷克、波兰和匈牙利加入欧元区的因素不仅涉及了欧元地区政治经济的发展形势、本国民众对采用欧元的意愿以及何时申请加入ERM Ⅱ等长期因素，还涉及新冠肺炎疫情引发的物价、公共财政稳定性等短期因素。因此，疫情后这三国加入欧元区的前景将面临更多挑战。

信息专题1　欧洲汇率机制简介

欧洲汇率机制（European Exchange Rate Mechanism，ERM）是欧洲货币体系（European Monetary System，EMS）的组成部分，于1979年被欧洲经济共同体（European Economic Community）引入，目的是在欧盟成员国转向单一货币之前，降低成员国货币汇率的波动。欧洲汇率机制为欧盟成员国货币的汇率设定固定的中心汇率，允许其汇率在中心汇率上下一定的幅度内波动，该机制为

① 姜琍．中东欧国家加入欧元区前景分析［J］．欧亚经济，2018（4）．

欧盟建立经济与货币联盟以及推出统一货币“欧元”打下了基础。[①]

随着 1999 年 1 月 1 日欧元的正式引入，欧洲汇率机制Ⅱ（ERM Ⅱ）取代了最初的欧洲汇率机制（ERM），相关政策变为联系非欧元区欧盟国家的货币与欧元，目的是提高这些国家货币的稳定性，以确保欧元和其他欧盟货币之间的汇率波动不会破坏单一市场的经济稳定。与此同时，ERM Ⅱ成为对潜在欧元区成员国汇率的评价机制，即根据《欧洲联盟运行条约》的汇率稳定标准，非欧元区的欧盟成员国在正式加入欧元区之前须加入为期 2 年的 ERM Ⅱ，在此期间该国货币对欧元不能贬值，欧洲央行允许其汇率在给定值上下 15% 的范围内波动。2004 年 6 月 28 日，爱沙尼亚、立陶宛、斯洛文尼亚加入了 ERM Ⅱ；2005 年 5 月 2 日和 11 月 28 日，塞浦路斯、拉脱维亚、马耳他和斯洛伐克也先后加入了 ERM Ⅱ。此后，上述成员国在“履行经济和货币联盟的义务”（即《欧洲联盟运行条约》第 140 条）之后采用了欧元。[②]

一国是否加入 ERM Ⅱ的决定通常是基于欧元区成员国财政部长、欧洲央行以及申请加入 ERM Ⅱ非欧元区成员国的部长和央行行长之间的协议，其内容包括：（1）欧元和申请国货币之间达成一个中心汇率（a Central Exchange Rate），并允许申请国货币在该中心汇率上下 15% 的范围内波动；（2）必要时须通过干预（买入或卖出）来支撑申请国货币的稳定，使其对欧元汇率在 ±15% 区间内波动，此类干预由欧洲央行和非欧元区成员国的中央银行来进行协调操作；（3）欧洲央行总理事会负责监督 ERM Ⅱ的运作，并确保货币政策和汇率政策的协调，总理事会还将与成员国的中央银行共同管理协调工作。[③]

截至 2020 年底，欧盟已有丹麦、保加利亚和克罗地亚 3 国加入了 ERM Ⅱ，另外 5 个成员国，瑞典、波兰、捷克、匈牙利和罗马尼亚仍未加入该机制。丹麦于 1999 年 1 月 1 日加入 ERM Ⅱ，该国货币克朗（Danish Krone）兑欧元的中心汇率为 7.46038，波动幅度较小，仅为 ±2.25%。保加利亚于 2020 年 7 月 10 日加入 ERM Ⅱ，该国货币列弗（Bulgarian lev）兑欧元的中心汇率为 1.95583；克罗地亚同样于 2020 年 7 月 10 日加入 ERM Ⅱ，该国货币库纳（Croatian kuna）

① Ettore Dorrucci, Michael Fidora, Christine Gartner, et al. The European exchange Rate Mechanism (ERM Ⅱ) as a Preparatory Phase on the Path towards Euro Adoption - the Cases of Bulgaria and Croatia. ECB Economic Bulletin, 2020 (8).

② 更多信息请参考：https://ec.europa.eu/info/business - economy - euro/euro - area/introducing - euro/adoption - fixed - euro - conversion - rate/erm - ii - eus - exchange - rate - mechanism _ en。

③ 更多信息请参考：https://ec.europa.eu/info/business - economy - euro/euro - area/introducing - euro/adoption - fixed - euro - conversion - rate/erm - ii - eus - exchange - rate - mechanism _ en。

兑欧元的中心汇率为7.53450。这两种货币均在±15%范围内波动。[①]

作为采用欧元的准备阶段，加入ERM Ⅱ将不仅带来汇率制度的转变，随之而来的还有一系列政策的挑战。然而，欧洲央行的报告显示，虽然保加利亚和克罗地亚已采取关键行动以解决宏观经济不平衡的问题，但在机构和治理的总体质量方面还需进一步的努力。尤其是考虑到疫情大流行的冲击所造成的新的分化风险，因而，立足于长远的决策性目标将对两国的趋同进程至关重要。[②]

① 更多信息请参考：https：//ec.europa.eu/info/business – economy – euro/euro – area/introducing – euro/adoption – fixed – euro – conversion – rate/erm – ii – eus – exchange – rate – mechanism _ en。

② Ettore Dorrucci, Michael Fidora, Christine Gartner, et al. The European exchange Rate Mechanism（ERM Ⅱ）as a Preparatory Phase on the Path towards Euro Adoption – the Cases of Bulgaria and Croatia. ECB Economic Bulletin, 2020（8）.

第二篇

中东欧地区数字经济专题研究

第三章　中东欧国家数字经济发展概况

在新冠肺炎疫情暴发前，得益于强大的传统产业、对欧盟稳定的出口、劳动力优势以及欧盟的资金支持，中东欧地区始终保持着较为稳健的经济增长趋势。根据《中东欧经济研究报告 2018—2019》① 和《中东欧经济研究报告 2019—2020》② 的跟踪研究，2016—2019 年中东欧地区 GDP 平均增速分别为 2.9%、4%、3.9% 和 3.2%，分别高出相应年份欧盟平均水平 1.0 个、1.2 个、1.8 个和 1.7 个百分点；失业率持续下降，在 2019 年降到这 4 年的新低（7.9%）。然而，随着全球经济下行压力增大，中东欧地区传统经济增长动力面临着巨大挑战，特别是在疫情危机严重威胁其经济发展前景的情况下，若中东欧国家期望能够进一步发展，继续提高公民的生活质量，为企业提供一个可以蓬勃发展的市场，那么需要再次审视其增长战略。

在新冠肺炎疫情肆虐的一年多时间里，数字技术已经深入我们生活和工作的各个方面。对大多数国家和地区来说，数字化转型从一项长期战略迅速转变成为迫在眉睫的优先事项。目前来看，数字化转型是保障中东欧地区经济可持续发展的关键。有鉴于此，基于欧盟委员会编制的“数字经济与社会指数”（DESI）和麦肯锡数字经济系列报告，本章第一节试图梳理近年来中东欧国家③数字经济整体发展水平，对比分析欧盟、中东欧地区数字经济发展特点；第二节则重点讨论在疫情大流行期间，新冠肺炎疫情如何影响中东欧国家不同领域的数字化转型进程。

---

① 姜建清. 中东欧经济研究报告 2018—2019［M］. 北京：中国金融出版社，2019.

② 姜建清. 中东欧经济研究报告 2019—2020［M］. 北京：中国金融出版社，2020.

③ 基于国家级数据可得性，本章涉及的中东欧国家主要包括爱沙尼亚、保加利亚、克罗地亚、捷克、匈牙利、拉脱维亚、立陶宛、波兰、罗马尼亚、斯洛伐克和斯洛文尼亚。

第一节　中东欧国家数字经济的发展特点

一、全球数字经济发展的宏观环境

近年来，随着互联网科技的快速发展，数字经济（Digital Economy）已成为推动全球经济增长的重要引擎，对世界政治经济格局产生了深刻的影响。特别是在新冠肺炎疫情期间，数字经济展现出顽强的韧性，推动了远程医疗、在线教育、共享平台、协同办公、跨境电商等服务的广泛应用，对促进各国经济稳定、推动国际抗疫合作发挥了重要作用①。这些趋势预示着疫情大流行正在加速全球经济向数字化过渡的进程，并在世界经济复苏之后产生持久的影响。就目前发展形势而言，全球数字经济主要呈现以下几个特点。

第一，数字经济在全球国民经济中的地位持续提升，表现在数字经济规模连年增长，占 GDP 的比重稳步提升。② 中国信息通信研究院在 2020 年 10 月发布的《全球数字经济新图景》报告显示，全球数字经济增加值规模由 2018 年的 30.2 万亿美元扩张至 2019 年的 31.8 万亿美元，同比增长 5.3%；全球数字经济占 GDP 的比重已由 2018 年的 40.3% 增长至 2019 年的 41.5%，提升了 1.2 个百分点；在 2019 年全球经济增长普遍乏力的情况下，数字经济平均名义增速为 5.4%，高于同期全球 GDP 名义增速 3.1 个百分点。

第二，在全球经济数字化转型的进程中，服务业转型快于工业和农业。中国信息通信研究院对全球 47 个主要国家③的数字经济发展情况进行测算后发现，受行业属性影响，固定成本低、交易成本高的服务业更易于进行数字化转型，2019 年全球服务业数字经济渗透率达 39.4%，较 2018 年提升 1.5 个百分点；固定成本高、交易成本低的工业数字化转型难度较大，2019 年工业数字经济渗透率为 23.5%，较 2018 年提升 0.7 个百分点；生产经营严重依赖自然条件的农业数字化转型的制约因素更多，2019 年农业数字经济渗透率仅为 7.5%，较 2018 年提升 0.5 个百分点。若按照收入水平对上述 47 个国家进一步分组比较后还发现，发达国家的三次产业数字化转型水平较发展中国家更为均衡。由于发达国家产业数字化基础较好，转型较早，其农业、工业和服务业数字经济渗透率在 2019 年分别为

① 中国信息通信研究院．全球数字经济新图景（2020 年）——大变局下的可持续发展新动能［R］．2020－10．

② 中国信息通信研究院．全球数字经济新图景（2020 年）——大变局下的可持续发展新动能［R］．2020－10．

③ 47 国具体名单请参考：中国信息通信研究院．全球数字经济新图景（2020 年）——大变局下的可持续发展新动能［R］．2020－10：附件二．

13.3%、33%和46.7%；而发展中国家农业、工业和服务业数字经济渗透率分别为5.9%、15.7%和25.2%。

第三，数字经济在全球范围内的发展极不均衡，连通力不足的国家和高度数字化的国家之间的差距越来越大。如图3－1所示，我们看到全球数字经济规模排名第一的美国遥遥领先，其数字经济规模已达130652万亿美元；排名前五国家的数字经济规模为248541万亿美元，占全球总规模的78.1%；全球高收入国家[①]数字经济规模占全球的比重达76.9%。目前，在数字技术的许多领域，美国和中国俨然成为全球数字经济发展的“领航者”，远超其他大多数国家。根据联合国贸发会议《2019年数字经济报告》，美国和中国[②]在区块链技术相关专利中的占比为75%，在全球物联网支出中的占比为50%，以及在全球公共云计算市场中的占比为75%以上；两国还占据全球前70大数字平台90%的市值，与之相对比，欧洲在其中的份额仅为4%，非洲和拉丁美洲的总和仅为1%；全球7个“超级平台”——微软、苹果、亚马逊、谷歌、脸书、腾讯和阿里巴巴均来自美国和中国，占据全球2/3的总市值。[③]

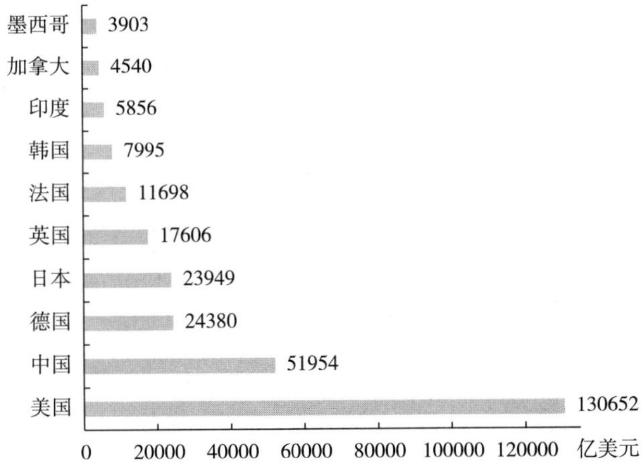

图3－1　2019年全球数字经济规模排名前十的国家

（资料来源：中国信息通信研究院）

① 根据世界银行2019年的划分标准，在中国信息通信研究院测算的47个国家中，高收入国家包括爱尔兰、爱沙尼亚、奥地利、澳大利亚、比利时、波兰、丹麦、德国、法国、芬兰、韩国、荷兰、加拿大、捷克、克罗地亚、拉脱维亚、立陶宛、卢森堡、美国、挪威、葡萄牙、瑞典、瑞士、日本、塞浦路斯、斯洛伐克、斯洛文尼亚、西班牙、希腊、新加坡、新西兰、匈牙利、意大利和英国。

② 中国信息通信研究院的测算数据显示，2019年中国数字经济总量达到35.8万亿元，占GDP的比重超过1/3。2019年数字经济发展对中国GDP增长的贡献率达到67.7%，显著高于农业、工业和服务业对经济增长的贡献。毋庸讳言，数字经济的发展不仅对中国，而且对世界而言都变得日益重要。详细信息请参考：https://news.gmw.cn/2020－11/25/content_34398593.htm。

③ UNCTAD. Digital Economy Report 2019. September 2019.

二、疫情暴发前中东欧国家数字化水平

与全球两极分化发展的整体趋势相比，欧洲的数字经济呈现出相对均衡的发展格局，这主要得益于欧盟对其数字发展的长期战略布局——“欧洲数字单一市场战略”（a Digital Single Market Strategy for Europe）。事实上，“欧洲数字单一市场”是“欧洲单一市场”（European Singel Market）战略的重要组成部分。“欧洲单一市场”的最终目标是实现欧盟内部人员、货物、资金自由流动，然而随着互联网技术的发展，不仅信息的自由交流成为经济发展的重要动力，互联网本身也提供了商品、资源和服务流动的新渠道。在此背景下，欧盟委员会于 2015 年 5 月 6 日出台了“欧洲数字单一市场战略”。该战略提出了建设欧洲数字单一市场的三大支柱、16 项关键行动，目的是为欧盟成员国打造统一的数字商品、服务和资本市场，加强数字领域互联互通，从而保证欧洲在数字经济领域的领先地位，并帮助欧洲企业在全球实现稳定增长。①

为了进一步量化欧盟成员国在数字领域的整体发展水平，欧盟委员会在出台数字单一市场战略的同时便开始编制并定期发布年度“数字经济与社会指数”（Digital Economy and Society Index，DESI）。② 该指数综合了 37 个指标，跟踪了欧盟在连通性（Connectivity）、数字技能（Human Capital）、个人使用互联网（Use of Internet）、企业对数字技术的集成（Integration of Digital Technology）和数字公共服务（Digital Public Service）四个数字相关领域的进展情况。此外，为了能将欧盟成员国和欧盟作为一个整体与世界主要国家③的数字经济发展进行对比，欧盟委员会还特别编制了标准化的 DESI 指数，即“国际数字经济与社会指数”（International Digital Economy and Society Index，I－DESI）作为主要评估指标。④

基于欧盟委员会近五年的指数报告，欧盟以及中东欧国家数字经济近年来主要呈现出以下三个发展特点。

特点一：与欧盟委员会选取的全球其他 18 个非欧盟国家相比，欧盟区域内成员国数字经济发展水平较为均衡。首先，我们计算出欧盟 27 国和非欧盟 18 国两

① European Commission. A Digital Singel Market Strategy for Europe. May 2015.

② European Commission. Digital Economy and Society Index（DESI）2020. June 2020.

③ 欧盟委员会选取了全球具有代表性的 18 个非欧盟国家，它们既有发达国家也有发展中国家，包括澳大利亚、巴西、加拿大、智利、中国、冰岛、以色列、日本、墨西哥、新西兰、挪威、俄罗斯、塞尔维亚、韩国、瑞士、土耳其、英国和美国。

④ European Commission. International Digital Economy and Society Index 2020. December 2020. 更多信息请参考：https：//ec. europa. eu/digital－single－market/en/news/i－desi－2020－how－digital－europe－compared－other－major－world－economies。

组国家4年I－DESI指数[①]平均值的离散度（见表3－1）。其中，欧盟成员国的离散度约为9，而非欧盟18国约为11，间接说明欧盟成员国相对于非欧盟18国来说，I－DESI指数值的分布更为集中，即欧盟成员国数字经济发展水平相对均衡。

表3－1　　　　欧盟和非欧盟18国I－DESI指数及其离散度

欧盟27国	4年I－DESI均值	非欧盟18国	4年I－DESI均值
奥地利	50	澳大利亚	57
比利时	48	巴西	36
保加利亚	39	加拿大	54
克罗地亚	41	智利	41
塞浦路斯	45	中国	38
捷克	43	冰岛	63
丹麦	65	以色列	47
爱沙尼亚	55	日本	52
芬兰	65	韩国	51
法国	51	墨西哥	36
德国	52	新西兰	55
希腊	40	挪威	62
匈牙利	42	俄罗斯	39
爱尔兰	52	塞尔维亚	38
意大利	37	瑞士	60
拉脱维亚	42	土耳其	30
立陶宛	42	英国	58
卢森堡	62	美国	62
马耳他	49		
荷兰	62		
波兰	34		
葡萄牙	41		
罗马尼亚	38		
斯洛伐克	38		
斯洛文尼亚	44		
西班牙	47		
瑞典	61		
离散度	9		11

资料来源：欧盟委员会。

① 欧盟委员会2020 I－DESI指数仿效欧盟的DESI指数结构，汇集了24项评估指标，利用2015—2018年的数据为全球45个国家的数字经济发展提供趋势分析的依据。

其次，我们使用更为直观的方式将欧盟成员国过去五年 DESI 指数的平均增速与 2020 年 DESI 指数绘制成散点图（见图 3 –2），可以观察到大部分欧盟国家的 DESI 指数分布在欧盟均值附近，这意味着无论是从近五年的平均增速，还是 2020 年 DESI 指数水平来看，大部分欧盟成员国维持着相似的发展趋势。

特点二：从欧盟区域内成员国相互间比较来看，大部分来自中东欧地区的国家无论在发展水平，还是在近年的发展速度上均不及欧盟的平均水平（见图 3 –2）。其中，数字经济整体发展速度较慢的中东欧国家有保加利亚、希腊、斯洛伐克和拉脱维亚；2020 年数字经济发展水平较低的 4 个国家是保加利亚、希腊、罗马尼亚和波兰。中东欧—欧盟 12 国中仅有匈牙利和克罗地亚 5 年平均增速高于欧盟均值；2020 年仅有爱沙尼亚和立陶宛的 DESI 指数高于欧盟平均水平。

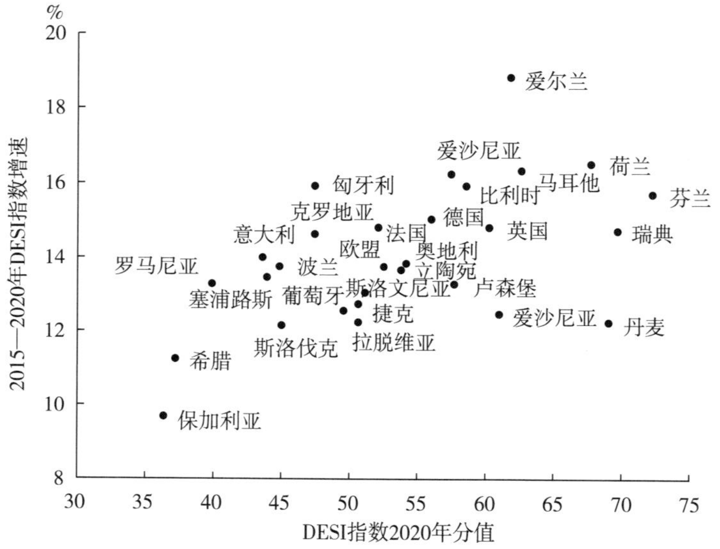

注：1. 英国虽然已于 2020 年 1 月 31 日正式脱离欧盟，然而欧盟委员会在进行大部分常规分析时，仍将该国纳入其中。2. 该图横坐标 2020 年 DESI 分值使用的是标准化 DESI 值。

图 3 –2　2015—2020 年欧盟成员国数字经济进展程度

（资料来源：欧盟委员会）

特点三：中东欧国家数字经济整体发展程度和速度虽然不及欧盟平均水平，但从数字经济细分的五个相关领域，即连通性、数字技能、个人使用互联网、企业对数字技术的集成和数字公共服务来看，它们的发展进度呈现出明显的异质性。具体来看，中东欧国家 DESI 在连通性领域表现最佳（见图 3 –3 分图 1）。欧盟 DESI 中连通性指数是基于四个分维度的加权平均值，包括固定宽带使用频率（25%）、固定宽带覆盖率（25%）、移动宽带覆盖率（35%）和宽带价格指数

（15%）。根据2020年DESI指数报告，欧盟DESI连通性指数均值为1251.46，中东欧地区有6国的数值高于该值，按照排名高低依次为拉脱维亚（1544.03）、匈牙利（1494.68）、罗马尼亚（1404.63）、爱沙尼亚（1296.40）、波兰（1283.58）和斯洛文尼亚（1255.81），克罗地亚、保加利亚和希腊三国指数均低于1100，属于欧盟连通性较不发达的国家。①

欧盟DESI数字技能指数使用了两个分维度，即网络用户技能和高级技能及发展，两者各占50%的权重。其中，网络用户技能评估内容包括最基础的数字技能、高于基础的数字技能以及最基础的软件使用技能；高级技能及发展的评估内容主要包括ICT专业人士、女性ICT专业人士和ICT毕业生分别在总就业、总女性就业和总毕业生中所占比重的大小。根据图3－3分图2，我们发现中东欧国家在该领域表现不佳，仅有爱沙尼亚的DESI数字技能指数（1666.47）超过欧盟平均水平（1232.25），在欧盟27国中排第三位；克罗地亚（1228.86）、捷克（1216.1）和斯洛文尼亚（1208.72）三国指数略低于欧盟均值；保加利亚（847.89）和罗马尼亚（828.95）两国指数在欧盟地区几乎为最低，分别排在倒数第三位和第二位。

欧盟DESI个人使用互联网指数是互联网使用（25%）、在线活动（50%）以及在线交易（25%）三个分维度的加权平均值。其中，在线活动评估内容包括诸如网络新闻、音乐视频游戏、影视、视频电话、社交网络和在线教育等；在线交易评估内容则包含网络银行、在线购物以及销售等活动。根据欧盟2020年DESI指数报告，我们看到中东欧国家在个人使用互联网领域表现同样不佳，除了爱沙尼亚（981.23）得分高于欧盟均值（870.34）外，其余11个中东欧国家分值均低于欧盟的平均水平，保加利亚和罗马尼亚两国指数甚至仅占欧盟排名第一的芬兰指数的50%（见图3－3分图3）。

欧盟DESI企业对数字技术的集成指数由商业信息化程度（60%）和电子商务（40%）两个分维度加权平均所得。根据2020年DESI指数报告，中东欧国家在该领域整体发展程度不尽如人意。捷克、立陶宛和克罗地亚三国指数优于欧盟平均水平（827.42），爱沙尼亚和斯洛文尼亚两国指数略低于欧盟均值，其余的7个中东欧国家几乎全部"垫底"（见图3－3分图4）。

欧盟DESI数字公共服务指数涵盖了五个分维度，分别是电子政府用户（20%）、提供预填表格（20%）、网上服务完整性（20%）、商业数字公共服务（20%）和公开数据服务（20%）。在该领域，波罗的海三国成绩斐然。根据欧盟2020年指数报告，爱沙尼亚数字公共服务指数遥遥领先，在欧盟27国中排第一位（1340.01），拉脱维亚

① 更多分析请参考本书第四章第二节。

（1275.95）和立陶宛（1221.69）分别位列第五和第六，其余中东欧9国指数均低于欧盟均值（1080）且排名几乎全部靠后（见图3－3分图5）。

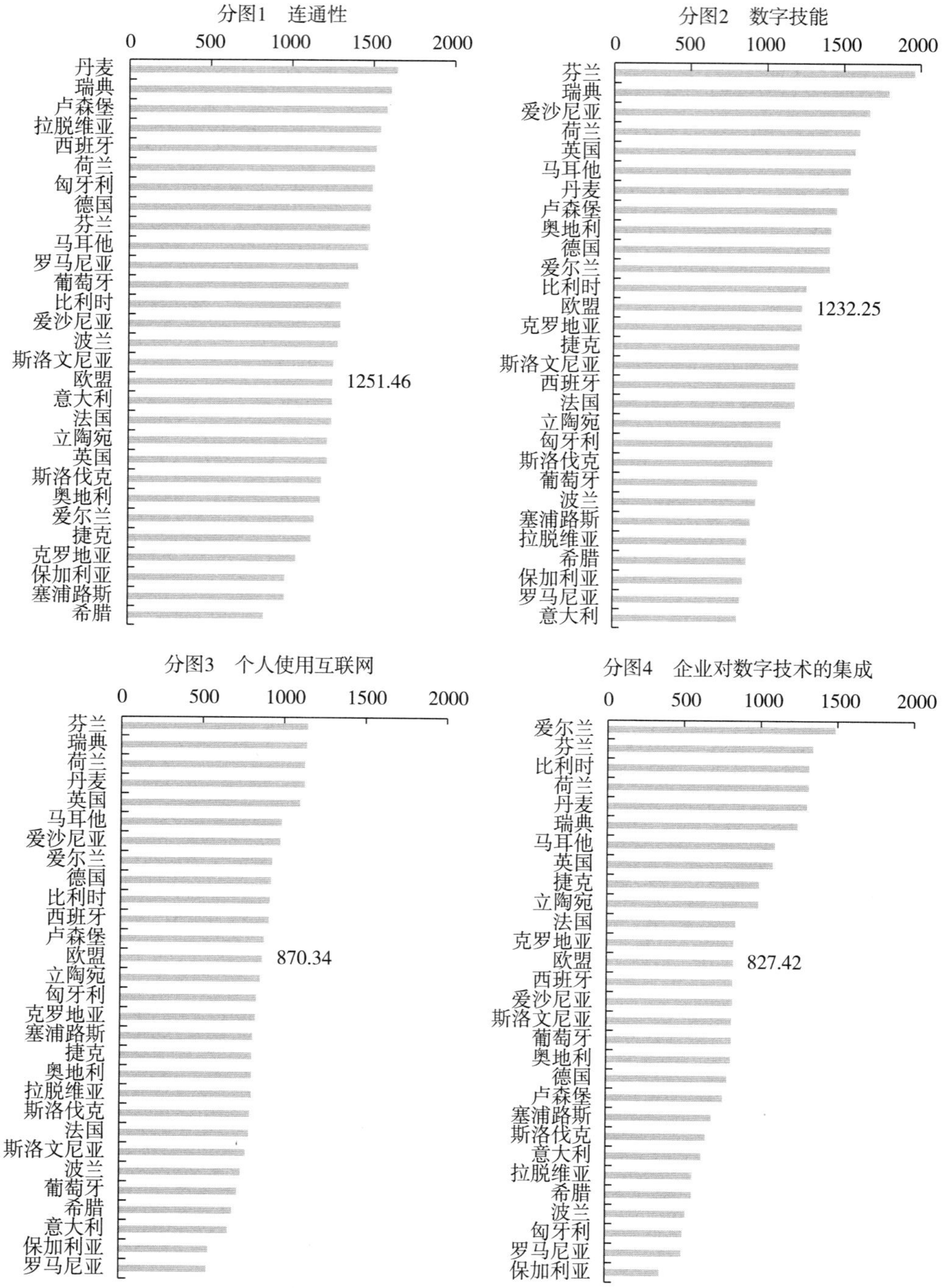

图3－3 2020年中东欧国家在数字经济五个细分领域的DESI指数

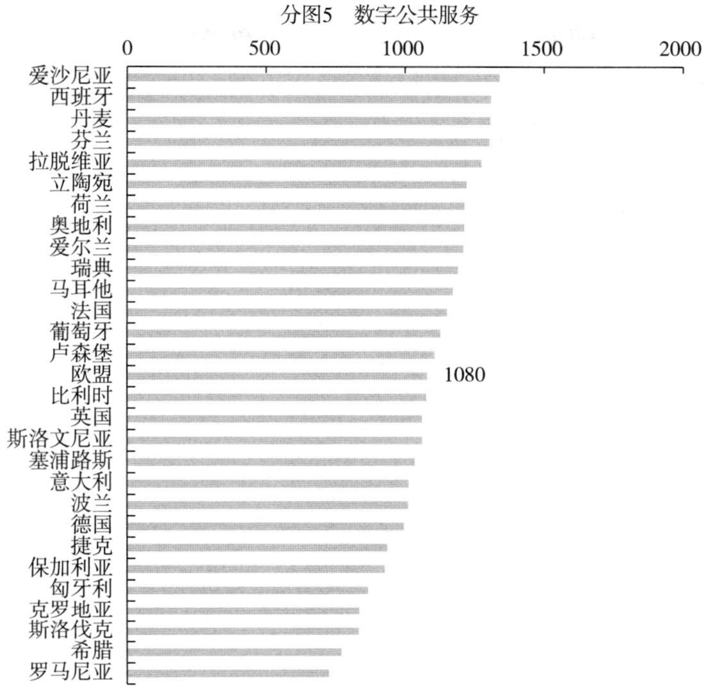

注：1. 英国虽然已于2020年1月31日正式脱离欧盟，然而欧盟委员会在进行大部分常规分析时，仍将该国纳入其中。2. 该图使用的是欧盟委员会2020年DESI指数值。

图3－3　2020年中东欧国家在数字经济五个细分领域的DESI指数（续）

（资料来源：欧盟委员会）

总的来看，中东欧国家数字经济发展程度呈现出“北高南低”的特点，以爱沙尼亚为代表的波罗的海地区相对发达，以保加利亚、罗马尼亚和希腊为代表的东南欧地区仍然较为落后。若将爱沙尼亚作为特例（见信息专题2）暂不考虑在内的话，中东欧地区（特别是东南欧地区）数字经济欠发达的原因可能有以下几点：第一，这些国家的经济规模普遍较小，对于它们来说启动并快速推广互联网基础设施建设的经济负担较大；第二，这些国家人口也相对较少，对数字建设投入大规模人力和物力所获得的回报远不及人口密度更大的国家/城市，导致政府推广的积极性并不高；第三，中东欧国家的城镇化率相对较低，在大部分农村地区互联网的需求并不高，这使得在数字领域的投资缺乏吸引力；第四，由于数字企业的高风险和其创新业务模式的复杂性，此类企业（不仅限于中东欧地区）在进行银行融资时障碍较大，时常面临融资不足的困境。[①]

---

① 更多信息请参考：National Bank of Greece. A Digital Reboot for The Greek Economy. Sectoral Report. April 2020。

信息专题 2　爱沙尼亚建立的发达数字社会

早在新冠肺炎疫情暴发前，爱沙尼亚就已经建立了全世界最先进的数字社会之一，该国倡导的“电子爱沙尼亚”（e－Estonia）是一项通过数字解决方案促进公民与国家互动的行动计划（见表 3－2）。在这一举措下爱沙尼亚创建的数字服务包括数字银行服务、数字内阁、网络投票、电子税收委员会、电子商务、在线教育、电子政务学院以及若干移动应用。爱沙尼亚的成功不仅仅在于本国数字技术的不断创新，更重要的是对公共机构的信任以及爱沙尼亚公民坚信每个人都将从技术进步中获益的信念。在公共机构和普通公民的全力支持下，爱沙尼亚的数字技术革命取得了巨大的成功。①

表 3－2　“电子爱沙尼亚”大事记②

年份	事件
1994	“爱沙尼亚信息技术政策原则”基本成型
1996	发起“tiger leap”倡议，即全国范围内 IT 基础设施建设的倡议； 推出第一个数字银行服务
2000	举行第一次数字内阁会议； 建立第一个电子税收委员会； 建立第一个移动停车费支付系统，即利用手机进行停车费的支付
2001	建立“x－road”平台，该平台是由爱沙尼亚政府运行，旨在支持机构间信息共享的通信系统
2002	实行电子身份证
2005	举行网络投票
2007	进一步加强网络安全
2008	爱沙尼亚密码学家开发可扩展区块链技术 KSI； 开发了一套将爱沙尼亚医疗保健相关数据进行统一整合的全国性系统
2010	开发了用于签发和处理医疗处方的中央无纸化系统
2014	为司机和车主提供一站式在线服务平台； 成为第一个为外国人提供电子居住权的国家
2015	爱沙尼亚“green－ligts”计划建立世界第一个数字大使馆
2017	北欧互操作解决方案研究所（Nordic Institute for Interoperability Solutions，NIIS）确保爱沙尼亚“x－road”平台和其他电子治理解决方案的开发和战略管理
2019	对人工智能技术在政府和私人服务中当前和未来用途的梳理

资料来源：笔者根据 e－estiona 官网资料整理。

① World Economic Forum. “Estonia built one of the world’s most advanced digital societies. During COVID－19, that became a lifeline ”. July 1 2020：www. weforum. org/agenda/2020/07/estonia－advanced－digital－society－here－show－that－helped－it－during－covid－19/.

② 更多信息请参考：https：//e－estonia. com/。

疫情暴发之后，爱沙尼亚所建立的“数字社会”顺理成章地成为大封锁阴霾中的一线希望。世界经济论坛数据显示，疫情大流行期间，爱沙尼亚99%的政府服务仍然可以在网上使用，包括企业注册、个人财产登记、社会福利申请，其中某些类型的福利，如家庭福利的获得甚至可以根据婴儿出生的登记事件而自动触发。在医疗健康领域，爱沙尼亚的数字健康记录和电子处方服务解放了本国的医生、护士以及医疗系统的管理人员，使得宝贵的医疗资源可以集中于抗击疫情。在教育领域，早在2015年，爱沙尼亚就设定了将所有教材进行数字化的目标，87%的学校早已开始使用数字解决方案。疫情期间，爱沙尼亚政府提供各种形式的免费数字教育工具，在最大程度上支持了教育系统，如学校向学生提供（租借）免费电脑和平板电脑，许多IT公司和个人向学生们捐赠二手的电脑设备。爱沙尼亚的大学同样非常迅速地调整了教学策略，如Tartu大学在一天之内便转向了远程教学，因为所有的数字设备和教学材料均已提前准备到位。

三、疫情暴发前中东欧国家数字经济的规模和增速

为了进一步了解中东欧国家数字经济规模以及该地区与其他欧洲国家数字化程度的差距，基于麦肯锡连续两年发布的中东欧数字经济的系列报告①②，本部分内容重点关注了11个中东欧国家和13个欧洲国家③。根据麦肯锡的定量分析模型所计算的数字经济的规模和增速，上述24国被分为三个等级，分别是数字经济发达国、数字经济潜力国和欧洲核心5国。其中，数字经济发达国包括芬兰、瑞典、丹麦、荷兰、马耳他、爱尔兰、爱沙尼亚、比利时和卢森堡9国；10个来自中东欧地区的国家被归类为数字经济潜力国，包括保加利亚、克罗地亚、捷克、匈牙利、拉脱维亚、立陶宛、波兰、罗马尼亚、斯洛伐克和斯洛文尼亚；欧洲核心5国即德国、法国、英国、西班牙和意大利。基于此分类，我们可以看到大部分数字化水平较高的国家，其经济实力、科技实力、教育水平、综合国力均属于欧洲发达国家的行列；数字经济欠发达，但具有很大发展潜力的国家基本集中在中东欧地区。因而，在此后的分析论述中，为了表述方便，将直接使用“中东欧10国”指代“数字经济潜力国”。

① McKinsey&Company. Digital Challengers in the next normal. October 2020.

② McKinsey&Company. The Rise of Digital Challengers. November 2018.

③ 11个中东欧国家包括爱沙尼亚、保加利亚、克罗地亚、捷克、匈牙利、拉脱维亚、立陶宛、波兰、罗马尼亚、斯洛伐克和斯洛文尼亚；13个欧洲国家包括比利时、丹麦、芬兰、爱尔兰、卢森堡、荷兰、挪威、瑞典、法国、德国、意大利、西班牙和英国。

根据麦肯锡定量分析模型，2016 年中东欧 10 国的数字经济规模约为 760 亿欧元，占其 GDP 的 6.5%，这与欧洲核心 5 国的占比（6.9%）相当，但略低于数字经济发达 9 国的比重（7.3%）。2019 年中东欧 10 国的数字经济规模上涨至 940 亿欧元，占 GDP 的比重也上升至 7.3%，达到 3 年前数字经济发达国家的水平。但是，它们与数字经济发达国家（8.7%）的差距却从此前的 0.8 个百分点扩大到 1.4 个百分点；人均数字 GDP（929 欧元）不及数字经济发达国家（3865 欧元）的 1/4（见图 3－4）。

我们再从数字经济增速来对比分析，中东欧 10 国的数字经济 GDP 平均增速从 2012—2016 年的 6.2% 上升至 2017—2019 年的 7.8%，虽然该速度高于欧洲核心5 国（4.6%），但是与数字经济发达国家增速（8.3%）相比，仍有较大的差距。基于这些变化事实，长远来看，中东欧 10 国的数字经济仍然具备很大的上升空间。

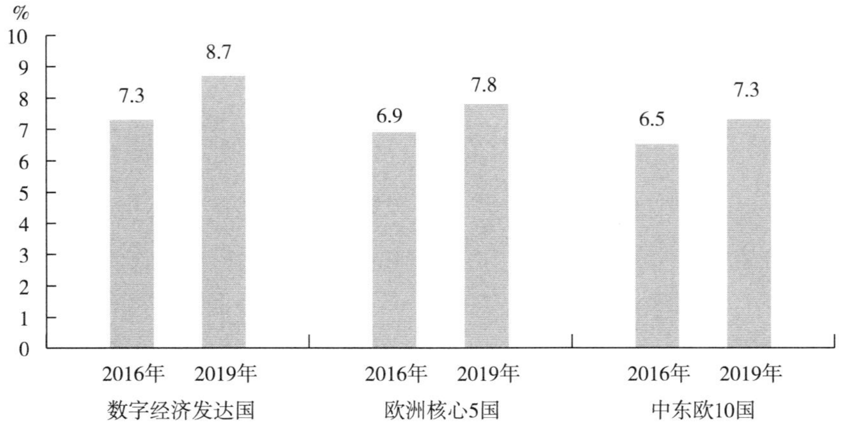

图 3－4　2016—2019 年中东欧国家数字经济占 GDP 比重变化趋势

（资料来源：麦肯锡）

第二节　疫情促使中东欧国家各领域数字化程度加深

一、疫情后中东欧国家数字经济规模有望加速提升

2020 年初新冠肺炎疫情突发并快速蔓延到全世界，由于中东欧地区国家较早实施了强制性户外戴口罩和严格的封锁措施，如关闭边境、关闭学校、限制社交聚会、限制所有非必要的公共服务等，该地区与欧盟地区其他国家相比，包括欧盟核心 5 国和数字经济发达国，受疫情影响程度较低。然而，大规模的封锁意味着零售实体店长期关闭、公共服务和企业生产也被按下暂停键。在此期间，中东欧地区的许多公司继续

维持商业活动的唯一途径便是通过互联网，如销售从实体店转向了电子商务，企业公司运营则是通过视频会议等通信技术进行。显而易见，数字服务在疫情大流行时期变得不可或缺，这在一定程度上加速了数字经济在中东欧地区的发展。

截至目前，用于评估2020年中东欧数字经济的数据仍不完整，但利用麦肯锡的预测模型我们可大致了解该地区数字化的加速程度。根据测算，中东欧10国在2020年前5个月所创造的数字生产总值已相当于该地区2019年全年数字生产总值的76%。与2019年同期相比，中东欧10国数字经济在2020年1—5月增长了14%，达到53亿欧元。由于整体经济处于萎缩时期，数字经济对该地区GDP的贡献从2019年的7.3%上升至2020年的8.9%，若按照此速度发展，到2025年中东欧10国数字经济规模有望达到1360亿欧元（见图3－5）。①

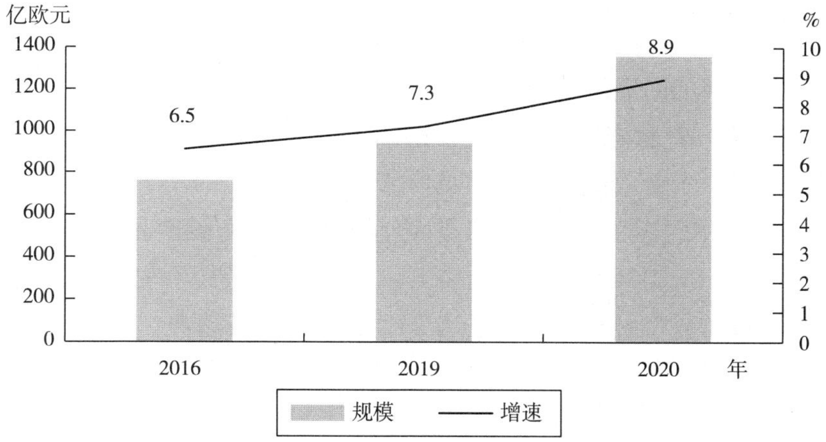

注：2020年数据为麦肯锡预测值。

图3－5　2016—2020年中东欧国家数字经济规模和增速

（资料来源：麦肯锡）

二、疫情后中东欧地区“个人使用互联网”DESI指数有望提升

我们在本章第一节梳理中东欧国家数字经济发展趋势时曾提到，该地区在欧盟委员会DESI指数“个人使用互联网”分领域表现得不尽如人意，大部分国家在该领域的DESI指数均低于欧盟均值870.4（见图3－3分图3）。根据欧盟委员会对“个人使用互联网”的定义，其DESI指数值是由三个子维度再次加权计算所得，即互联网使用（25%）、在线活动（50%）和在线交易（25%）。鉴于自新冠肺炎疫情暴发以来网络已经成为人们日常生活中不可或缺的一部分，中东欧国家在该领域

① 更多信息请参考：McKinsey&Company. Digital Challengers in the next normal. October 2020。

DESI 指数值有望在 2021 年得到较高的提升，从而推动其数字经济的整体发展水平。

为了详细了解疫情大流行之后中东欧地区个人使用互联网的变化程度，麦肯锡选择该地区具有代表性的 4 个国家——捷克、匈牙利、波兰和罗马尼亚（以下简称“中东欧 4 国”），进行了一项名为“新冠肺炎数字情绪洞察”的问卷调查（COVID – 19 Digital Sentiment Insights Survey）①，从中得出以下四个结论。

第一，从整体趋势来看，自 2020 年初疫情大流行开始到 6 月底，中东欧 4 国中至少访问过一项在线服务的人数比例上涨了 15 个百分点；在 2020 年 3 月欧洲地区出现第一轮疫情高峰期时，中东欧 4 国增加了近 1200 万新的网络注册用户；76% 的消费者在疫情之后使用数字服务，较疫情前增长了 15 个百分点。

第二，从使用数字服务消费者的年龄段和居住地区来看，中东欧 4 国几乎所有年龄段和地区的居民均不同程度地使用了数字服务，不仅仅是传统的互联网使用者，如居住在大城市的年轻专业人士（18 ~ 44 岁）；65 岁以上使用数字服务的消费者人数在疫情期间显著上升，增长近 1.4 倍，这部分群体使用在线服务的主要动机是获得有关医疗方面的信息和服务。

第三，从消费者使用数字服务的场景来看（见图 3 – 6），最受中东欧 4 国消费者欢迎的在线服务是银行业，59% 的受访者表示在疫情期间使用了该项服务。其次是网络通信，使用网络视频或网络电话的消费者占受访者比重为 45%。事实上，这两类场景的数字服务延续了疫情暴发之前的积极趋势，因为疫情暴发前的数年里，银行和通信领域为提高其数字化水平就已经进行了大量投资。在政府服务领域，网上访问者数量同样在疫情之后增加了一倍多，但用户体验满意度却较低。使用电子商务的消费者数量增长也非常明显，特别是在线购买食品杂货的人数在大封锁期间翻了一番，这促使中东欧 4 国的网上零售业规模增长了 1.7 倍。使用在线娱乐服务的消费者人数在疫情后增长了一倍，39% 的受访者表示疫情期间至少访问过一次网络娱乐网站。与上述 5 种数字服务使用场景发展趋势不一致的是保险业（22%）和旅游业（17%）。考虑到旅游业受疫情限制较大，其数字服务普及率不高也在预料之中，然而保险领域较低的数字服务普及率预示着该领域在中东欧 4 国还有很大的改进空间。

第四，从数字服务客户满意程度来看，88% 的使用者表示对数字服务“非常满意”或“满意”。大部分给出“不满意”答案的受访者表示，他们在使用不同领域数字服务时有较大的操作困难；还有一部分受访者认为数字服务所提供的相应领域的产品（服务）品种不完整（见图 3 – 7）。

① 更多信息请参考：McKinsey&Company. Digital Challengers in the next normal. October 2020。

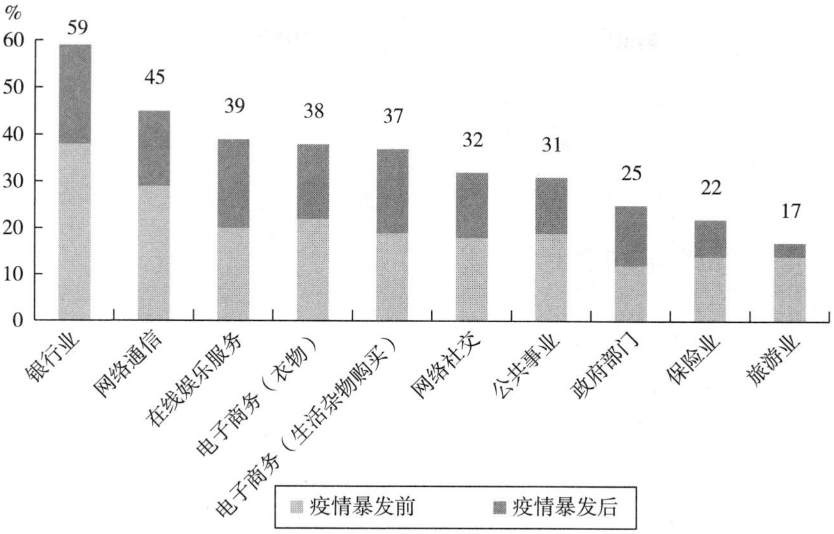

注：图中所示普及程度特指 2020 年上半年至少使用一项图中行业数字服务的用户比例。

图 3－6　按行业划分的中东欧 4 国数字服务普及程度

（资料来源：麦肯锡）

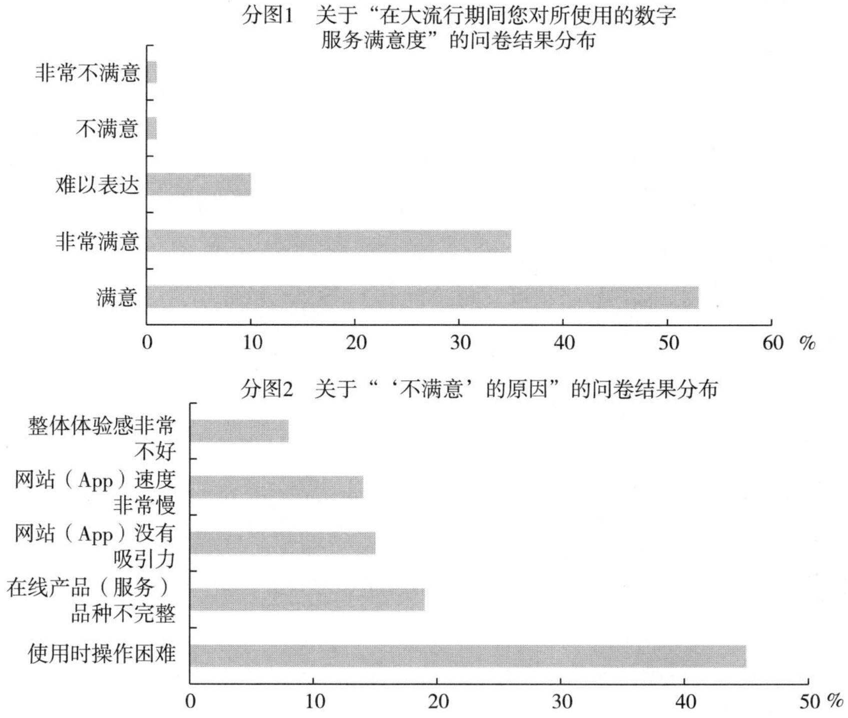

注：图中所示普及程度特指 2020 年上半年至少使用一项图中行业数字服务的用户比例。

图 3－7　2020 年“新冠肺炎数字情绪洞察”的问卷调查结果

（资料来源：麦肯锡）

整体来看，来自中东欧地区的消费者较好地适应了疫情大流行所催生的数字化生活方式。不仅如此，据麦肯锡统计，欧盟近 70% 的消费者表示，他们愿意在疫情常态化之后继续使用相同或者更高水平的数字服务。有鉴于此，企业和政府应致力于提高各领域数字服务消费者满意度，这是提升中东欧地区“个人使用互联网”DESI 指数的关键。

三、疫情加速中东欧地区教育体系的数字化转型

据联合国教科文组织（The United Nations Educational, Scientific and Cultural Organization, UNESCO）的统计数据，新冠肺炎疫情导致全球大范围的学校停课，直接影响近 16 亿儿童的正常学习生活。虽然许多国家开始积极推进远程在线教育，然而对在教育领域支出水平相对较低的国家来说，这将是一项艰巨的任务。在欧洲，与数字经济发达国和欧洲核心 5 国相比，中东欧 10 国在教育方面的公共开支占本国 GDP 的比重相对较小，因而在后疫情时代的数字教育转型也将面临更大的挑战。[①] 根据经合组织在 2020 年 9 月发布的《教育概览 2020》（*Education at a Glance* 2020），2017 年经合组织成员国用于初级到高等教育的开支占本国 GDP 比重的平均水平为 4.9%，EU23 国[②]的平均值略低，大约为 4.5%。其中，本章关注的中东欧国家在教育领域的公共开支占本国 GDP 的比例均低于这一平均水平，其比重由低到高分别为立陶宛、捷克、斯洛伐克、匈牙利、拉脱维亚、斯洛文尼亚、波兰、爱沙尼亚[③]。与之相比，大部分的数字经济发达国，包括比利时、丹麦、瑞典、芬兰、荷兰，在教育领域投入的资金比例均高于经合组织和 EU23 国的平均水平，在 5% ~ 6%；欧洲核心 5 国中的英国教育资金占比甚至高于 6%（见图 3-8）。

尽管如此，当新冠肺炎疫情暴发不久，中东欧国家仍然积极地推进教学方式的转型。2020 年经合组织的一项针对远程教学的调查结果显示：（1）中东欧国家在学龄儿童所必需的学习条件，包括一个安静的学习空间和拥有一台电脑方面，得分仅比数字经济发达国低了 2% 左右；（2）大约 67% 的中东欧学校表示它们的老师拥有足够的专业资源来学习如何使用数字化教学，这一比例仅仅比数字经济发达国低 4 个百分点；（3）虽然部分中东欧国家已经为在线教育准备了相应的平台（见表 3-3），然而与数字经济发达国相比，其数字教育平台的可获得性得分

---

① 更多信息请参考：McKinsey&Company. Digital Challengers in the next normal. October 2020。

② 经合组织所指的“EU23 国”包括奥地利、比利时、捷克、丹麦、爱沙尼亚、芬兰、法国、德国、希腊、匈牙利、爱尔兰、意大利、拉脱维亚、立陶宛、卢森堡、荷兰、波兰、葡萄牙、斯洛伐克、斯洛文尼亚、西班牙、瑞典和英国。

③ 更多信息请参考：OECD（2020）. Education at a Glance 2020：OECD Indicators. OECD Publishing. Paris，https：//doi. org/10. 1787/69096873 - en。

要低 37%。总体来看，该地区国家在数字化教学领域有一定的基础，然而在未来还需继续加强。

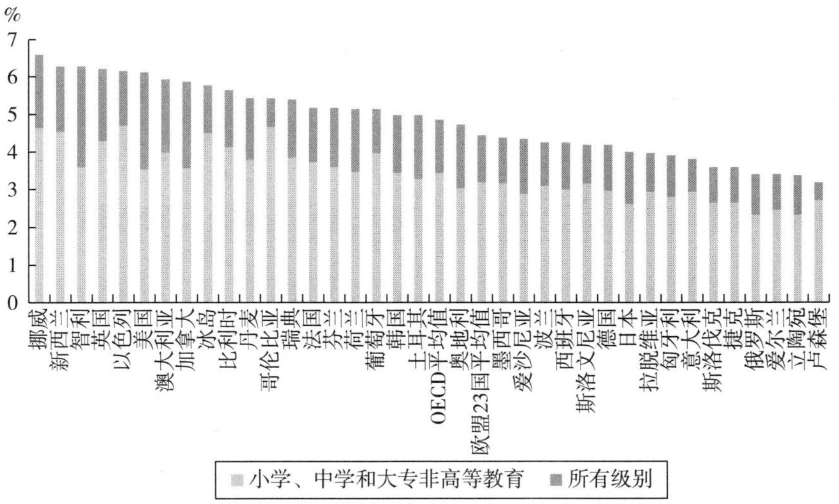

图 3 – 8　经合组织成员国教育公共开支占本国 GDP 比重

（资料来源：经合组织）

表 3 – 3　中东欧国家拥有的数字教育平台

国家	平台	简介
波兰	epodreczniki. pl	该网站是由波兰教育部提供支持的在线学习门户
罗马尼亚	Manuale	该网站于 2014 年推出，为所有年级的学生提供免费使用的电子版学校教科书。此外，该网站还为所有的学生和老师提供线下的教学服务
克罗地亚	Skola za zivot	该平台是由克罗地亚科学和教育部创建的、按不同年级和学科划分的远程教育教学平台。来自克罗地亚全国的 48 所小学和 26 所中学都参与到该平台中。对于高等教育部分，克罗地亚教育部要求各大高等教育机构可以在政府的支持下自行组织网络课程，包括建立学习管理系统等
立陶宛	Eduka	该平台是一个非公共的虚拟教室平台，老师可以在此平台上进行创建学生小组、教授课程、布置练习题等一系列与教学相关的活动

资料来源：麦肯锡。

此外，为了进一步了解在疫情大流行期间中东欧国家教师对数字化教学的看法，经合组织挑选了捷克和斯洛伐克两国作为该地区代表国进行了问卷调查，调查结果如下：（1）在疫情暴发之前，捷克只有 13% 的小学使用了数字教学方式；疫情之后，大约有 81% 的小学顺利过渡到远程教学。（2）在斯洛伐克，77% 的教师表示在疫情大流行期间他们能够在两周之内，在使用自己的电脑设备的情况下全面开启在线教学。在他们看来，数字化教学最关键的两个因素是 IT 技能（81%）和设备（74%）。（3）捷克和斯洛伐克两国接受调研的教师所具备的共识是远程在线教学比传统的课堂教学要困难许多，然而他们仍表示愿意积极地学习新的数字教学工具和技能，以便为远程教学做好更充分的准备工作。上述在中东欧国家的调查结果无疑显示出一个非常积极的趋势，因为在后疫情时代，高度的不确定性迫使每个国家在包括教育在内的各个领域为疫情大流行可能造成的损坏做好准备，进一步夯实中东欧地区的数字化教学不仅能解决如今的"燃眉之急"，还能为维护该地区的数字人才库"添砖加瓦"。

四、疫情后数字化转型加速有望进一步稳固中东欧地区劳动力市场

正如在本章引言中所提到的，中东欧国家较为稳定的劳动力市场是该地区经济始终保持相对高速且稳定增长的主要原因之一。不过，随着人口红利的逐渐消退，在老龄化、向外移民以及疫情大流行的多重压力下，中东欧地区劳动力市场和经济可持续发展都将面临较大挑战。然而，在疫情加速数字化转型的背景下，中东欧地区劳动力市场有望在未来得到进一步稳固。其原因有两点：第一，疫情后中东欧地区女性劳动力参与率有望得到提高；第二，疫情后中东欧地区有望引入更多的数字人才移民。

（一）疫情后中东欧地区女性劳动力参与率有望得到提高

疫情期间由于大封锁造成的通勤限制而兴起的数字化远程办公（归属于企业数字化转型的一部分），成为众多企业和公司运作的重要方式。长期来看，这一新趋势可促使女性以及生活在城市中心以外的人员更多地参与劳动，在一定程度上可缓解中东欧地区劳动力市场日趋严峻的形势。

从近 10 年中东欧地区劳动力参与率的发展趋势来看，该地区 15 ~ 64 岁的劳动力参与率虽然在持续提升中，但其水平仍然不及数字经济发达国和欧洲核心 5 国（见图 3 – 9 分图 1）。根据世界银行的统计数据，中东欧地区劳动力参与率从 2010 年的 67.8% 增加到 2019 年的 73.3%，增幅达 8.2%。在此期间，数字经济发达国和欧洲核心 5 国的劳动力参与率增幅偏低，分别为 5.8% 和 3.1%。尽管如此，数字经济发达国全体劳动力参与率自 2010 年起，每年高出中东欧地区 3 个百分点以上。

我们再分别从中东欧地区男性、女性劳动力参与率（15 ~ 64 岁）发展趋势来看（见图 3 – 9 分图 2 和分图 3），在 2010—2019 年中东欧地区男性劳动力比女性劳动力的参与程度有更大的改善，换句话说，如果以数字经济发达国的男、女劳动参与率作为"追赶"目标的话，中东欧地区女性劳动力的"追赶速度"不及该地区男性劳动力（见图 3 – 10）。因此，若想进一步加强中东欧地区劳动力的整体参与程度，提高该地区女性劳动者的参与率是主要的决定因素，而疫情大流行所催生的数字化远程办公方式有望为女性劳动者提供更多的工作机遇。

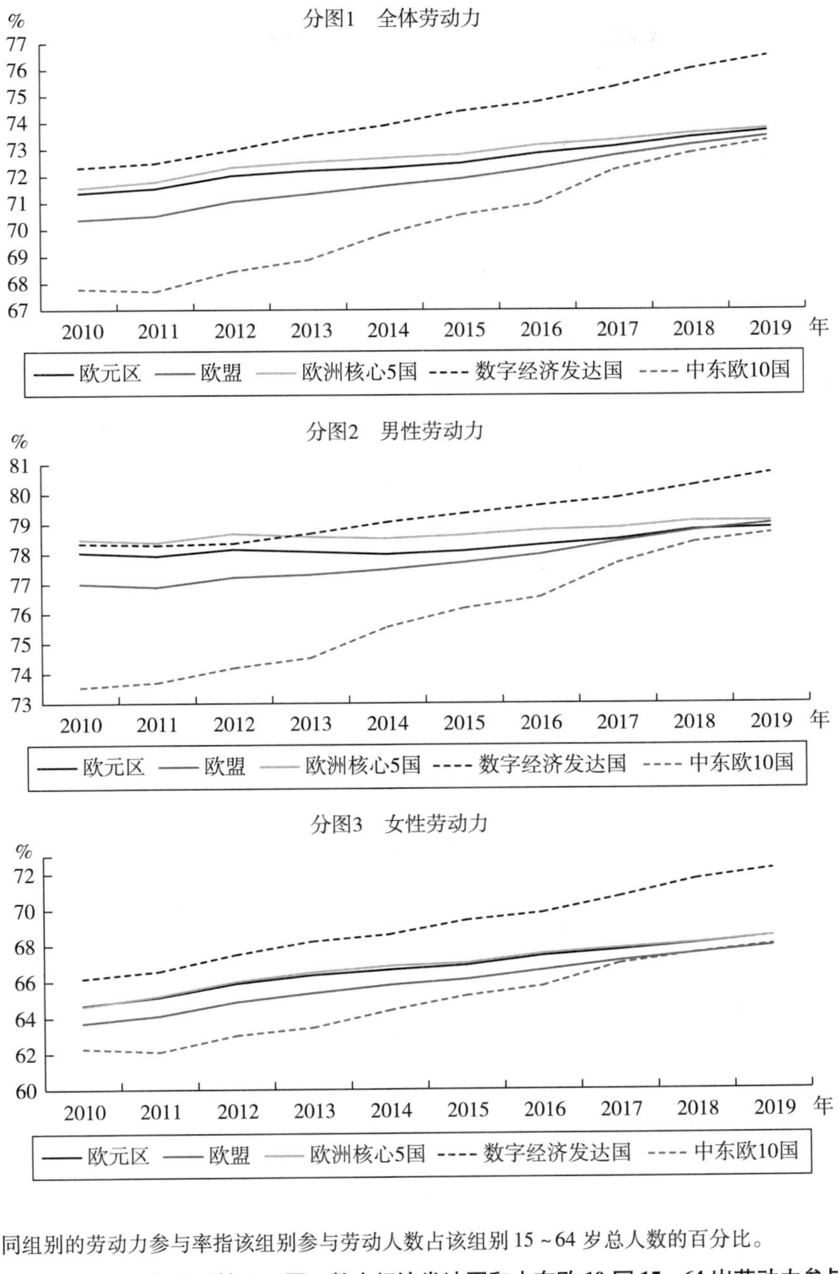

注：不同组别的劳动力参与率指该组别参与劳动人数占该组别 15 ~64 岁总人数的百分比。

图 3 -9　2010—2019 年欧洲核心 5 国、数字经济发达国和中东欧 10 国 15 ~64 岁劳动力参与率对比

（资料来源：世界银行）

自 2020 年 3 月新冠肺炎疫情在欧洲暴发之后，中东欧地区大约有 30% 的劳动力转变了工作方式，开始在家远程办公，然而这一比例却比大多数欧洲国家（40% ~50%）要低。根据欧洲生活品质与工作环境改善基金会（European Foundation for the Improvement of Living and Working Conditions，Eurofound）的问卷调查

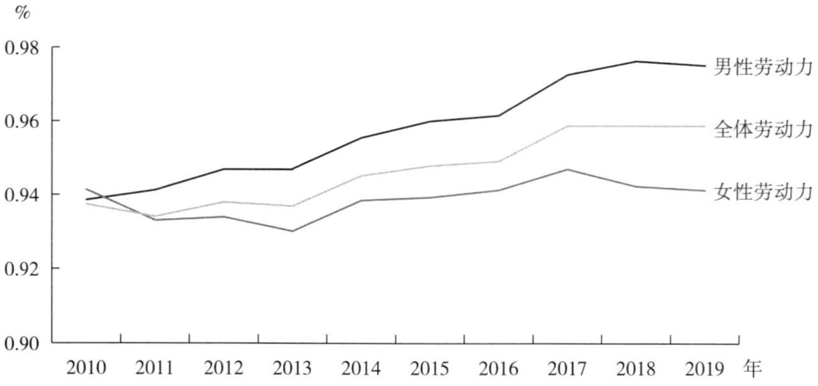

注：图中“全体/男性/女性劳动力”所示曲线是指中东欧地区全体/男性/女性劳动力参与率与数字经济发达国全体/男性/女性劳动力参与率比值。

图 3－10　2010—2019 年中东欧地区 15～64 岁劳动力参与率“追赶”进程

（资料来源：世界银行）

结果（见图 3－11），疫情暴发之后，中东欧地区的克罗地亚、波兰、斯洛伐克、保加利亚和匈牙利大约有 1/5 的劳动者的工作方式为在家工作；法国、西班牙、意大利、爱尔兰的比例是 40%，比利时的比例超过了 50%。产生如此大差异的原因是中东欧地区“个人使用互联网”程度原本就不高[①]，大部分公司和企业的员

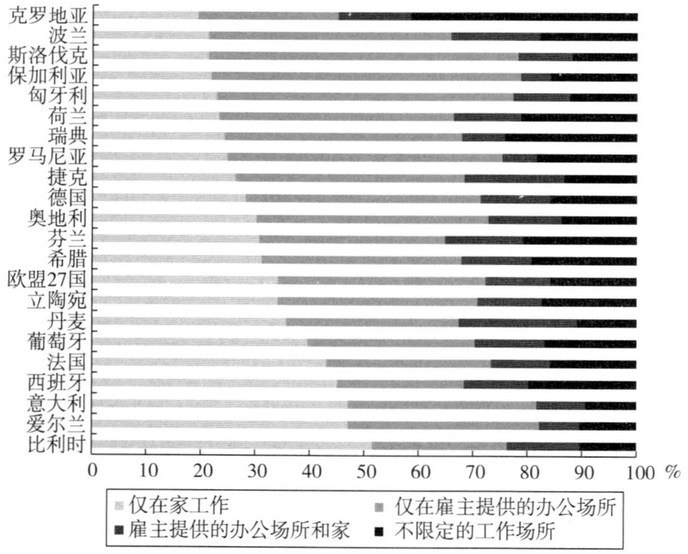

图 3－11　疫情大流行期间欧洲国家企业员工办公地点分布情况

（资料来源：欧洲生活品质与工作环境改善基金会）

① 详细信息请参考本节第二部分内容。

工在疫情之前几乎没有在家办公的经验以及基本的设备配置[①]，导致其转变难度比其他欧洲发达国家要更大。

尽管中东欧地区企业员工能够在家办公的比例普遍不高，但这部分劳动者对远程办公方式的认同性较高，特别是女性劳动者。为了解欧盟国家企业员工对远程办公的看法，欧洲生活品质与工作环境改善基金会于 2020 年 7 月再次发起了一轮问卷调查，其中被调查者要求对以下三项陈述表态，包括“非常赞成”、“赞成”、“不赞成”、“非常不赞成”、“既不赞成也不反对”和“暂无答案”：（1）“我非常满意远程办公的工作量”；（2）“我非常满意远程办公的工作质量”；（3）“整体上，我对远程办公非常满意”。我们暂且对中东欧国家女性劳动者给出“非常赞成”和“赞成”答案的情况进行统计。中东欧地区女性劳动者中 51.8% 的受访者对远程办公的工作量非常赞成/赞成，该比例几乎和欧盟平均水平（52.8%）持平；66.2% 的受访者对远程办公的工作质量非常赞成/赞成，高于欧盟平均值（63.3%）；60.1% 的受访者整体上对远程办公非常赞成/赞成，同样高于欧盟平均水平（55.6%）（见图 3－12）。

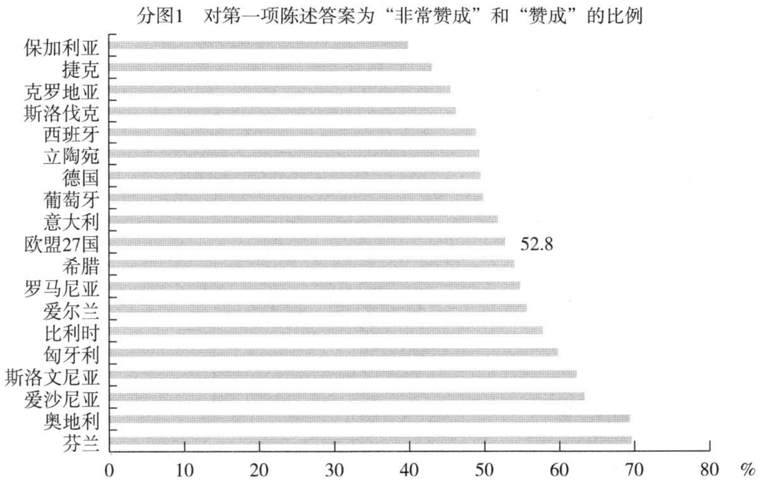

图 3－12　疫情大流行期间欧盟女性劳动者对远程办公看法的问卷调查结果

基于上述问卷调查所呈现的普遍事实，目前来看疫情所催生的“可移动性”数字化办公方式将会成为疫情大流行后的主流，部分企业已经制订员工数字技能培训方案，为未来大规模推出远程办公和现场办公相结合的工作方式做好准备。因为这种混合工作模式在一定程度上消除了地理上的障碍，提高了员工工作的灵活性，允许他们将工作和家庭责任结合起来，从而可以吸引更多潜在的人才，如女性以及生活在城市中心以外的人员，这无疑在未来将有助于提升中东欧地区劳

① 麦肯锡的统计数据显示，疫情之前中东欧地区仅有 9% 的员工曾远程办公。

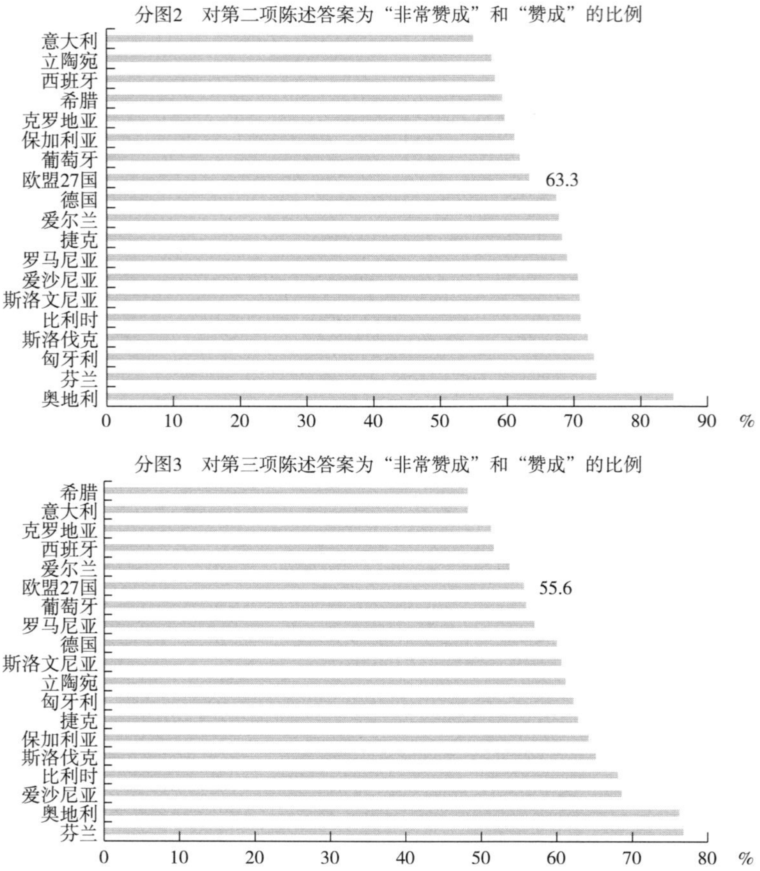

图 3－12　疫情大流行期间欧盟女性劳动者对远程办公看法的问卷调查结果（续）

（资料来源：欧洲生活品质与工作环境改善基金会）

动力参与率，并进一步稳固中东欧地区的劳动力市场。

（二）疫情后中东欧地区有望引入更多的数字人才移民

在疫情暴发之前，经合组织移民统计数据已显示出中东欧国家的信息技术领域（数字经济领域）吸引着越来越多高素质移民移入的趋势。疫情暴发后，随着数字化程度的普遍加深以及居家工作趋于常态化，中东欧地区企业对数字人才的需求有持续增加的势头，在未来或将吸引更多具有信息通信技术背景的移民前来，这在一定程度上可稳固中东欧劳动力市场，进而保障该地区经济的可持续发展。①

---

① 由于疫情后远程办公的兴起及居家工作常态化，办公室的角色（至少对一些公司而言）将从日常工作的重要场所转变为更具协调性的空间。如今，中东欧地区的爱沙尼亚、克罗地亚等国已经开始欢迎“数字游牧民”，其他国家也在纷纷效仿。这标志着人才的获得方式在疫情后将变得多样化，中东欧企业可在欧洲欠发达地区，如亚美尼亚、摩尔多瓦或乌克兰远程招聘技术工人，而无须让其搬至公司所在地。更多信息请参考：中欧陆家嘴国际金融研究院、中东欧经济研究所，《中东欧视界》，2021（5）。

在过去20年里，中东欧10国人口数量下降了约6%，而数字经济发达国和欧洲核心5国的人口数量分别上涨了13%和9%。鉴于欧洲国家出生率普遍偏低的长期趋势，数字经济发达国和欧洲核心5国的人口规模扩大的主要原因是大量外来移民的移入；而中东欧国家作为欧洲传统的移民移出地区，人口规模却在持续下降。然而，这一趋势在近两年开始发生转变，经合组织统计数据显示，2018年中东欧10国的移入移民人数超过移出移民人数，属近30年来首次（见图3-13）。

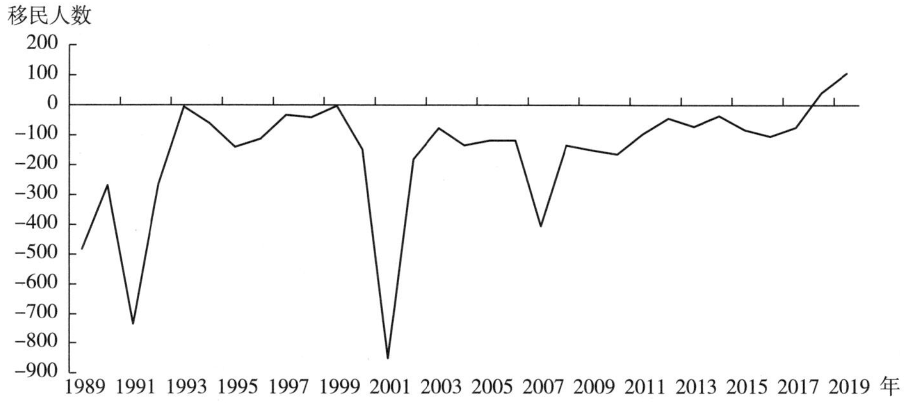

图3-13　1989—2019年中东欧地区移民人数变化趋势

（资料来源：麦肯锡）

经合组织2020年10月发布的《国际移民展望2020》（*International Migration Outlook* 2020）显示①，2019年中东欧地区移民移入人数增幅普遍较大，如立陶宛（60%）、斯洛文尼亚（14%）、捷克（13%）、爱沙尼亚（13%）、波兰（12%）、匈牙利（12%）的增速均在10%以上。尽管增速较高，但中东欧地区移民移入的总规模仍然较小，例如上述增幅最高的6个中东欧国家2019年移入移民总人数（约38.21万人）仅为德国移入移民人数（约61.21万人）的62.4%（见图3-14）。

不仅如此，经合组织2020年度移民报告还显示，中东欧国家的信息技术领域正吸引着越来越多的高素质移民。从全球范围来看，一国外来移民的就业领域在其经济结构中并非平均分布，往往是集中在低技能的服务业。然而，随着移民素质的逐步提高以及高附加值行业的快速增长，部分国家的信息技术领域成为外来移民聚集的行业，同时也成为移民政策最青睐的领域之一。目前，经合组织成员国中已有13国对信息技术领域初创企业的创业者签发相应的政策签证。此类签证较其他类型的签证具有一定的优势，包括经济支持、住所安排以及家属随同移民等。如图3-15所示，2016—2018年，在移入捷克的欧盟出生的移民中，选择信息技术类工作的移

① OECD. International Migration Outlook 2020. October 2020.

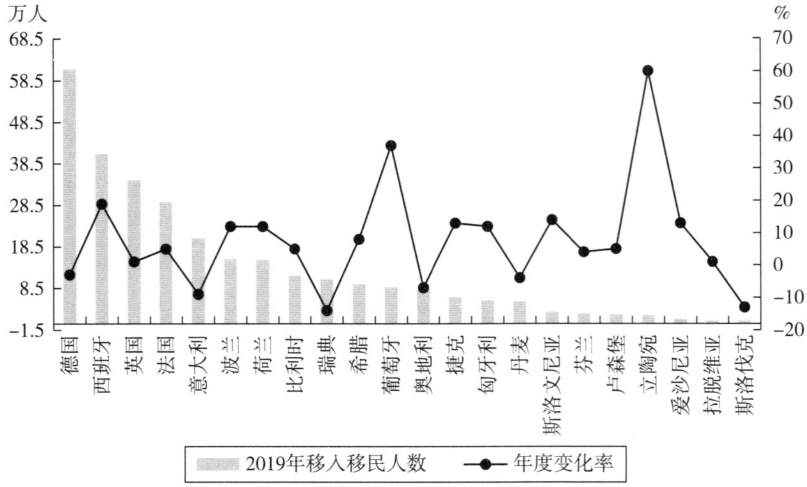

图 3－14　2019 年欧洲部分国家移入移民人数和年度变化率

（资料来源：经合组织）

民比重在 39 个行业中最高，排名第一；若将所有背景的移民均考虑在内，选择信息技术类工作的移民占捷克所有移入移民的比重在 39 个行业中同样很高，排名第二。类似的趋势也出现在波兰、拉脱维亚、匈牙利等中东欧地区国家。①

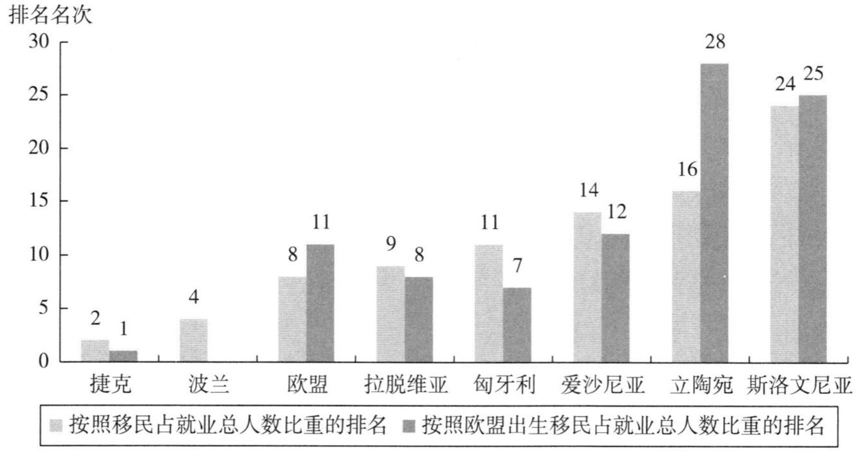

注：1. 参与排名的行业总数为 39 个。2. 波兰暂无“按照欧盟出生移民占就业总人数比重的排名”名次。

图 3－15　2016—2018 年在信息技术和其他信息服务行业就业的移民人数占移民总人数的比重在 39 个行业中的排名

（资料来源：经合组织）

① 更多信息请参考：OECD. International Migration Outlook 2020. October 2020。

第四章　中东欧国家数字经济发展潜力

在上一章我们详细分析了中东欧地区数字经济在新冠肺炎疫情暴发前后的发展特点。总体来看，近些年中东欧国家在其相对稳健的宏观经济支持下①，积极推进数字连通性建设、数字公共服务等领域的发展，并取得了一定的成效，逐渐缩小了与数字经济发达国和欧洲传统经济强国在数字化水平方面的差距。虽然2020年初暴发的新冠肺炎疫情对世界经济造成了全方位影响，但是疫情大流行在迫使许多领域直面危机的同时，也让中东欧地区的数字经济迎来了发展新机遇，显示出巨大的发展潜力。

为了能够更加系统地了解中东欧国家数字经济的发展优势，基于欧盟委员会、欧盟统计局、经合组织和麦肯锡发布的最新数据，本章将重点梳理可以帮助中东欧地区更快实现高水平数字化的三大潜力，即强大的人才储备库、高质且可负担的数字基础设施以及蓬勃发展的科技生态系统。

第一节　强大的人才储备库

一、中东欧10国的初等和中等教育水平

综观欧洲数字经济发达国家，无一例外地都拥有强大的教育体系。事实上，

① 稳健的宏观经济环境是中东欧国家数字经济得以迅速发展的基石。自20世纪90年代初中东欧国家经济转型以来，该地区国家经济发展轨迹经历了经济转型初期、"追赶"增长时期、国际金融危机和欧债危机时期以及疫情暴发之前的复苏增长时期。其中，在"追赶"增长时期，得益于欧盟的入盟前援助工具，绝大部分中东欧国家获得来自欧盟的资金和技术支持，弥补了转型过程中的资金匮乏。随着中东欧国家陆续加入欧盟，它们将面向更为广阔和开放的欧洲市场和更自由的贸易；因为拥有大量可负担的劳动力，中东欧地区成为大量外国直接投资的首选目标地区；与此同时，加入欧盟后的中东欧国家还可享受欧盟的区域政策。因此，从2000年初直到国际金融危机和欧债危机爆发之前，中东欧国家经历了一段较长的经济繁荣时期，GDP以平均每年5.7%的速度增长，远高于欧盟2.48%的平均增速。尽管近年来全球经济增速在放缓，中东欧国家GDP增长同样出现放缓迹象，但其增速仍然超过欧盟地区的大部分国家，如此前提及的数字经济发达国和欧洲核心5国。

与数字经济发达国和欧洲核心 5 国相比，中东欧 10 国在初等和中等教育领域所取得的成果并不逊色。根据经合组织在 2020 年发布的国际学生评估项目（Program for International Student Assessment，PISA）PISA 2018 评估结果（见图 4－1），我们观察到两个整体性趋势。

第一，2015—2018 年，数字经济发达国和欧洲核心 5 国学生的数学和科学测试平均成绩均出现下滑迹象，而中东欧 10 国的学生平均成绩反而有所提高。

第二，2018 年中东欧 10 国的学生仅在阅读领域的平均得分低于欧洲核心5 国的学生得分，其余两科，即数学和科学的平均得分已经非常接近甚至高于欧洲核心 5 国的得分。

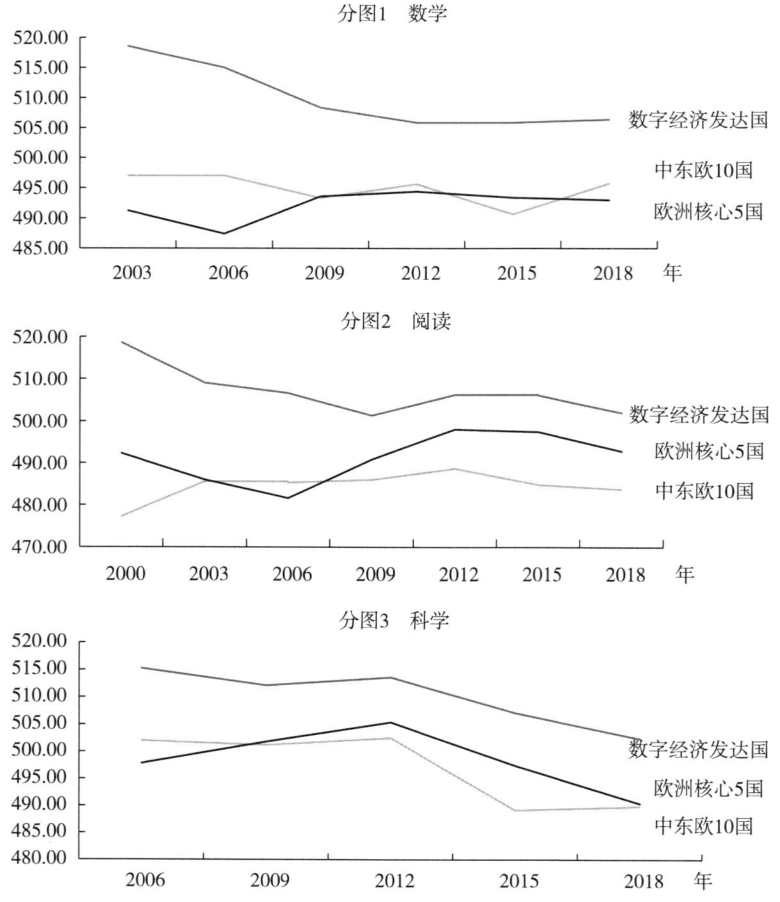

注：1. 国际学生评估项目（PISA）是一项由经合组织举办的大型学生学习质量比较研究项目。2000 年举办了第一届，此后每三年举行一次，分别对数学、阅读和科学三个领域进行评估，测试对象为各国在学校就读的 15 岁青少年。2. 马耳他、保加利亚、克罗地亚和罗马尼亚暂无数据。

图 4－1　2000—2018 年欧洲地区国家 PISA 数学、阅读和科学测试分值

（资料来源：经合组织）

虽然中东欧地区国家学生整体表现优秀，但该地区不同国家测评结果的差异依然较大（见图 4－2）。我们选定 2018 年数学、阅读和科学三科测评均值作为比较指标，可以看到数字经济最发达的爱沙尼亚的学生三科平均成绩最高，在欧洲地区排名第一；紧随其后的波兰和斯洛文尼亚学生的表现同样非常优秀，分别排名第三和第五。然而，罗马尼亚和保加利亚两国学生的测评成绩在欧洲地区"垫底"。

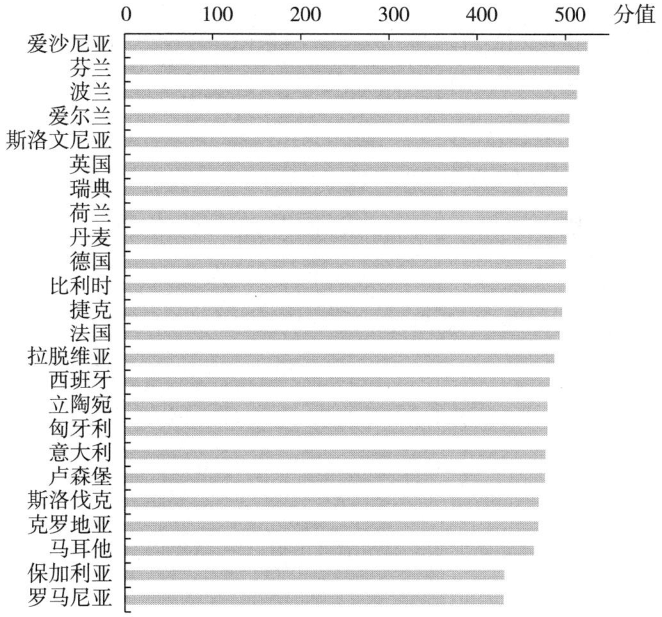

注：2018 年西班牙学生的阅读分值暂无数据。

图 4－2　2018 年经合组织欧洲地区国家 PISA 测试数学、阅读和科学三科平均值

（资料来源：经合组织）

二、典型案例——爱沙尼亚和克罗地亚

爱沙尼亚学生之所以获得如此好的成绩与该国在 2012 年启动的名为"ProgeTiger"的创新性的教育模式有很大的关系。该项目由爱沙尼亚政府和爱沙尼亚教育和研究部（Ministry of Education and Research）共同发起并提供资金支持，旨在鼓励学前教育、普通教育和职业教育的教师在教学中更广泛地使用编程和机器人技术。据统计，在过去的 9 年，爱沙尼亚 99% 的幼儿园和 98% 的综合学校都以不同的方式参与了"ProgeTiger"项目，标志着大多数机构创造了学习信息通信技术的机会。此外，整个学习过程会根据孩子的年龄而进行调整，使他们在很小的

时候就获得理解、使用和创造技术的知识和技能，为未来做好更充分的准备。①

此外，爱沙尼亚的“ProgeTiger”项目有着独特的合作方式。长期以来，教育由政府全权负责是许多国家所达成的共识。然而，当政府历经十几年培养出数字经济领域的相关人才之后，这批毕业生是否能够满足雇主的期望将成为一个挑战。有鉴于此，爱沙尼亚政府再次找到一个创新的解决方案，即要求雇主为国家数字人才教育的发展贡献出自己的一份力量（基于国家和企业的需要，考虑到大学和职业教育机构的能力范围，所有参与者将制定一个统一的目标）。

爱沙尼亚“ProgeTiger”项目的另一个独特之处便是积极鼓励更多女性参与数字技术学习。众所周知，信息和通信技术部门劳动力的性别差距较大，与男性相比，年轻女性不太可能继续在该领域选择深造或就职。据爱沙尼亚教育和研究部统计，信息通信技术行业的男女比例约为 3∶1，但这种现象并非爱沙尼亚独有，在世界上其他国家同样也存在。因而，各国政府和各大非营利性组织都有一个共同目标，那就是增加科技界女性参与者的比例。为此，来自爱沙尼亚的部分公司为信息通信技术行业的女性爱好者设立了自己的内部活动、聚会和会议。最独特的举措之一便是成立了“独角兽队”（Unicorn Squad）俱乐部。该俱乐部专为 8～12岁女孩提供一个可以参加不同实践活动、学习更多关于机器人和其他技术的机会。如今在爱沙尼亚，“独角兽队”俱乐部成员已超过 1600 人，拥有 250 多名导师。②

在中东欧地区，另一个值得注意的国家是克罗地亚。克罗地亚虽然在经合组织的 PISA 测试中表现不佳（被测试对象为在校就读的 15 岁青少年），但是该国 16～24 岁年轻人在数字技能方面的表现却非常优异。欧盟统计局数据显示，克罗地亚 16～24 岁年轻人的数字技能在欧洲范围内排名第一，96% 的年轻人拥有基本及以上的数字技能。与此同时，克罗地亚正在积极弥补对青少年数字教育的不足。例如，克罗地亚推出了一项名为“克罗地亚制造者计划”（Croatia Makers Program）的项目，这是欧盟最大的非政府教育项目之一。该项目培训了 3000 多位数字领域的专职教师，并为克罗地亚 15 万多儿童提供了数字化教育。目前，该模式已经取得了阶段性成功，克罗地亚众多邻国纷纷效仿其做法，如西巴尔干地区的塞尔维亚、波黑等国。③

① 更多信息请参考：https：//e－estonia. com/how－the－pisa－leader－is－solving－the－shortage－of－ict－specialists－with－comprehensive－education－policies/。

② 更多信息请参考：https：//e－estonia. com/how－the－pisa－leader－is－solving－the－shortage－of－ict－specialists－with－comprehensive－education－policies/。

③ 更多信息请参考：McKinsey&Company. Digital Challengers in the next Normal，October 2020。

三、中东欧10国的高等教育水平

正如此前提到，中东欧10国的初等和中等教育整体水平与欧洲核心5国几乎相当，具有强大的数字人才竞争优势，然而值得警惕的是该地区在科学、技术、工程和数学（STEM）领域受过高等教育的毕业生规模却出现逐渐萎缩的苗头。根据麦肯锡统计数据，中东欧10国STEM领域毕业生人数从2016年的23.4万下降到2018年的21.6万。就人口比例而言，中东欧10国STEM领域毕业生数量占总人口比重正在被英国、法国和德国超过。不过，值得欣慰的是，中东欧10国信息通信技术专业的毕业生占其STEM领域总毕业生人数的比重仍然保持上升，从2016年的3.6%增加至2018年的4.2%，而该比重仅次于德国的4.9%和数字经济发达国的4.3%。

整体来看，中东欧地区在STEM领域受过高等教育的人才的增速仍未达到预期速度，从而削减了其在初等和中等教育阶段所累积的较强优势，最终可能导致中东欧国家与数字经济发达国家在信息通信技术领域储备人才方面的差距越来越大。对此，该地区国家正在以另一种方式来抵消这一劣势，那便是积极吸引从事数字领域工作的高质量外来移民。正如我们在第三章第二节所分析，由于就业市场不够灵活，“东、西”欧收入差异过大等原因，长期以来中东欧国家是欧洲发达国家移民的主要来源地区，然而这一趋势在2018年得到扭转。波兰是出现此逆转趋势的关键因素。该国在2018年所签发的移民签证数量在全欧洲居首位，其中超过52%移居波兰的移民受过高等教育，该比例比波兰本国受过高等教育居民的比重要高出21个百分点。考虑到从事数字经济领域相关工作对语言和文化方面的要求并不高以及目前越来越多移民移入中东欧地区的良好趋势，该地区在未来可通过吸收更多外来移民来充实宝贵的数字经济人才库。

第二节　高质且可负担的数字基础设施

电信基础设施质量的优劣是评估一国数字连通性的关键指标之一。在当今世界，高质量的数字基础设施不仅仅是电信行业的发展基础，还是将个人、社区、企业、经济和国家联系在一起的重要桥梁，代表着数字时代新的生产力、新的竞争和新的市场机遇。近年来，中东欧地区的数字基础设施发展整体良好，特别是在欧盟委员会“欧盟5G行动计划”（EU 5G Action Plan）的统一部署下，该地区数字经济发展基础得到稳固，是中东欧进一步提高数字化程度的关键优势之一。

一、中东欧地区传统数字基础设施建设

本书第三章曾介绍欧盟委员会建立的DESI指数体系，其中，对于一国的连

通性，欧盟委员会从固定宽带使用频率、固定宽带覆盖率、移动宽带覆盖率和宽带价格指数四个维度来定量衡量数字连通性的优劣，并对上述四个维度设定了一定的权重，分别为25%、25%、35%和15%。若按照上述标准，2020 年中东欧地区的拉脱维亚、匈牙利、罗马尼亚、爱沙尼亚、波兰和斯洛文尼亚 6 国在连通性领域的 DESI 指数高于欧盟平均水平；连通性 DESI 指数较低的中东欧国家包括希腊、保加利亚和克罗地亚。如果我们进一步对比分析，可发现近两年移动宽带覆盖率迅速上升是这 6 个中东欧国家在连通领域取得优异成绩的主要原因（见图 4 -3分图 1 至分图 7），例如匈牙利的移动宽带覆盖率指数得分从 2019 年的 11.45 上升至 2020 年的 21.40，同比增幅高达 86.8%。

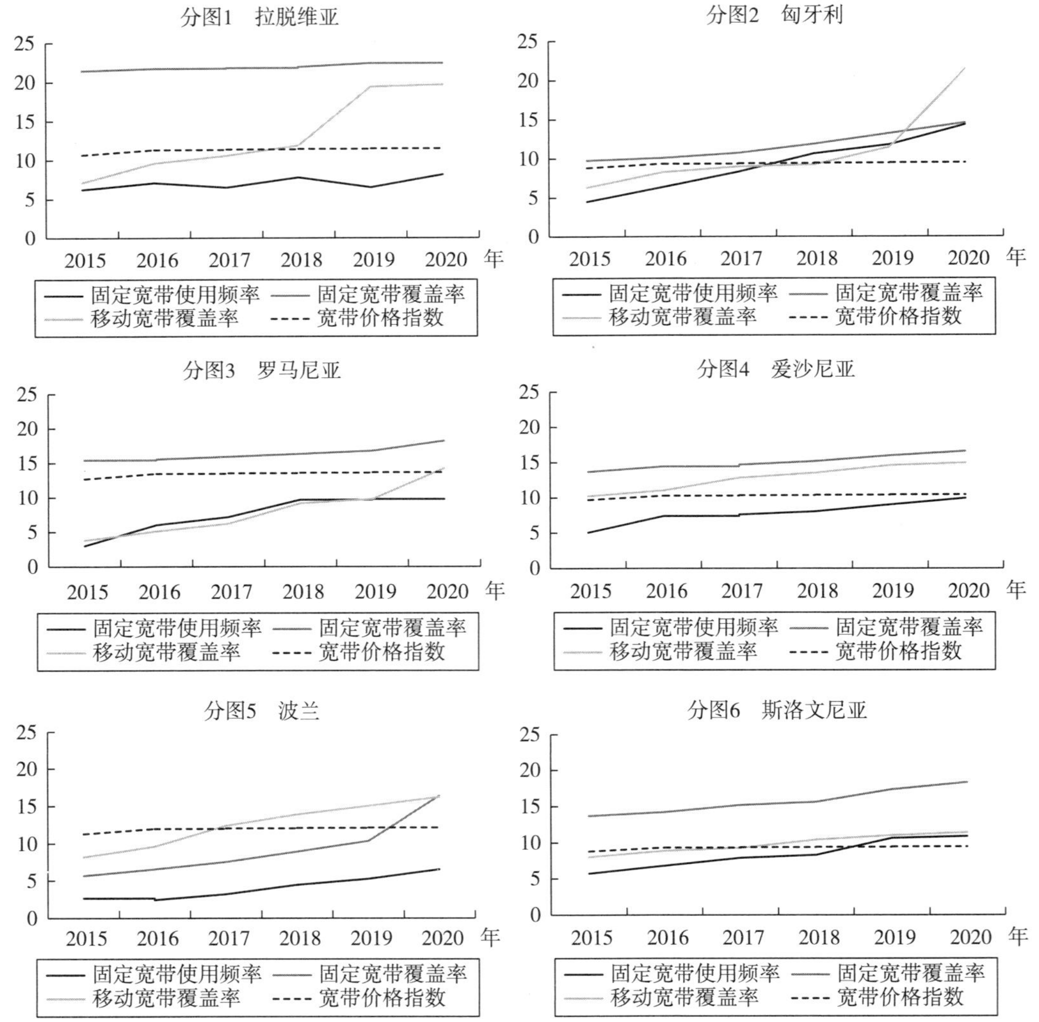

图 4 -3 2015—2020 年中东欧 6 国连通性四个子维度 DESI 指数发展趋势分析

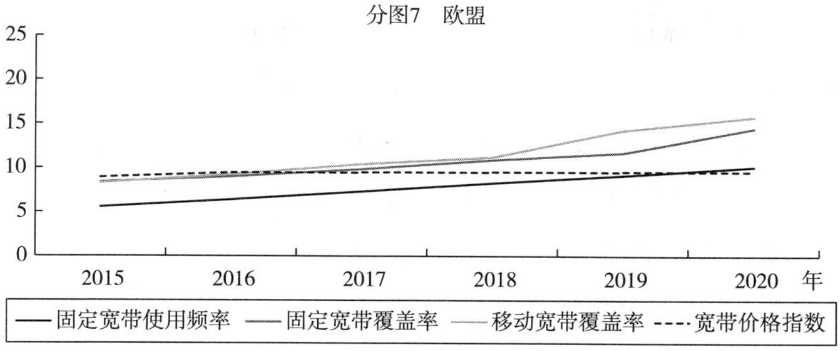

注：连通性四个子维度的 DESI 指数分值在 0～100 标准化。

图 4－3　2015—2020 年中东欧 6 国连通性四个子维度 DESI 指数发展趋势分析（续）

（资料来源：欧盟委员会）

此外，麦肯锡发布的中东欧地区数字经济系列报告还显示①，2019 年该地区 47% 的家庭开通了固定宽带服务，比数字经济发达国家的比例（46%）还要高出 1 个百分点；在移动宽带覆盖率方面，中东欧 10 国 4G 覆盖率在 2019 年已经增长到 92%，较 2017 年上浮了 12 个百分点，仅低于欧洲核心 5 国（94%）2 个百分点；在超高速宽带网（Ultrafast Broadband）方面，2019 年中东欧 10 国的家庭使用比例增加到 23%，较 2017 年上升了 9 个百分点，超过欧洲核心 5 国（17%）6 个百分点（见图 4－4）。中东欧国家电信基础设施的改善得益于多个在该地区实施的宽带项目，如"波兰国家宽带计划"（Polish National Broadband Plan），该项目旨在为每个波兰家庭接入宽带互联网。

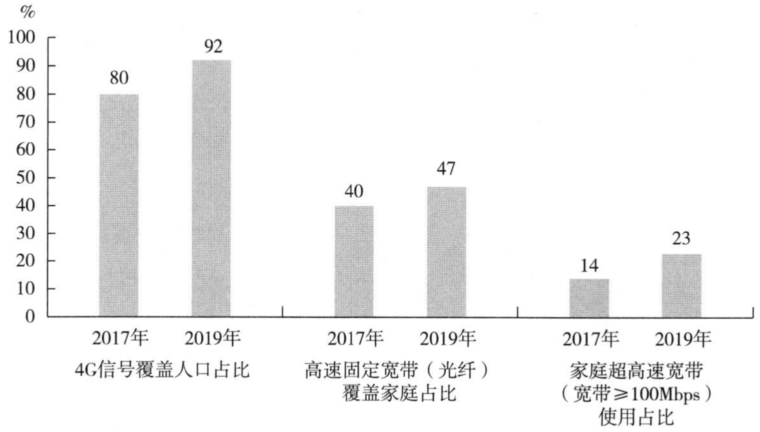

图 4－4　2017—2019 年中东欧 10 国电信宽带领域的变化趋势

（资料来源：麦肯锡）

① 更多信息请参考：McKinsey&Company. Digital Challengers in the next Normal. October 2020。

二、中东欧国家商业5G网络部署

尽管在数字连通领域中东欧国家似乎已经为数字化时代的到来做好了准备，然而随着越来越多的国家转向了更高容量的固定宽带网络（Gigabit Networks）和第五代移动通信网络系统（5G）的部署，中东欧国家同样也在积极布局商用5G网络服务，以便在未来能获得更多的数字竞争优势。

根据经合组织2020年11月出版的《数字经济展望2020》[①]，截至2020年6月，商业5G网络服务已通过48家运营商在22个经合组织成员国启动。其中，中东欧地区的8个国家（见表4－1）已经与数字经济发达国（见表4－2）和欧洲核心国家（见表4－3）同步部署商业5G网络。然而，从5G网络覆盖范围来看，中东欧国家目前仍不及数字经济发达地区。例如，截至2020年12月底，中东欧地区走在最前列的波兰有18个城市引入了5G网络服务；而同一时期的英国已经通过4家运营商Vodafone、EE、Three和O2分别在44个、80个、66个和60个城镇和城市进行了5G网络布局。

表4－1　　中东欧国家商业5G网络部署现状

国别	运营商	技术	启动日期	覆盖范围	说明
捷克	O2	Mobile	2020年6月19日	2个城市：布拉格和科林	—
	Vodafone Czech Republic	DSS	2020年10月	5个城市：布拉格、布尔诺、拉贝河畔乌斯季、卡罗维发利、叶赛尼克	—
匈牙利	Maygar Telekom	Mobile	2020年4月19日	2个城市：布达佩斯和佐洛埃格塞格	—
	Vodafone	Mobile	2019年10月17日	2个城市：布达佩斯和佐洛埃格塞格	—
波兰	Plus	Mobile	2020年5月15日	7个城市（计划2021年底扩展到能覆盖300万人口的区域）	—
	T－Mobile	Mobile	2020年6月9日	11个城市	—
斯洛伐克	Slovak Telekom	—	2020年12月	布拉提斯拉瓦的8个区	—
克罗地亚	Hrvatski Telekom	DSS	2020年10月	6个城市：萨格勒布、里耶卡、斯普利特、奥西耶克、萨莫博尔和圣维达内德利亚	—

① 更多信息请参考：OECD. OECD Digital Economy Outlook 2020. November 2020。

续表

国别	运营商	技术	启动日期	覆盖范围	说明
罗马尼亚	Orange Romania		2020 年 8 月	3 个城市：布加勒斯特、克卢日—纳波卡和雅西	—
斯洛文尼亚	Telekom Slovenije	—	2020 年 7 月	覆盖约 25% 人口的区域	—
拉脱维亚	Tele2	Mobile	2020 年 1 月 22 日	2 个城市：陶格夫匹尔斯和叶尔加瓦	理论上，峰值下载速度超过 1Gbps

注："—"代表暂无数据。

资料来源：经合组织、欧盟委员会"欧盟 5G 观测平台"。

表 4－2　　　　数字经济发达国商业 5G 网络部署现状

国别	运营商	技术	启动日期	覆盖范围	说明
比利时	Proximus	Mobile	2020 年 4 月 2 日	79 个城市	—
芬兰	Elisa	Mobile	2019 年 7 月 1 日	30 个城市	—
	DNA	Mobile；FWA（5G－Home）	2020 年 6 月 3 日	21 个城市	2019 年 12 月 DNA 启动了"Homer 5G"（FWA）
	Telia	Mobile；FWA	2019 年 10 月 9 日	8 个城市	2019 年 3 月，Telia 和 Nokia 联合推出了用于 4G-5G FWA（固定无线接入）的 Nokia 旗下的 FastMile 5G 网关
爱尔兰	Vodafone	Mobile	2019 年 8 月 13 日	5 个城市：都柏林、科克、利默里克、沃特福德和戈尔韦	—
	Eir	Mobile	2019 年 10 月 24 日	19 个城市和城镇	—
	Three	—	2020 年 9 月	覆盖约 35% 的人口	—
荷兰	Vodafone Ziggo	Mobile	2020 年 4 月 28 日	荷兰 50% 的区域（约 940 个指定地点）已经覆盖，原计划到 2020 年 7 月底将覆盖全国	
瑞典	Tele2	Mobile	2020 年 5 月 24 日	3 个城市：斯德哥尔摩、哥德堡和马尔默市	理论上，峰值下载速度超过 1Gbps
	3－Sweden	Mobile	2020 年 6 月 17 日	6 个城市：马尔默市、赫尔辛堡市、隆德、韦斯特罗斯、乌普萨拉和斯德哥尔摩	—
	Telia	Mobile	2020 年 5 月 25 日	12 个城市	—
	Telenor	—	2020 年 10 月	斯德哥尔摩	—

注："—"代表暂无数据。

资料来源：经合组织、欧盟委员会"欧盟 5G 观测平台"。

表 4-3　　　　欧洲核心国商业 5G 网络部署现状

国别	运营商	技术	启动日期	覆盖范围
德国	Vodafone	Mobile	2019 年 7 月 16 日	96 个城市
	Telekom Deutschland	Mobile	2019 年 7 月 18 日	首批 8 个城市；截至 2020 年底已覆盖 20 个城市
	Telefonica	—	2020 年 10 月 3 日	10 个城市
意大利	Vodafone	Mobile	2019 年 6 月 6 日	5 个城市：米兰、都灵、博洛尼亚、罗马和那不勒斯（原计划到 2020 年底将覆盖 45～50 个城市）
	Telecom Italia（TIM）	Mobile	2019 年 6 月 25 日	8 个城市（预计到 2021 年底将覆盖 120 个城市）
西班牙	Vodafone	Mobile	2019 年 6 月 15 日	22 个城市
	Orange Spain	—	—	5 个城市：马德里、巴塞罗那、瓦伦西亚、塞维利亚、马拉加
	Telefonica	—	2020 年 9 月 1 日	—
	Grupo MASMOVIL	—	—	15 个城市
英国	Vodafone	Mobile（FWA）	2019 年 7 月 3 日	44 个城镇和城市
	EE	Mobile（FWA）	2019 年 5 月 30 日	80 个城镇和城市
	Three	Mobile（FWA）	2020 年 2 月 14 日	66 个城镇和城市
	O2	Mobile	2019 年 10 月 17 日	60 个城镇和城市

注："—"代表暂无数据。

资料来源：经合组织、欧盟委员会"欧盟 5G 观测平台"。

事实上，欧盟很早便开始探寻 5G 可能带来的各种商业契机，在 2013 年欧盟委员会便制定了加速欧盟 5G 技术研究和创新的旗舰计划——"公私合作 5G 研究组织"（Public Private Partnership on 5G，5GPPP），并通过欧盟"地平线 2020"（Horizon 2020）框架划拨了 7 亿欧元的资金支持。为了确保 5G 网络在欧洲地区的顺利部署，2016 年 7 月欧盟委员会发起了"欧盟 5G 行动计划"，其目标包括：（1）欧盟成员国在 2018 年底达成 5G 网络初期运营，最迟于 2020 年底实现商业 5G 网络部署的目标；（2）鼓励欧盟各成员国于 2017 年底之前将本国 5G 发展蓝图制定为宽频网络基本政策之一；（3）确保欧盟成员国于 2020 年底之前，至少有一个主要城市已拥有 5G 网络服务，2025 年底之前主要城市群以及交通要道均需要有完整不间断的 5G 网络覆盖。

此外，为了在全球范围内跟踪"欧盟 5G 行动计划"的进展程度，欧盟委员会于 2018 年启动了"欧盟 5G 观测平台"（European 5G Observatory），籍以掌握欧盟主要成员国市场的发展状态。① 从长远来看，在欧盟委员会一系列 5G 相关计划

① 更多信息请参考：https：//digital-strategy. ec. europa. eu/en/policies/5g。

的统一部署下，中东欧国家，特别是中东欧—欧盟国家的5G网络建设（布局）在未来将会得到强有力的保障，为其数字化水平的进一步提升奠定扎实的基础。

第三节　蓬勃发展的科技生态系统

一、中东欧地区规模庞大的新兴科技公司

近些年，中东欧地区的信息通信技术领域正在经历一个稳定增长的阶段，其中增速较高的企业数量占信息通信技术企业总数的比例已经超过了数字经济发达地区①。而且，由于较低的人力成本，这些发展较好的中东欧信息通信技术企业还吸纳了大规模的从业者，为维护该地区劳动力市场的稳定作出了巨大的贡献。

除了上述传统信息通信技术企业之外，中东欧国家还陆续涌现出一大批独角兽初创公司和新兴科技公司（见表4－4），如今它们已经在国际舞台上获得了一定的信誉和知名度，并逐渐在中东欧地区形成了非常活跃的科技生态系统。据麦肯锡统计，中东欧地区的独角兽公司主要来自波兰和罗马尼亚，其次是捷克、克罗地亚和立陶宛，截至2019年底其总价值已经接近310亿欧元。另外还有大量的新兴科技公司也获得了超过28亿欧元的投资。

表4－4　来自中东欧国家的独角兽和新兴科技公司名单

国别	独角兽公司	新兴科技公司
波兰	Allegro CD Projekt	Applica Booksy Brainly Docplanner Huuuge Infermedica Nomagic Packhelp
匈牙利	—	AImotive Prezi Tresorit Bitrise Commsignia Sharp3D

① 更多信息请参考：McKinsey&Company. Digital Challengers in the next Normal. October 2020。

续表

国别	独角兽公司	新兴科技公司
罗马尼亚	UiPath eMag	Elefant. ro
克罗地亚	Infobip	Bellabeat Qualia Rimac Nanobit
捷克	Avast	Twisto Liftago
拉脱维亚	—	Lokalise Mintos Sonarworks
立陶宛	Vinted	CityBee Tesonet
保加利亚	—	Remix Gtmhub OfficeRnD
斯洛文尼亚	—	Geneplanet Eligma Sinergise
斯洛伐克	—	Sli. do Photoneo Minit CloudTalk
爱沙尼亚	Bolt	—

注：1. 表中收录的独角兽公司是指自 1990 年以来成立、估值超 10 亿美元的公司，其中包括上市之后市值跌破 10 亿美元的公司。2. 表中收录的新兴科技公司是指自 2000 年以来成立总融资最低为 100 万欧元及自 2015 年以来成立的最大估值为 8 亿欧元的未收购、未上市的初创企业。3. “—” 表示暂无信息。

资料来源：麦肯锡。

二、中东欧地区新兴科技公司的业务领域

若将中东欧地区信息通信技术领域的传统企业和独角兽公司、新兴科技公司整合在一起进行考察，可发现它们的业务领域非常广，从游戏工作室到网络安全软件，从金融科技到互联网教育和健康（见信息专题 3）。特别是游戏、网络安全软件和金融科技领域的公司已经在全球市场崭露头角。例如，来自波兰的 CD

Projekt Red 公司已经成为欧洲最大的游戏工作室。在网络安全软件领域，来自中东欧地区的 3 家顶级供应商 Avast（总部位于捷克）、ESET 斯洛伐克和 ESET 罗马尼亚拥有超过 10 亿的全球用户，相当于整个中东欧地区人口规模的 10 倍。来自波罗的海地区的立陶宛目前拥有 200 多家金融科技公司，是欧盟最大的金融科技中心之一，这对于一个仅有 300 万居民的国家来说，数量相当之大。然而，立陶宛能够成为欧盟的金融科技中心并非一朝一夕之功，这主要归功于立陶宛央行实施的一系列激励措施，包括通过简化许可流程和自动化监管程序为新公司进入立陶宛市场提供便利等。此外，来自立陶宛本地的一些科技金融机构和组织，例如 ROCKIT、Fintech Hub LT、FINTECH Lithuania 和 Blockchain Centre Vilnius 同样为创造良好的金融科技环境作出了巨大的贡献。①

信息专题 3　活跃在各个领域的中东欧独角兽和新兴科技公司一览②

一、金融科技

（一）波兰

Blue Media 是一家在电子支付领域拥有 20 年创新服务开发经验的波兰公司。目前有超过 600 万客户在使用由 Blue Media 系统生成的在线电子发票。该公司每年处理 300 万笔付款，总计超过 2.7 亿兹罗提。在波兰超过 100 多家银行使用 Blue Media 旗下的 BlueCash 支付系统（即时转账系统），每月处理超过 20 万笔的转账业务。

（二）拉脱维亚

来自拉脱维亚的 Creamfinance 公司为全球客户提供“一键式”贷款服务。Creamfinance 公司开发的内部评分技术在信用评分的速度和准确性方面位居全球前三名。

（三）立陶宛

FinBee Verslui 是立陶宛第一个也是最活跃的众筹平台，它服务于成千上万的个体和投资机构以及中小企业。FinBee Verslui 也是第一个实施由立陶宛政府支持机构 INVEGA 设立的“中小企业支持机制”（SME Support Mechanism）的公司，其经营活动受到立陶宛央行的监管。

FinBee 是一个 P2P 借贷平台，自 2015 年以来一直为立陶宛和捷克的个人和公司提供服务。该公司的主要业务是为无法从银行进行融资的小微企业与希望提供贷款并以此获得丰厚回报的投资者们提供关联的互惠平台。

① 更多信息请参考：McKinsey&Company. Digital Challengers in the next Normal. October 2020。

② 更多信息请参考：McKinsey&Company. Digital Challengers in the next Normal. October 2020。

二、互联网健康

（一）罗马尼亚

Regina Maria Health Network 是罗马尼亚第二大私人医疗服务机构。该机构与微软罗马尼亚公司共同开发了一个在线医疗咨询平台，以确保在疫情期间病人能够通过虚拟诊所平台继续获得所需的医疗服务。Regina Maria 在线医疗咨询平台拥有超过 100 名专业医生，涵盖内科、消化内科、耳鼻喉科、内分泌科、儿科、皮肤科等专业范围。[①]

Medlife 成立于 1996 年，是罗马尼亚最大的私人医疗机构。该机构包括 13 家多学科诊所、10 家单一学科中心、8 家医学实验室、6 家多学科和单一学科医院、3 家妇产医院和 11 家药店；拥有一支超过 3000 名员工的团队，其中 1300 名是医疗专业人员。[②] Medlive 是 Medlife 推出的在线医疗咨询平台。通过该平台，用户不仅有机会了解最新的健康信息，还可以直接与医生互动，及时获得准确专业的医疗咨询意见。[③]

（二）波兰

Infermedica 是一家波兰医疗技术公司，利用人工智能为初步诊断和患者管理开发相应的解决方案。2012 年 Infermedica 在弗罗茨瓦夫（Wrocław）成立，以 B2B 方式进行运营，主要服务于保险公司、医院、远程医疗和 IT 公司。公司的主要技术基于推荐引擎（Recommendation Engine），也就是在输入患者的症状和风险因素后，统计算法将利用已累积的知识库对患者数据进行处理，并计算出预先给定疾病的确诊概率。

DocPlanner 是将医生与患者进行匹配的一个平台。根据该平台提供的医生评分和其他患者意见，使用者可搜索适合的医生，通过这种方式，可大大节省医生的时间。

三、游戏工作室

（一）波兰

Chess&Checkers 成立于 2015 年，专为 Android 和 iOS 手机系统开发桌面游戏。目前，由该公司开发的国际象棋和跳棋游戏已经被下载超过 7000 万次。

---

① 更多信息请参考：https：//www. reginamaria. ro/stiri/regina - maria - health - network - launches - virtual - clinic - platform - online - consultations。

② 更多信息请参考：https：//www. medlifeinternational. com/public _ files/documente _ bursa/30ian2020 _ raport _ csr _ engleza. pdf。

③ 中欧陆家嘴国际金融研究院、中东欧经济研究所，《中东欧视界》，2020（4）。

Reality Games 是一家基于实时大数据开发手机游戏的游戏工作室。2015 年，Reality Games 推出了第一款名为“Landlord Real Estate Tycoon”的游戏，目前该游戏拥有超过 1200 万名玩家。Reality Games 的主要目标是为游戏产业的不同领域增加价值：对于玩家来说，该公司开发了富有吸引力和娱乐性的游戏；对于开发者来说，它不仅提供游戏引擎服务，还作为聚合器为不同来源的应用程序界面（APIs）提供服务。

Huuuge Games 于 2014 年发行了其第一款游戏。从那时起，该公司就开始专注于开发实时、易于操作的手机社交游戏。该公司最著名的游戏是“Millionaire Casino”，这款游戏推动了 Huuuge Games 公司在 2017 年快速增长。目前，Huuuge Games 拥有 600 多名员工、150 万日活跃用户和 1.5 亿用户连接。

Ten Square Games 是波兰最大的手机游戏开发公司之一。该公司于 2011 年在弗罗茨瓦夫成立，目前正针对社交网络尝试独特的 3D 游戏理念。如今，Ten Square Games 已迅速发展成为一家拥有近 250 名员工的公司，发行了 200 款不同的游戏，拥有 2100 万活跃玩家。该公司开发的最受欢迎的游戏是“Fishing Clash”、“Wild Hunt”和“Let's Hunt”。

（二）斯洛文尼亚

Outfit7 是斯洛文尼亚的一家电子游戏开发商，是“Talking Tom and Friends”应用和媒体系列的开发商。该公司每月拥有多达 4.1 亿的活跃用户参与其 23 款游戏。

四、网络安全软件

（一）捷克

Avast 是一家总部设在布拉格的跨国网络安全软件研发公司，在 50 多个国家开展业务，利用 next - gen 技术对网络攻击进行实时对抗。该公司不断增长的专利组合集中在四个关键领域，包括恶意软件检测和拦截、人工智能和机器学习、物联网和定位技术。Avast 目前拥有超过 4.35 亿的月活跃用户，在全球反恶意软件应用程序市场中的份额位居第二。

（二）斯洛伐克

ESET 总部位于斯洛伐克的布拉迪斯拉发（Bratislava），是一家提供防病毒和防火墙产品的互联网安全公司。目前该公司已发展成为一个全球品牌，在 200 多个国家和地区拥有 1.1 亿用户。30 年来，ESET 一直致力于为全球企业和消费者开发行业领先的 IT 安全软件和服务。

（三）罗马尼亚

Bitdefender 成立于 2012 年，是一家专注于网络安全和杀毒软件研发的公司。该公司开发和销售杀毒软件、互联网安全软件、终端安全软件以及其他网络安全产品和服务。截至 2018 年，其软件在全球拥有约 5 亿用户，其办事处遍布世界各地，包括美国、英国和澳大利亚。

（四）立陶宛

FIMA 是一家系统集成商，专为波罗的海地区的企业设计智能工程系统和定制解决方案，包括安全、自动化和电信系统等。FIMA 总部位于维尔纽斯，在拉脱维亚和波兰均设有子公司。目前，该公司拥有 500 多名员工，实施了超过 15000 个项目。

五、数字教育

（一）波兰

Brainly 成立于 2009 年，是中东欧地区教育科技领域发展最快的互联网企业之一。该公司为学生开发了教育问答类社交网站，通过该平台学生可以加强在数学、科学、历史等方面的技能。Brainly 每月有 2 亿独立用户，拥有来自 35 个不同国家的 130 多名员工，已经为用户解答了 5000 多万个问题。

Skriware 为学校和家庭提供实用的教育解决方案。该公司提供高质量、价格实惠的，带有 WiFi 连接、触摸屏和磁性可移动操作平台的 3D 打印机。Skriware 还运营着一个可连接不同领域专家和日常用户的名为“Skrimarket”的平台，这使得那些即便没有太多操作经验的人也可以探索 3D 打印。

NovaKid 是一个早期的英语学习平台，让世界各地的孩子通过与英语教师远程练习来学习英语。它还提供人工智能驱动的游戏和培训应用程序，可以进一步提高英语口语和英语理解能力。

（二）匈牙利

CodeBerry 成立于 2016 年，是一个提供 20 种编程语言课程的在线编程学习平台。在按月支付费用以后，用户就可以学习相应的课程。

（三）罗马尼亚

Kinderpedia 是为学校和幼儿园提供在线交流和管理解决方案的一家互联网公司，其主要服务包括免费远程视频教学，每日出勤记录，成绩单和报告，安全、个性化的文档共享，在一个统一的场所管理所有活动以及 20 多个互联网教育功能。

三、中东欧地区独角兽公司和新兴科技公司获得的风险投资规模

从目前来看，中东欧地区新兴科技公司积极发展的势头还有进一步扩大的趋势。麦肯锡2020年发布的调研报告显示，自2013年起，中东欧国家在新兴科技领域所获得的风险投资（Venture Capital，VC）便开始稳步上升，2018年一度升至8.19亿欧元，增幅高达128.13%。到2019年底，该地区的风险投资规模又创造了一个新的纪录，逼近15亿欧元（见图4－5）。

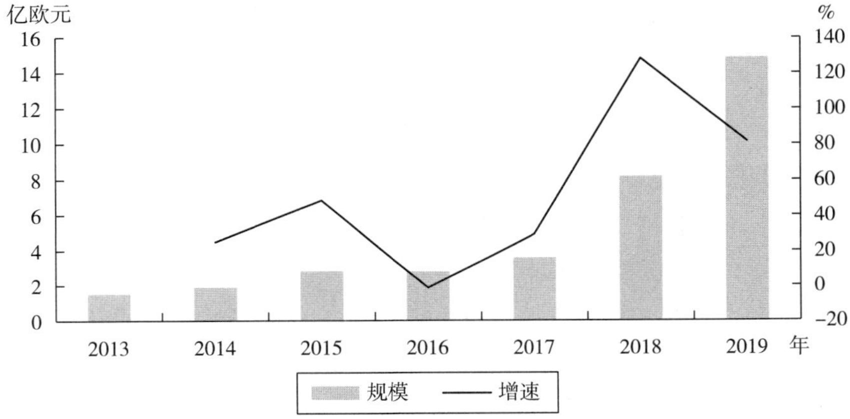

图4－5　2013—2019年中东欧地区新兴科技领域风险投资规模及增速

（资料来源：麦肯锡）

与数字经济发达地区和欧洲核心5国相比，虽然中东欧10国在数字领域的风险投资规模增速更快，然而其总投资规模以及累计人均风险投资规模均却不及上述两个地区。根据数据的可得性，我们同样对3组国家在2013—2019年的表现进行对比，发现欧洲核心5国在2019年获得的风险投资总规模达267亿欧元，而数字经济发达国和中东欧10国的总额分别占欧洲核心5国总额的27.7%和5.6%（见图4－6分图1）；若从累计人均风险投资规模来看，中东欧10国人均仅为35欧元，欧洲核心5国是其8.6倍，数字经济发达国则是其13.8倍（见图4－6分图2）。

特别值得一提的是，罗马尼亚是中东欧地区获得风险投资资金最多的国家，主要原因是该国的独角兽公司UiPath在近些年完成了多轮大规模融资。我们曾在《中东欧经济研究2019—2020》中做过介绍，UiPath是一家2005年成立于布加勒斯特的全球软件公司，在创立之初，UiPath仅有一个10人的工作团队，主要业务是创建自动化脚本；2012年公司业务开始转向机器人流程自动化（Robotic Process Automation，RPA）；2015年UiPath发布了企业自动化平台并获得了种子

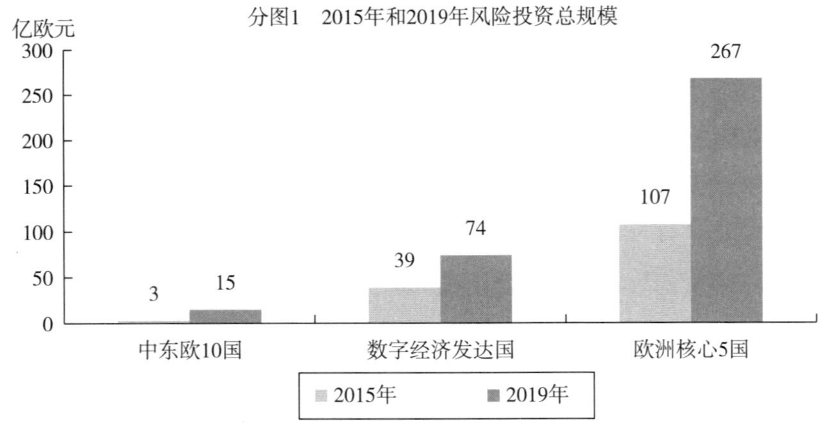

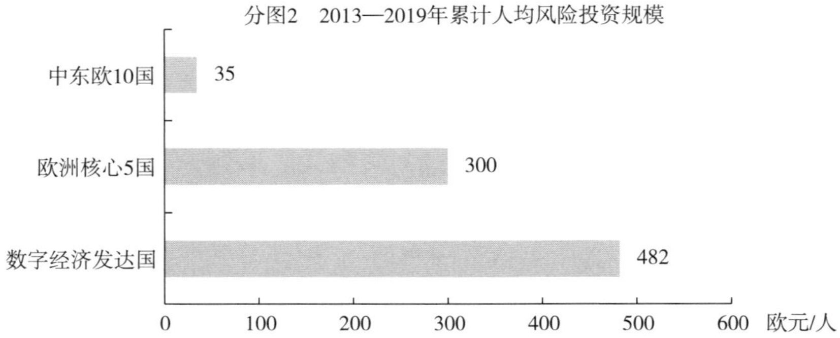

图4－6　中东欧10国、数字经济发达国和欧洲核心5国的风险投资规模以及累计人均风险投资规模对比

（资料来源：麦肯锡）

轮融资，包括 Earlybird、Credo Ventures 和 Seedcamp 的投资，此后便开启了全球扩张进程；2016 年 UiPath 分别在纽约、伦敦、班加罗尔设立新办事处，业务遍布亚洲、欧洲和美国，拥有 250 家企业客户；在 2017 年、2018 年、2019 年和 2020 年公司分别完成 A 轮（Accel）、B 轮、C 轮、D 轮和 E 轮（融资额为 2.25 亿美元，约 1.9 亿欧元）融资，是唯一一家入选 2020 年福布斯 AI50 强的 RPA 供应商。① 2021 年 2 月 1 日，UiPath 宣布再次获得 F 轮融资（融资额为 7.5 亿美元，约 6.3 亿欧元），使其估值高达 350 亿美元（约 294 亿欧元），融资总额近 20 亿美元（约 16 亿欧元），成为中东欧地区数字领域的标杆企业。

为了能够继续维持"新常态下"中东欧地区新兴科技公司活跃的生态系统，中东欧各国或主要城市的政府机构在未来还可更加积极地为掌握云计算、大数据、人工智能、区块链等革命性数字技术的初创企业提供全方位支持，例如为公

① 更多信息请参考 UiPath 官网：https：//www.uipath.com.cn/company/about－us/。

司提供落脚之地、为公司员工前来工作大开方便之门等。对此，德国柏林便提供了很好的经验借鉴。首先，柏林由于地理位置优越，可以吸引来自欧盟各国的多样化人才，《德国创业观察》（*German Startup Monitor*）表示，柏林地区约 30% 的初创企业员工来自德国以外。其次，柏林非常重视本地创业型人才的培养。据统计，柏林目前有 3 所大学提供了创业课程，并且德国联邦经济事务和能源部（Federal Ministry for Economic Affairs and Energy，BMWi）还制定了名为“EXIST”的创业资助计划，为进一步支持高等教育的创业环境提供资金、指导和相应的基本设备。正如前文所提到，融资同样是初创公司顺利成长的关键因素。目前来看，中东欧国家还可借鉴英国政府推出的支持政策，例如企业投资计划（Enterprise Investment Scheme，EIS）和种子企业投资计划（Seed Enterprise Investment Scheme，SEIS）通过所得税减免和再投资资本收益的免税来帮助新兴高风险企业筹集资金。[①]

① 更多信息请参考：McKinsey&Company. Digital Challengers in the next Normal. October 2020。

第三篇

中欧合作框架下的“17+1合作”

第五章　中国与中东欧17国合作近况

第一节　“17 +1 合作”发展趋势

“17 +1 合作”机制是中欧合作大背景下的跨区域合作平台，已成为加强中国同中东欧国家政治对话、提升中国与中东欧国家合作关系的重要纽带，是具有重要影响的跨区域合作机制。在各方共同努力下，“17 +1 合作”框架下已建立领导人会晤机制以及政策协调、经贸、文化、教育、农业、交通、旅游、科技、卫生、智库、地方、青年等各领域合作平台，取得丰硕成果，受到中国和中东欧国家民众欢迎和广泛关注。

尽管2020年新冠肺炎疫情对全球经济造成了巨大的冲击，中国—中东欧国家合作却表现出一定的韧性，主要表现在以下三个方面。

一是双方贸易稳步发展。中国商务部发布的数据显示，2020年中国与中东欧国家贸易额达到1034.5亿美元，首次突破千亿美元，增长8.4%；自2012年中国—中东欧国家合作机制成立以来，中国同中东欧国家贸易额增长近85%，年均增速为8%。与此同时，中欧班列在近年来同样得到快速发展，中国和中东欧国家之间互联互通更加优化。中欧班列全年开行1.24万列，增长50%，首次突破“万列”大关。虽然全球贸易受疫情冲击较大，然而中欧班列在2020年发送113.5万标准箱，同比增长56%，综合重箱率达到98.4%，实现了逆势增长。波兰、匈牙利、捷克、立陶宛、斯洛伐克等中东欧国家已成为中欧班列的重要通道和目的地。中国与中东欧国家经贸合作展现出蓬勃活力和强大韧性。

二是相互投资不断扩大。据中国商务部统计，截至2020年底，中国累计对中东欧国家全行业直接投资31.4亿美元，涉及机械、化工、通信、物流商贸、新能源、金融、农业等诸多领域；中东欧17国对中国的直接投资存量为17.2亿美元，涉及机械制造、汽车零部件、化工、金融、环保等多个领域，相互投资领域更加多元化。值得一提的是，2020 年中国对匈牙利投资逆势上扬，全年总计 10 个中资项目落地，投资额约 6.64 亿欧元，中国首次成为匈牙利第一大外资来源国。截至 2020 年底，中国对匈牙利累计投资逾 55 亿美元，占对中东欧总投资的一半，创造 2.3 万个就业岗位，匈牙利继续保持我国在中东欧第一大投资目的国的地位。

三是基础设施建设合作亮点纷呈。中国—中东欧国家合作机制建立以来，中国企业在中东欧国家参与兴建了一大批与当地民生息息相关的基础设施工程项目，创造了显著的经济效益，也体现了社会效益和生态效益。由华电集团建设的罗马尼亚罗维纳里燃煤发电站项目，建成后在保留 3000 个工作岗位的基础上，又新增 1800 个工作岗位；首批使用“中国—中东欧国家合作 100 亿美元专项贷款”的大型基建项目波黑斯坦纳里火电站，让巴尔干小城重获生机。2020 年，中国葛洲坝集团与波黑签署达巴尔水电站项目合同；中国电建旗下公司和波兰合作方组成联营体签署波兰铁路修复合同；中国路桥工程有限责任公司与塞尔维亚政府签署“诺维萨德—鲁马”快速路项目。2021 年 2 月，由中国—中东欧基金（SINO - CEE Fund）投资收购的波兰 51.5MWp 光伏电站项目，首批 4 个项目（4MWp）正式竣工并网发电，其余 47.5MWp 将在未来 3 ~ 4 个月内全部完工并网，总发电量预计为每年 50GWh，可满足波兰 9000 余户家庭的用电需求，每年可减少近 5 万吨二氧化碳排放，有效缓解波兰减排能源政策的序时压力，支持欧盟实现其可再生能源的发展目标。与此同时，一大批在建重点项目快速推进，匈塞铁路、匈牙利考波什堡光伏电站、波黑泛欧 5C 走廊高速公路等项目取得重要进展。

当前，中国与中东欧国家都处在经济发展的关键阶段，继续深化双方经贸合作、发挥互补优势，不仅有利于中国与中东欧国家实现互利共赢、共同发展，也对加快欧洲一体化进程，推动中欧合作向更深层次发展具有重要意义。本节对 2019 年 4 月至 2021 年 4 月期间的一些具有代表性的成果进行了梳理和汇总，形成成果清单，主要涵盖政策沟通、互联互通、经贸、金融、人文五大类。

一、搭建政策沟通平台①

1. 2019 年 4 月，第二十一次中国—欧盟领导人会晤、第八次中国—中东欧国家领导人会晤在克罗地亚举行。

2. 2019 年 6 月，中国—中东欧国家合作论坛在浙江宁波召开。

① 根据公开资料整理。

3. 2019 年 6 月，第五次中国—中东欧国家地方省州长联合会工作组会议在大连举行。

4. 2019 年 10 月，中国—中东欧国家首都市长论坛在地拉那举行。

5. 2019 年 11 月，第四届中国—中东欧国家卫生部长论坛在保加利亚成功举办。

6. 2020 年 5 月，中国—中东欧国家应对新冠肺炎疫情卫生部长特别视频会议成功举行。

7. 2021 年 2 月，第五次中国—中东欧国家地方领导人会议在辽宁沈阳以视频连线的方式举行。

8. 2021 年 2 月，习近平在北京以视频方式主持中国—中东欧国家领导人峰会。

二、提升互联互通水平①

1. 2019 年 3 月，中东欧电子商务港湾发展协会正式成立。

三、促进经贸务实合作②

1. 2019 年 4 月，“中国—罗马尼亚清洁能源领域项目对接会”在北京召开。

2. 2019 年 5 月，第四届中国—中东欧国家农业部长会议暨第十四届中国—中东欧国家农业经贸合作论坛在浙江杭州召开。

3. 2019 年 5 月，中国—中东欧纺织服装面料博览会在罗马尼亚举办。

4. 2019 年 5 月，2019 中国浙江—塞尔维亚经贸对接洽谈会成功举办。

5. 2019 年 6 月，中国品牌商品（中东欧）展在布达佩斯举行。

6. 2019 年 6 月，中国—中东欧国家博览会在浙江宁波成功举办。

7. 2019 年 7 月，第十次中欧中小企业政策对话会在北京召开。

8. 2019 年 8 月，第九届“成都数字娱乐文化周”暨中国—中东欧国家数字经济发展会议举行。

9. 2019 年 10 月，2019 中国—中东欧能源合作论坛在克罗地亚举办。

10. 2020 年 6 月，中东欧国际产业合作园在浙江余姚揭牌。

11. 2020 年 9 月，中东欧 17 +1 筑梦未来经贸合作论坛在宁波召开。

12. 2020 年 11 月，中国—中东欧中小企业线上对洽会在北京举行。

13. 2020 年 11 月，2020 中国—中东欧农业国际合作论坛在成都举行。

---

① 根据公开资料整理。

② 根据公开资料整理。

14. 2020 年 12 月，中国—中东欧国家常态化疫情防控专家信息交流视频会议成功举办。

15. 2020 年 12 月，中国—波兰暨中东欧国家经贸企业座谈会在银川举行。

四、完善金融合作框架①

1. 2019 年 8 月，中国—中东欧区块链卓越中心秘书处成立。

2. 2019 年 12 月，首届中国—中东欧国家（“17 +1” 合作）高级别金融科技论坛在立陶宛首都维尔纽斯举行。

3. 2019 年 12 月，中国—中东欧国家区块链峰会专家会议在斯洛伐克布拉迪斯拉发举行。

4. 2021 年 2 月，第三届中国—中东欧银联体理事会在北京以视频会议的方式举行。

五、拉紧人文交流纽带②

1. 2019 年 1 月，2018 中国—中东欧国家地方合作年闭幕式暨 2019 中国—中东欧国家教育、青年交流年开幕式在北京举行。

2. 2019 年 3 月，2019 中东欧高端外国专家对接会在绍兴成功举办。

3. 2019 年 4 月，第二届中国—中东欧国家文化遗产论坛在洛阳开幕。

4. 2019 年 5 月，“一带一路” 语言学院在浙江万里学院成立。

5. 2019 年 5 月，“中国—中东欧国家文化艺术嘉年华” 在北京举办。

6. 2019 年 5 月，第七届中国—中东欧国家教育政策对话在罗马尼亚蒂米什瓦拉举行。

7. 2019 年 7 月，第四届中东欧国家孔子学院夏令营在北京开营。

8. 2019 年 8 月，中国—中东欧国家 “教育发展与出版创新” 论坛在北京举行。

9. 2019 年 10 月，第四届中国—中东欧国家创新合作大会在塞尔维亚举行。

10. 2019 年 10 月，第六届中国（宁波）—中东欧国家教育合作交流会开幕式暨 “一带一路” 国家教育合作高峰论坛在宁波召开。

11. 2019 年 11 月，2019 中国—中东欧国家音乐周在成都启动。

12. 2019 年 12 月，第三届中国—中东欧国家大学生冰雪嘉年华在哈尔滨开幕。

---

① 根据公开资料整理。

② 根据公开资料整理。

13. 2020 年 8 月，中国—中东欧国家出版联盟“人文经典互译与文明互鉴”论坛开幕。

14. 2021 年 2 月，由国家电影局主办的“2021 年中东欧国家优秀影片播映活动”开幕。

第二节　贸易合作近况

一、近些年中国与中东欧 17 国的进出口贸易概况

正如前文提及，2020 年中国与中东欧 17 国的进出口贸易总额达 1034. 50 亿美元，首次突破千亿美元大关，同比增长 8. 38%。其中，中国对中东欧 17 国的出口总额为 759. 52 亿美元，同比增长 7. 53%；中国从中东欧 17 国的进口额为 274. 98 亿美元，同比增长 10. 78%。

2019 年，中国与中东欧 17 国的进出口贸易总额为 954. 52 亿美元，同比增长 6. 90%。其中，中国对中东欧 17 国的出口总额为 706. 31 亿美元，同比增长 7. 52%；中国从中东欧 17 国的进口额为 248. 21 亿美元，同比增长 5. 16%（见图 5 – 1和表 5 – 1）。

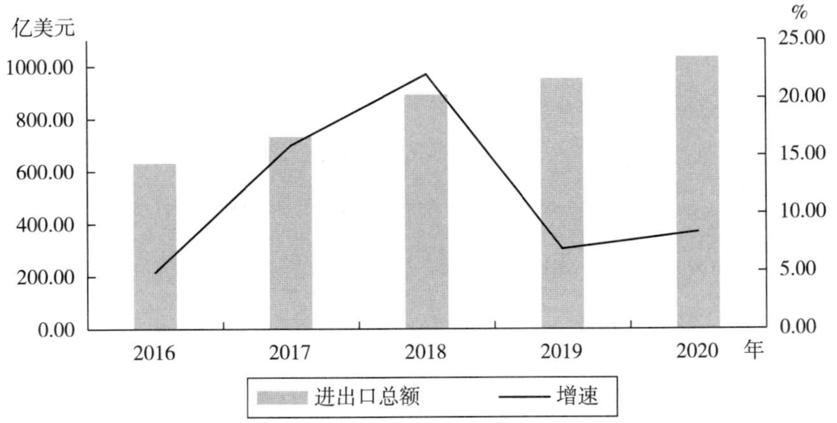

图 5 – 1　2016—2020 年中国与中东欧 17 国的商品贸易总额及增速

（资料来源：中华人民共和国海关总署）

表 5 – 1　　2016—2020 年中国与中东欧 17 国的商品贸易概况

年份	2016	2017	2018	2019	2020
进出口总额（亿美元）	631. 38	731. 60	892. 93	954. 52	1034. 50
同比（%）	4. 90	15. 87	22. 05	6. 90	8. 38

续表

年份	2016	2017	2018	2019	2020
出口总额（亿美元）	479.41	542.38	656.91	706.31	759.52
同比（%）	4.61	13.14	21.12	7.52	7.53
占比（%）	75.93	74.14	73.57	74.00	73.42
进口总额（亿美元）	151.97	189.22	236.02	248.21	274.98
同比（%）	5.83	24.51	24.73	5.16	10.78
占比（%）	24.07	25.86	26.43	26.00	26.58

资料来源：中华人民共和国海关总署。

如图 5－2 所示，中国与中东欧 17 国的贸易发展始终不平衡，主要是中国出口商品到中东欧 17 国。2020 年，中国的出口额占贸易总额的 73.42%，而中国从中东欧 17 国的进口额仅占贸易总额的 26.58%。2019 年，中国的出口额占贸易总额的 74.00%，中国从中东欧 17 国的进口额占贸易总额的 26.00%。尽管受到新冠肺炎疫情的影响，相比来看，2020 年中国从中东欧 17 国的进口额占贸易总额的比重较 2019 年有略微提升趋势，上浮了 0.58 个百分点。

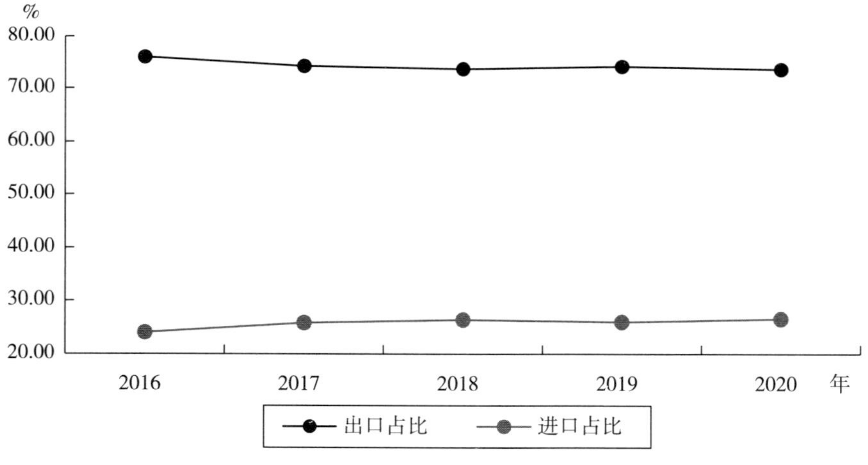

图 5－2　中国与中东欧 17 国贸易发展不平衡

（资料来源：中华人民共和国海关总署）

2020 年，中东欧 17 国与中国进出口贸易额前五大国家仍然是波兰、捷克、匈牙利、斯洛伐克和希腊（见图 5－3）；5 国贸易额之和占比达到 76.26%（见图 5－4），几乎与 2019 年持平（76.47%）。

其中，2020 年波兰、捷克、匈牙利和斯洛伐克四国与中国的贸易规模在 2019 年的基础上均有所扩大，仅希腊一国与中国的贸易规模在萎缩，从 2019 年的 84.64 亿美元下滑到 2020 年的 78.10 亿美元（见表 5－2）。

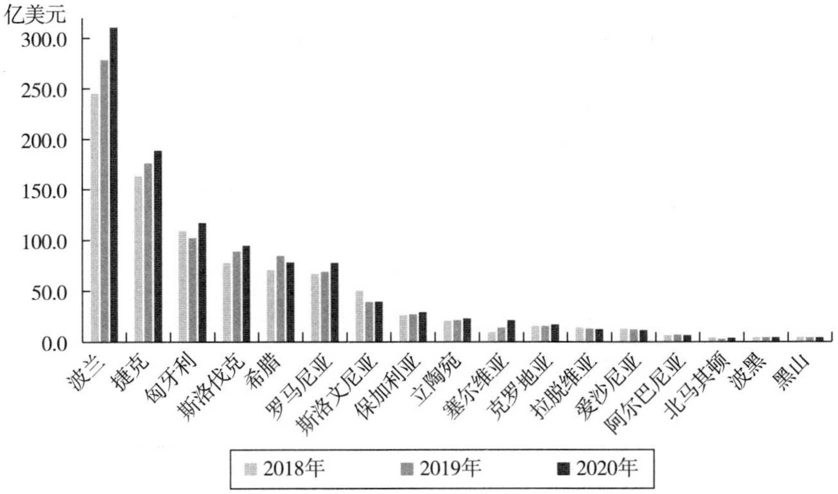

图 5－3　2018—2020 年中国与中东欧 17 国的商品贸易总额

（资料来源：中华人民共和国海关总署）

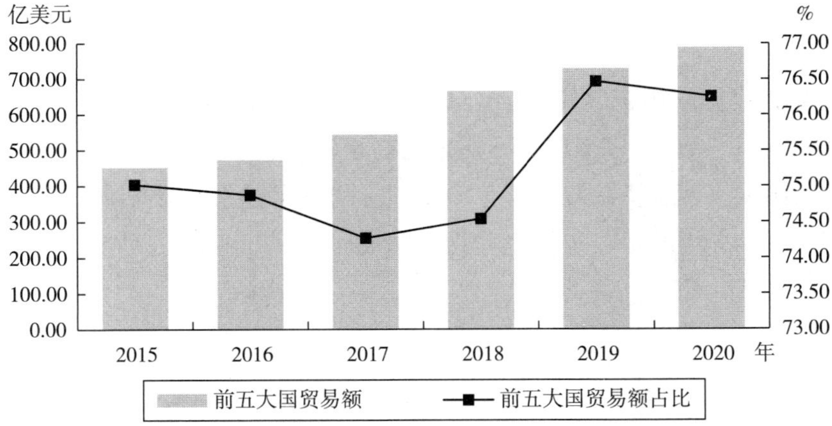

图 5－4　2015—2020 年中国与中东欧 17 国的商品贸易集中度

（资料来源：中华人民共和国海关总署）

表 5－2　　2016—2020 年中国与中东欧 17 国的商品贸易总额　　单位：亿美元

国别	2016 年	2017 年	2018 年	2019 年	2020 年
波兰	176. 26	212. 29	245. 24	278. 16	310. 56
捷克	110. 07	124. 89	163. 09	176. 01	188. 71
匈牙利	88. 85	101. 27	108. 83	102. 17	116. 87
斯洛伐克	52. 71	53. 15	77. 80	88. 92	94. 65
希腊	44. 84	51. 80	70. 64	84. 64	78. 10
罗马尼亚	48. 99	56. 02	66. 76	69. 00	77. 65

续表

国别	2016 年	2017 年	2018 年	2019 年	2020 年
斯洛文尼亚	27.06	33.83	50.16	39.28	39.61
保加利亚	16.44	21.38	25.88	27.18	29.17
立陶宛	14.54	18.56	20.93	21.35	22.95
塞尔维亚	5.94	7.57	9.53	13.93	21.22
克罗地亚	11.78	13.43	15.39	15.42	17.06
拉脱维亚	11.94	13.25	13.80	12.89	12.53
爱沙尼亚	11.75	12.67	12.77	12.21	11.45
阿尔巴尼亚	6.36	6.50	6.48	7.04	6.51
北马其顿	1.37	1.64	1.56	2.82	3.84
波黑	1.08	1.36	1.87	1.92	1.93
黑山	1.41	1.99	2.20	1.57	1.71
合计	631.38	731.61	892.94	954.52	1034.50

资料来源：中华人民共和国海关总署。

二、中国对中东欧国家的出口

2020 年，中国对中东欧 17 国出口前五大国仍然是波兰、捷克、匈牙利、希腊和罗马尼亚；与 2019 年相比，不同之处在于匈牙利替代希腊成为中国出口额排名第三位的国家（见图 5－5 和表 5－3）；中国对上述 5 国出口额之和占比达到 79.05%，较 2019 年的 78.77% 上浮了 0.28 个百分点，保持了连续五年稳定上升的趋势（见图 5－6）。

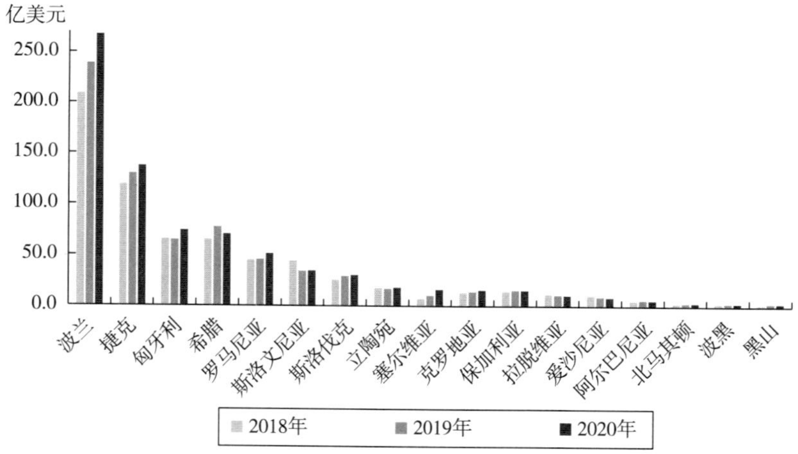

图 5－5　2018—2020 年中国对中东欧 17 国的商品贸易出口额

（资料来源：中华人民共和国海关总署）

表 5－3　　2016—2020 年中国对中东欧 17 国的商品贸易出口额　　单位：亿美元

国别	2016 年	2017 年	2018 年	2019 年	2020 年
波兰	150. 92	178. 76	208. 79	238. 75	267. 36
捷克	80. 59	87. 93	119. 10	129. 73	137. 39
匈牙利	54. 23	60. 50	65. 42	64. 72	74. 05
希腊	42. 01	47. 51	65. 00	77. 39	70. 36
罗马尼亚	34. 47	37. 78	45. 07	45. 75	51. 26
斯洛文尼亚	22. 69	28. 88	44. 25	34. 11	34. 52
斯洛伐克	28. 61	27. 30	25. 36	29. 24	30. 33
立陶宛	12. 91	16. 00	17. 63	16. 99	18. 08
塞尔维亚	4. 31	5. 46	7. 28	10. 33	16. 25
克罗地亚	10. 17	11. 60	13. 27	13. 96	15. 67
保加利亚	10. 55	11. 69	14. 40	15. 55	15. 47
拉脱维亚	10. 62	11. 48	11. 67	10. 93	10. 52
爱沙尼亚	9. 64	10. 07	10. 32	9. 22	8. 64
阿尔巴尼亚	5. 07	4. 54	5. 40	6. 01	5. 71
北马其顿	0. 90	0. 78	1. 08	1. 34	1. 57
波黑	0. 64	0. 79	1. 10	1. 15	1. 20
黑山	1. 09	1. 33	1. 78	1. 14	1. 13
总计	479. 41	542. 38	656. 91	706. 31	759. 52

资料来源：中华人民共和国海关总署。

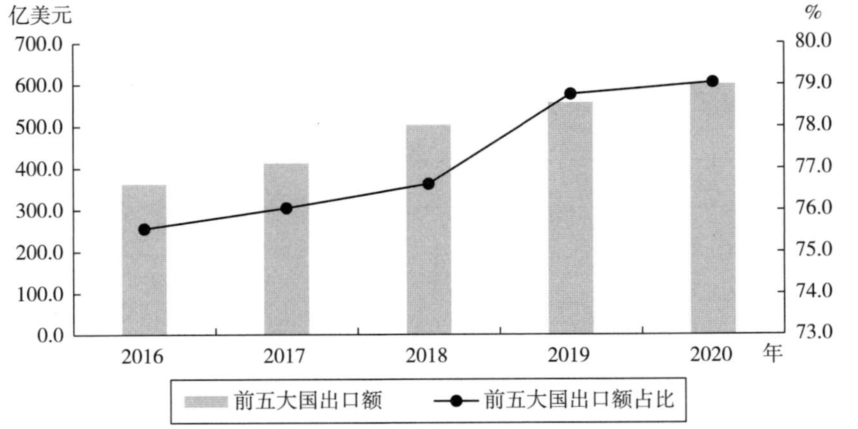

图 5－6　2016—2020 年中国对中东欧地区商品出口的集中度

（资料来源：中华人民共和国海关总署）

三、中国从中东欧国家的进口

2020 年，中国从中东欧 17 国进口前五大国是斯洛伐克、捷克、波兰、匈牙利和罗马尼亚（见图 5－7 和表 5－4），5 国之和占比为 82.93%，较 2019 年的 83.03% 略微下滑（见图 5－8）。

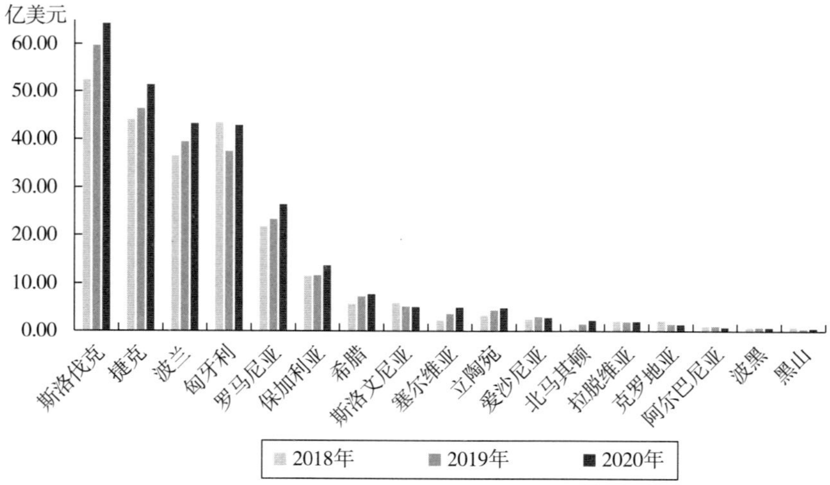

图 5－7　2018—2020 年中国自中东欧 17 国的商品贸易进口额

（资料来源：中华人民共和国海关总署）

表 5－4　　2016—2020 年中国自中东欧 17 国的商品贸易进口额　　单位：亿美元

国别	2016 年	2017 年	2018 年	2019 年	2020 年
斯洛伐克	24.10	25.85	52.44	59.68	64.31
捷克	29.48	36.95	43.99	46.28	51.33
波兰	25.34	33.53	36.45	39.41	43.20
匈牙利	34.62	40.77	43.42	37.45	42.82
罗马尼亚	14.52	18.24	21.69	23.26	26.38
保加利亚	5.88	9.69	11.48	11.64	13.69
希腊	2.83	4.29	5.64	7.25	7.73
斯洛文尼亚	4.37	4.95	5.91	5.16	5.09
塞尔维亚	1.63	2.12	2.25	3.60	4.98
立陶宛	1.64	2.55	3.30	4.37	4.88
爱沙尼亚	2.12	2.60	2.45	2.99	2.81
北马其顿	0.47	0.86	0.48	1.48	2.27
拉脱维亚	1.32	1.77	2.13	1.96	2.00

续表

国别	2016 年	2017 年	2018 年	2019 年	2020 年
克罗地亚	1.61	1.83	2.12	1.45	1.39
阿尔巴尼亚	1.29	1.97	1.08	1.03	0.80
波黑	0.44	0.57	0.77	0.77	0.73
黑山	0.33	0.66	0.42	0.43	0.57
总计	151.97	189.22	236.02	248.21	274.98

资料来源：中华人民共和国海关总署。

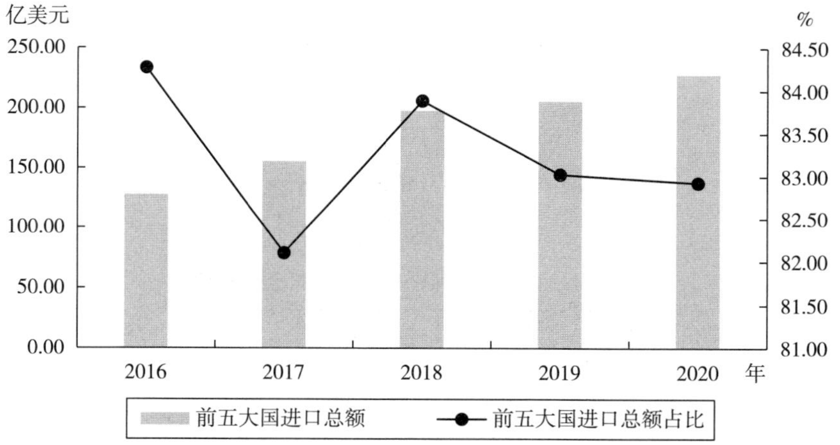

图 5－8 2016—2020 年中国自中东欧地区商品进口的集中度

（资料来源：中华人民共和国海关总署）

第三节 投资合作近况

一、中国对中东欧 17 国的直接投资

2013 年以来，中国与中东欧领导人会议先后通过《中国—中东欧国家合作布加勒斯特纲要》及《中国—中东欧国家合作贝尔格莱德纲要》，将投资作为双方合作的重要领域，推动中国对中东欧多个国家投资快速增长。据不完全统计，目前中国企业在中东欧国家的投资涉及机械、化工、通信、物流商贸、新能源、金融、农业等诸多领域，中东欧 17 国在华投资超过 15 亿美元，涉及机械制造、汽车零部件、化工、金融、环保等多个领域，相互投资领域更加多元化。

据中国商务部统计，截至 2019 年底，中国对中东欧 17 国的直接投资存量为

28.37 亿美元，规模较 2018 年有所扩大，然而增速却从 2018 年的 23.6% 下降至 2019 年的 12.88%，下降了 10.72 个百分点（见图 5－9 和表 5－5）。

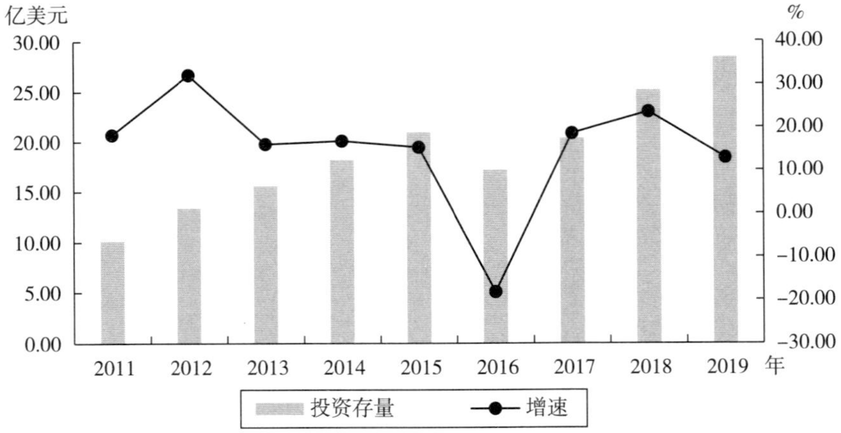

图 5－9　2011—2019 年中国对中东欧 17 国的直接投资存量及增速

（资料来源：中国商务部）

表 5－5　2015—2019 年中国对中东欧 17 国直接投资存量　　单位：亿美元

国别	2015 年	2016 年	2017 年	2018 年	2019 年
波兰	3.52	3.21	4.06	5.24	5.56
罗马尼亚	3.65	3.92	3.10	3.05	4.28
匈牙利	5.71	3.14	3.28	3.21	4.27
捷克	2.24	2.28	1.65	2.79	2.87
希腊	1.19	0.48	1.82	2.42	2.31
斯洛文尼亚	0.05	0.27	0.27	0.40	1.90
塞尔维亚	0.50	0.83	1.70	2.71	1.65
保加利亚	2.36	1.66	2.50	1.71	1.57
克罗地亚	0.12	0.12	0.39	0.69	0.98
黑山	0.00	0.04	0.39	0.63	0.85
斯洛伐克	1.28	0.83	0.83	0.99	0.83
爱沙尼亚	0.04	0.04	0.04	0.57	0.63
北马其顿	0.02	0.02	0.02	0.36	0.21
波黑	0.08	0.09	0.04	0.04	0.17
拉脱维亚	0.01	0.01	0.01	0.12	0.12
立陶宛	0.12	0.15	0.17	0.13	0.10
阿尔巴尼亚	0.07	0.07	0.05	0.06	0.07
总计	20.96	17.15	20.33	25.13	28.37

资料来源：中国商务部。

截至 2019 年底，中国对中东欧 17 国的直接投资，累计投资金额前五大国家依次为波兰、罗马尼亚、匈牙利、捷克和希腊，5 国之和为 19.3 亿美元，占中东欧 17 国的比重达到 68.03%（见图 5－10）。

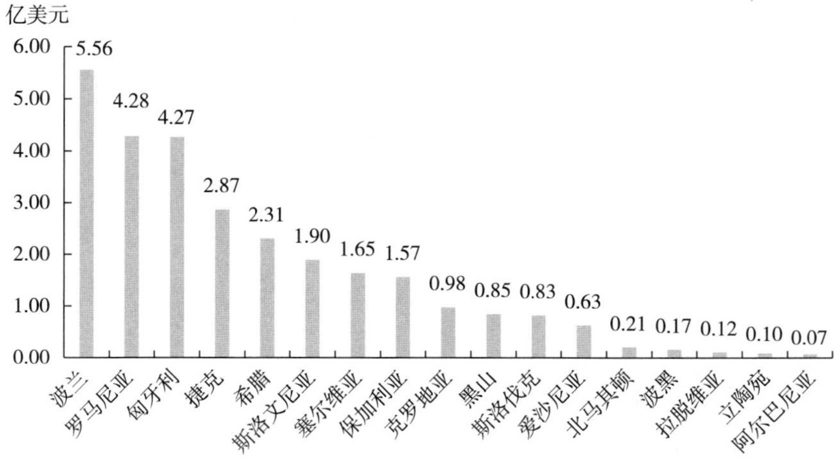

图 5－10　2019 年中国对中东欧 17 国直接投资存量

（资料来源：中国商务部）

近五年，中国对中东欧 17 国的年度直接投资流量波动较大。自 2017 年起，投资规模基本维持在 3 亿美元以上，2019 年达 4.56 亿美元，较 2018 年的投资流量规模有所萎缩（见图 5－11 和表 5－6）。

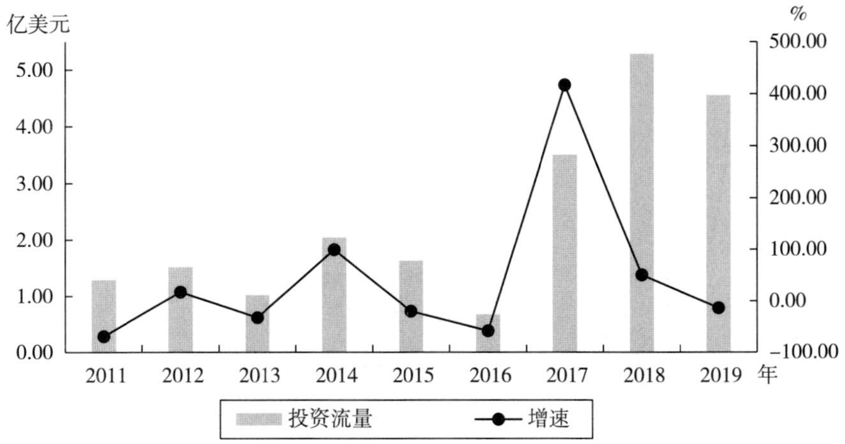

图 5－11　2011—2019 年中国对中东欧 17 国直接投资流量

（资料来源：中国商务部）

表 5－6　2015—2019 年中国对中东欧 17 国直接投资流量　单位：亿美元

国别	2015 年	2016 年	2017 年	2018 年	2019 年	总计
阿尔巴尼亚	—	0.0001	0.0021	0.02	0.01	0.03
波黑	0.02	0.01	—	—	0.12	0.15
保加利亚	0.59	－0.15	0.89	－0.02	0.02	1.34
克罗地亚	—	0.00	0.32	0.22	0.29	0.83
捷克	－0.17	0.02	0.73	1.13	0.61	2.31
匈牙利	0.23	0.57	0.66	0.95	1.23	3.64
拉脱维亚	0.005	—	0.001	0.11	—	0.11
北马其顿	－0.0001	—	—	—	—	－0.0001
波兰	0.25	－0.24	－0.04	1.18	1.12	2.26
罗马尼亚	0.63	0.16	0.16	0.02	0.84	1.81
塞尔维亚	0.08	0.31	0.79	1.53	0.34	3.05
斯洛伐克	—	—	0.01	0.15	－0.01	0.15
总计	1.63	0.68	3.51	5.29	4.56	

注："—"代表无数据。

资料来源：中国商务部。

二、中东欧 17 国对中国的直接投资

据中国商务部统计，截至 2019 年底，中东欧 17 国中有 13 个国家对中国有直接投资，累计投资总额为 15.65 亿美元（见图 5－13 和表 5－7）。其中，匈牙利、捷克、罗马尼亚、波兰、希腊仍然是中东欧 17 国中对中国的前五大投资国（见图 5－13），5 国对中国的投资存量总计达 12.56 亿美元，占同期中东欧地区 17 国

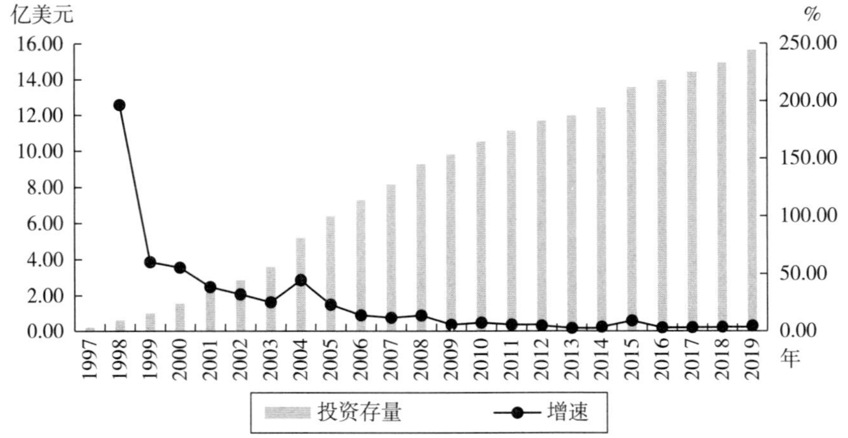

注：中东欧 17 国中有 13 国对中国有直接投资。

图 5－12　1997—2019 年中东欧 17 国对中国的直接投资存量

（资料来源：中国国家统计局）

对中国投资存量的 80.3%，较 2018 年的 82.55% 下滑了 2.25 个百分点。

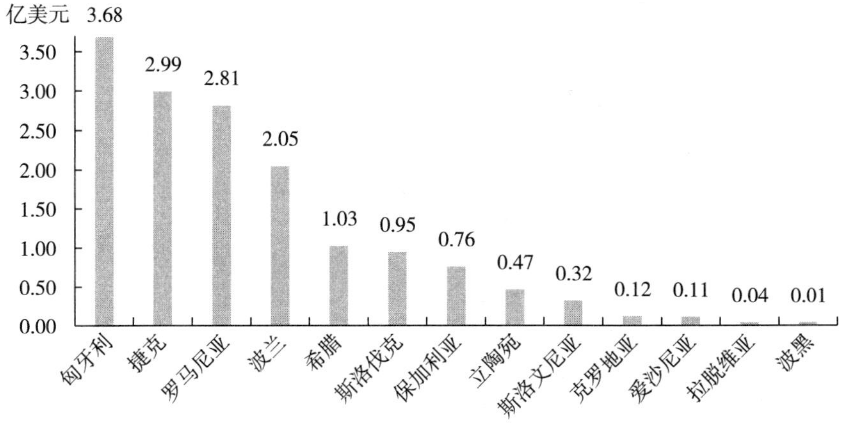

注：中东欧 17 国中有 13 国对中国有直接投资。

图 5－13　2019 年中东欧 17 国对中国的直接投资存量

（资料来源：中国国家统计局）

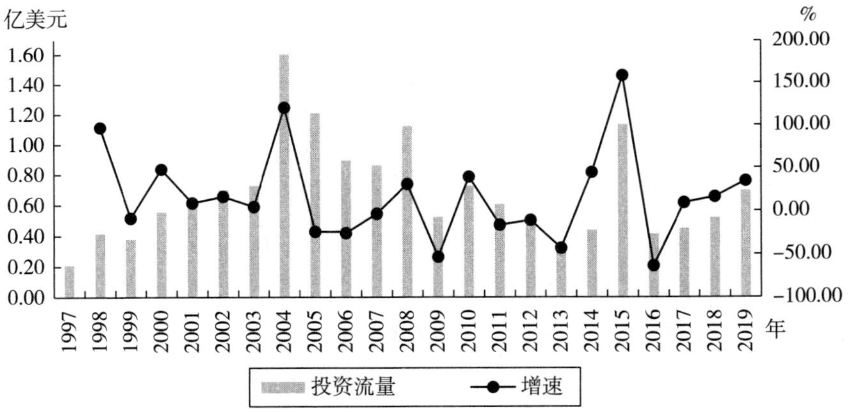

注：中东欧 17 国中有 13 国对中国有直接投资。

图 5－14　1997—2019 年中东欧 17 国对中国的直接投资总流量

（资料来源：中国国家统计局）

表 5－7　2010—2019 年中东欧 17 国对中国的直接投资流量　　单位：万美元

年份	匈牙利	捷克	罗马尼亚	波兰	希腊	斯洛伐克	保加利亚	立陶宛	斯洛文尼亚	克罗地亚	爱沙尼亚	拉脱维亚	波黑	总计
2010	2369	748	404	1243	451	32	1837	39	69	54	22	—	—	7268
2011	1309	732	517	701	215	486	1441	30	410	15	4	200	—	6060
2012	615	2071	456	357	140	429	747	—	269	289	9	—	—	5382

续表

年份	匈牙利	捷克	罗马尼亚	波兰	希腊	斯洛伐克	保加利亚	立陶宛	斯洛文尼亚	克罗地亚	爱沙尼亚	拉脱维亚	波黑	总计
2013	311	1099	135	155	158	845	165	8	86	21	—	—	0. 007	3053
2014	45	3371	21	219	147	360	219	—	6	2	8	2	—	4400
2015	317	1627	—	8277	7	1071	14	22	3	10	7	—	—	11355
2016	325	1148	204	585	9	66	133	1554	55	37	—	10	—	4126
2017	148	797	711	289	85	44	9	2372	37	—	—	—	—	4492
2018	131	421	272	247	126	2877	66	20	421	615	—	4	—	5200
2019	2189	167	396	1286	619	110	141	—	1160	—	816	100	—	6984
总计	7759	12181	3116	13359	1957	6320	4772	4045	2516	1043	866	316	70	

注：1. 中东欧 17 国中有 13 国对中国有直接投资。2. “—” 代表无数据。

资料来源：中国国家统计局。

第四节　金融合作近况

一、中资金融业与中东欧国家的合作近况①

2020—2021 年，中资金融业与中东欧国家的合作明显大幅增加。据不完全统计，2019 年只有 5 个合作项目，而 2021 年仅在 2 月，就有 22 个合作项目。2019 年的合作项目主要是贷款，而 2021 年 2 月，合作的方式更加多元化，除常规的贷款之外，还有证券的交易与结算、掉期和衍生品交易、人民币清算等合作项目。从合作的国别来看，匈牙利与中国签署的合作项目最多（2021 年 2 月共计 6 个），其次是塞尔维亚（2021 年 2 月共计 4 个），此外还包括希腊、北马其顿、保加利亚、克罗地亚、捷克、斯洛伐克等国。2019 年 4 月至 2021 年 2 月的具体合作项目如下。

1. 2019 年 4 月，国家开发银行与克罗地亚复兴银行签署《国家开发银行与克罗地亚复兴开发银行在“一带一路”倡议下 3 亿欧元金融合作协议》。

2. 2019 年 4 月，国家开发银行与匈牙利开发银行签署《国家开发银行与匈牙利开发银行签署 5 亿元人民币贷款协议》。

3. 2019 年 4 月，国家开发银行与罗马尼亚进出口银行签署《国家开发银行与罗马尼亚进出口银行签署 1 亿欧元金融合作协议》。

① 根据公开资料整理。

4. 2019 年 4 月，国家开发银行与塞尔维亚邮储银行签署《国家开发银行向塞尔维亚邮储银行提供 2500 万欧元贷款协议》。

5. 2019 年 4 月，国家开发银行与保加利亚发展银行签署《中国国家开发银行与保加利亚发展银行 3 亿欧元贷款协议》。

6. 2021 年 2 月，中国进出口银行与匈牙利财政部签署《中国进出口银行与匈牙利财政部关于匈塞铁路匈牙利肖罗克莎尔—克莱比奥段项目贷款协议》。

7. 2021 年 2 月，中国进出口银行与塞尔维亚财政部签署《中国进出口银行与塞尔维亚财政部关于匈塞铁路塞尔维亚诺维萨德—苏博蒂察边境（凯莱比亚）段项目贷款协议》。

8. 2021 年 2 月，中国进出口银行与保加利亚 Navigation Maritime Bulgare JSC 航运公司签署《中国进出口银行关于保加利亚 Navigation Maritime Bulgare JSC 航运公司购买 6 艘散货船项目贷款协议》。

9. 2021 年 2 月，中国进出口银行与希腊 Star Bulk、Angelicoussis 下属单船公司签署《中国进出口银行关于希腊 Star Bulk、Angelicoussis 下属单船公司购买共计 4 艘散货船贷款协议》。

10. 2021 年 2 月，中国银行匈牙利分行与匈牙利电力公司签署《中国银行匈牙利分行与匈牙利电力公司 3.5 亿欧元长期可循环贷款协议》。

11. 2021 年 2 月，中国国家开发银行与万华国际控股有限公司签署《中国国家开发银行与万华国际控股有限公司 1.5 亿欧元贷款协议》。

12. 2021 年 2 月，中国银行匈牙利分行与中机匈牙利光伏电站签署《中国银行匈牙利分行关于中机匈牙利光伏电站项目贷款协议》。

13. 2021 年 2 月，中国进出口银行与万华国际控股有限公司签署《中国进出口银行与万华国际控股有限公司流动资金贷款协议》。

14. 2021 年 2 月，中国进出口银行与北马其顿国家道路公司签署《中国进出口银行与北马其顿国家道路公司关于北马其顿基塞沃—奥赫里德高速公路追加项目贷款协议》。

15. 2021 年 2 月，中国进出口银行与中外运控股项目公司签署《中国进出口银行与中外运控股项目公司关于中外运收购 KLG 下属物流公司股权再融资项目贷款协议》。

16. 2021 年 2 月，中国进出口银行与塞尔维亚财政部签署《中国进出口银行与塞尔维亚财政部关于塞尔维亚 E763 高速公路普雷利纳—波热加段项目贷款协议》。

17. 2021 年 2 月，中国进出口银行与塞尔维亚财政部签署《中国进出口银行与塞尔维亚财政部关于塞尔维亚奥布雷诺瓦兹至贝尔格莱德新区供热管道建设项目贷款协议》。

18. 2021 年 2 月，中国进出口银行与黑海贸易与开发银行签署《中国进出口银行与黑海贸易与开发银行流动资金贷款协议》。

19. 2021 年 2 月，中国银行塞尔维亚有限公司与萨格勒布证券交易所签署《中国银行塞尔维亚有限公司与萨格勒布证券交易所合作备忘录》。

20. 2021 年 2 月，中国工商银行与捷克国家银行签署《中国工商银行与捷克国家银行关于中国工商银行代理债券交易与结算协议》。

21. 2021 年 2 月，中国银行匈牙利分行与匈牙利中央清算所签署《中国银行匈牙利分行与匈牙利中央清算所人民币结算服务协议》。

22. 2021 年 2 月，中国工商银行与匈牙利央行签署《中国工商银行与匈牙利央行关于国际掉期和衍生品交易协议及信用支持附件》。

23. 2021 年 2 月，中国工商银行与匈牙利 OTP 银行签署《中国工商银行与匈牙利 OTP 银行关于"一带一路"银行间常态化合作机制的备忘录》。

24. 2021 年 2 月，中国银行匈牙利分行与北马其顿交易所签署《中国银行匈牙利分行与北马其顿交易所合作备忘录》。

25. 2021 年 2 月，中国银行塞尔维亚有限公司与贝尔格莱德证券交易所签署《中国银行塞尔维亚有限公司与贝尔格莱德证券交易所合作备忘录》。

26. 2021 年 2 月，中国银行匈牙利分行与斯洛伐克布拉迪斯拉发交易所签署《中国银行匈牙利分行与斯洛伐克布拉迪斯拉发交易所合作备忘录》。

27. 2021 年 2 月，中国工商银行与希腊 Angelicoussis 集团签署《中国工商银行与希腊 Angelicoussis 集团 2 艘液化天然气运输光船租赁协议》。

二、货币互换协议

截至 2020 年 12 月底，中国人民银行仍然仅与中东欧地区的匈牙利、阿尔巴尼亚和塞尔维亚签署了双边本币互换协议，总金额为 200 亿元人民币，具体信息见表 5－8。

2013 年 9 月 9 日，中国人民银行与匈牙利中央银行签署了中匈双边本币互换协议，旨在加强双边金融合作，促进两国贸易和投资，共同维护地区金融稳定。互换规模为 100 亿元人民币/3750 亿匈牙利福林，有效期为三年，经双方同意可以展期。

2013 年 9 月 12 日，中国人民银行与阿尔巴尼亚银行签署了中阿双边本币互换协议，旨在加强双边金融合作，促进两国贸易和投资，共同维护地区金融稳定。互换规模为 20 亿元人民币/358 亿阿尔巴尼亚列克，有效期为三年，经双方同意可以展期。

2016 年 6 月 17 日，中国人民银行与塞尔维亚国家银行签署了双边本币互换协议，互换规模为 15 亿元人民币/270 亿塞尔维亚第纳尔，有效期为三年，经双方同意可以展期。互换协议的签署有利于便利双边贸易和投资，加强两国金融合作。

2016 年 9 月 12 日，中国人民银行与匈牙利中央银行续签了双边本币互换协议，旨在加强双边金融合作，便利两国贸易和投资，共同维护地区金融稳定。互换规模保持 100 亿元人民币/4160 亿匈牙利福林，有效期为三年，经双方同意可以展期。

2018 年 4 月 3 日，中国人民银行与阿尔巴尼亚中央银行续签了中阿双边本币互换协议，规模保持为 20 亿元人民币/342 亿阿尔巴尼亚列克，旨在便利双边贸易和投资，促进两国经济发展。互换协议有效期为三年，经双方同意可以展期。

2020 年 1 月 10 日，匈牙利国家银行宣布与中国人民银行续签了三年的双边福林—人民币货币互换协议，货币互换规模从此前的 100 亿元人民币增加至 200 亿元人民币。

表 5－8　　中国人民银行与中东欧 17 国货币当局双边本币互换一览表

国别	协议签署时间	互换规模	期限
匈牙利	2013 年 9 月 9 日 2016 年 9 月 12 日（续签） 2020 年 1 月（续签）	100 亿元人民币/3750 亿匈牙利福林 100 亿元人民币/4160 亿匈牙利福林（续签） 200 亿元人民币/9290 亿匈牙利福林（续签）	三年
阿尔巴尼亚	2013 年 9 月 12 日 2018 年 4 月 3 日（续签）	20 亿元人民币/358 亿阿尔巴尼亚列克 20 亿元人民币/342 亿阿尔巴尼亚列克	三年
塞尔维亚	2016 年 6 月 17 日	15 亿元人民币/270 亿塞尔维亚第纳尔	三年
总金额		200 亿元人民币	

注：数据截至 2020 年 12 月底。

资料来源：中国人民银行。

三、双方银行在对方国家设立银行分支机构情况

截至 2020 年底，中东欧 17 国的银行尚未在中国设立机构，中国工商银行、中国银行、中国建设银行和交通银行 4 家中资银行分别在波兰、捷克、塞尔维亚、匈牙利、罗马尼亚和希腊 6 个中东欧国家设立了 10 家分支机构。其中，波兰是中国在中东欧地区最大的贸易伙伴，匈牙利则是中国在中东欧地区投资最多的国家。上述 10 家分支机构设立日期和地点如下。

2012 年 3 月，中国工商银行全资子公司工银欧洲在波兰开设分行并进行经营活动的申请得到了波兰金融监管局的正式批准。

2012 年 6 月，中国银行（卢森堡）有限公司波兰分行开业。

2012 年 11 月，中国工商银行华沙分行开业。

2014 年 12 月，中国银行匈牙利分行在匈牙利首都布达佩斯正式对外营业，2015 年获准担任匈牙利人民币清算行。

2017 年 1 月，中国银行（塞尔维亚）有限公司开业，标志着塞尔维亚第一家中资银行成立。

2017 年 5 月，中国建设银行（欧洲）有限公司华沙分行开业。

2017 年 9 月，中国工商银行在捷克首都开设的布拉格分行开业。

2019 年 5 月 20 日，交通银行布拉格分行在捷克首都布拉格正式开业。

2019 年 11 月 11 日，中国工商银行希腊代表处正式获颁牌照。

2019 年 12 月 16 日，中国银行布加勒斯特分行在罗马尼亚首都布加勒斯特正式开业。

四、双边监管合作谅解备忘录和监管合作协议签订情况

截至 2020 年 12 月底，中国银保监会仍然仅与中东欧地区的波兰、匈牙利、捷克、立陶宛和塞尔维亚的监管机构签署了双边监管合作谅解备忘录（MOU）（见表 5 –9）。中国证监会仅与中东欧地区的罗马尼亚、立陶宛、波兰和希腊的证券（期货）监管机构签署了监管合作备忘录（见表 5 –10）。

表 5 –9　中国银保监会与中东欧 17 国监管机构签署的双边监管合作谅解备忘录和监管合作协议一览表

机构名称	国家	文件类型	生效时间
波兰共和国银行监督委员会	波兰	MOU	2005 年 2 月 27 日
波兰金融监管局			2017 年 6 月 9 日
匈牙利金融监督局	匈牙利	MOU	2005 年 11 月 14 日
匈牙利中央银行			2016 年 3 月 31 日
捷克中央银行	捷克	MOU	2010 年 1 月 5 日
立陶宛中央银行	立陶宛	MOU	2015 年 6 月 12 日

注：1. 数据截至 2020 年 12 月底。2. 2008 年 1 月，波兰金融监管局与波兰银行监管委员会合并，负责全面监管波兰的金融机构。3. 2013 年 10 月，匈牙利金融监管局银行监管职能并入匈牙利中央银行。

资料来源：中国银保监会。

表 5－10　中国证监会与中东欧 17 国证券（期货）监管机构签署的备忘录一览表

时间	境外机构	备忘录名称	签署地
2002 年 6 月 27 日	罗马尼亚国家证券委员会	证券期货监管合作谅解备忘录	北京
2013 年 9 月 13 日	立陶宛银行	证券期货监管合作谅解备忘录	维尔纽斯
2015 年 3 月 23 日	波兰金融监督管理局	证券期货监管合作谅解备忘录	华沙
2017 年 8 月 31 日	希腊证监会	证券期货及其他投资产品监管合作谅解备忘录	北京

注：数据截至 2020 年 12 月底。

资料来源：中国证监会。

第五节　产业合作近况

据不完全统计，目前中国企业在中东欧国家的投资超过 100 亿美元，主要以股权投资为主，涉及机械、化工、通信、物流商贸、新能源、农业等诸多领域；中东欧 17 国在华投资超过 15 亿美元，涉及机械制造、汽车零部件、化工、金融、环保等多个领域，相互投资领域更加多元化。

一、产业合作协定签署

表 5－11　2019 年 4 月至 2021 年 2 月中国与中东欧 17 国签署的产业合作协定一览表

时间	国家	文件名称
2019 年 4 月	北马其顿	《中华人民共和国农业农村部与北马其顿共和国农林水利部 2020—2022 年农业领域合作行动计划》
2019 年 4 月	阿尔巴尼亚	《中国国家广播电视总局与阿尔巴尼亚广播电视总台关于进一步加强广播电视合作的谅解备忘录》
2019 年 4 月	波黑	《中华人民共和国文化和旅游部与波斯尼亚和黑塞哥维那对外贸易和经济关系部关于中国旅游团队赴波斯尼亚和黑塞哥维那旅游实施方案的谅解备忘录》
2019 年 4 月	罗马尼亚	《中华人民共和国商务部与罗马尼亚营商环境、贸易和创业部关于设立贸易畅通工作组的谅解备忘录》
2019 年 4 月	拉脱维亚	《中华人民共和国宁波市政府和拉脱维亚共和国投资发展署关于共建中国（宁波）—拉脱维亚跨境电子商务港湾的谅解备忘录》
2019 年 4 月	斯洛文尼亚	《南京江宁高新技术产业开发区—斯洛文尼亚工程院共建国际科研转化中心框架协议》
2021 年 2 月	匈牙利	《中国—匈牙利共建“一带一路”优先合作项目清单》
2021 年 2 月	阿尔巴尼亚	《中华人民共和国商务部与阿尔巴尼亚共和国财政经济部关于建立投资合作工作组的谅解备忘录》

续表

时间	国家	文件名称
2021 年 2 月	捷克	《中华人民共和国商务部与捷克共和国工业和贸易部关于建立贸易促进合作工作组的谅解备忘录》
2021 年 2 月	匈牙利	《中华人民共和国商务部与匈牙利外交与对外经济部关于推动双边投资合作高质量发展的谅解备忘录》
2021 年 2 月	塞尔维亚	《中华人民共和国商务部与塞尔维亚共和国财政部关于建立投资合作工作组的谅解备忘录》
2021 年 2 月	塞尔维亚	《中华人民共和国政府和塞尔维亚共和国政府关于中华人民共和国海关总署企业信用管理制度与塞尔维亚共和国财政部海关署“经认证的经营者”制度互认的协定》
2021 年 2 月	保加利亚	《中华人民共和国教育部与保加利亚共和国教育与科学部 2020—2023 年教育合作协议》
2021 年 2 月	克罗地亚	《中华人民共和国教育部与克罗地亚共和国科学与教育部关于相互承认高等教育学历学位的谅解备忘录》
2021 年 2 月	匈牙利	《中华人民共和国教育部与匈牙利外交与对外经济部关于匈牙利政府奖学金项目 2020—2022 年教育合作谅解备忘录》
2021 年 2 月	罗马尼亚	《中华人民共和国教育部与罗马尼亚教育和研究部关于相互承认高等教育学历学位的协议》
2021 年 2 月	斯洛伐克	《中华人民共和国政府与斯洛伐克共和国政府关于相互承认高等教育学历学位的协议》
2021 年 2 月	拉脱维亚	《中国武术协会与拉脱维亚运动武术联合会、立陶宛武术联合会、爱沙尼亚武术功夫联合会合作开展武术推广普及工作的谅解备忘录》
2021 年 2 月	罗马尼亚	《中国奥林匹克委员会与罗马尼亚奥林匹克与体育委员会合作谅解备忘录》
2021 年 2 月	塞尔维亚	《中华人民共和国国家体育总局与塞尔维亚共和国青年和体育部体育领域合作谅解备忘录》
2021 年 2 月	北马其顿	《中华人民共和国科学技术部与北马其顿共和国教育与科学部关于联合资助研发合作项目的谅解备忘录》
2021 年 2 月	波黑	《中华人民共和国国家卫生健康委员会和波斯尼亚和黑塞哥维那民政部卫生和医学科学领域合作谅解备忘录》
2021 年 2 月	阿尔巴尼亚	《中华人民共和国海关总署和阿尔巴尼亚共和国农业和农村发展部关于输华蜂蜜的检验检疫和卫生要求议定书》
2021 年 2 月	阿尔巴尼亚	《中华人民共和国海关总署与阿尔巴尼亚共和国农业和农村发展部关于阿尔巴尼亚共和国输华乳品检验检疫要求议定书》
2021 年 2 月	保加利亚	《中华人民共和国海关总署与保加利亚共和国农业、食品和林业部关于保加利亚输华蜂蜜的检验检疫和卫生要求议定书》

续表

时间	国家	文件名称
2021 年 2 月	保加利亚	《中华人民共和国海关总署与保加利亚共和国农业、食品和林业部关于保加利亚玉米酒糟粕输华卫生与植物卫生要求议定书》
2021 年 2 月	保加利亚	《中华人民共和国海关总署与保加利亚共和国农业、食品和林业部关于保加利亚烟叶输往中国植物检疫要求议定书》
2021 年 2 月	捷克	《中华人民共和国海关总署与捷克共和国农业部关于捷克输华配合饲料的检疫和卫生要求议定书》
2021 年 2 月	立陶宛	《中华人民共和国海关总署与立陶宛共和国农业部及国家食品兽医管理局关于立陶宛输华野生海捕水产品的检验检疫和兽医卫生要求议定书》
2021 年 2 月	罗马尼亚	《中华人民共和国海关总署与罗马尼亚农业与农村发展部关于植物检疫合作谅解备忘录》
2021 年 2 月	塞尔维亚	《中华人民共和国海关总署和塞尔维亚共和国农业、林业和水利部关于塞尔维亚甜菜粕输华卫生与植物卫生要求议定书》
2021 年 2 月	塞尔维亚	《中华人民共和国海关总署和塞尔维亚共和国农业、林业和水利部关于塞尔维亚玉米输华植物检疫要求议定书》
2021 年 2 月	斯洛伐克	《中华人民共和国海关总署和斯洛伐克共和国兽医食品总局关于中国从斯洛伐克输入羊肉的检验检疫和兽医卫生要求议定书》
2021 年 2 月	保加利亚	《中华人民共和国文化和旅游部与保加利亚共和国文化部 2021—2024 年文化合作计划》
2021 年 2 月	匈牙利	《中华人民共和国文化和旅游部和匈牙利人力资源部 2020—2024 年文化合作计划》
2021 年 2 月	拉脱维亚	《中华人民共和国文化和旅游部与拉脱维亚共和国文化部 2021—2025 年文化合作计划》
2021 年 2 月	罗马尼亚	《中华人民共和国政府与罗马尼亚政府关于防止盗窃、盗掘和非法进出境文化财产的协定》
2021 年 2 月	罗马尼亚	《中国—罗马尼亚“一带一路”新闻交流合作协议》
2021 年 2 月	保加利亚	《中华人民共和国国家知识产权局与保加利亚共和国专利局合作谅解备忘录》
2021 年 2 月	匈牙利	《中华人民共和国国家知识产权局与匈牙利知识产权局谅解备忘录》
2021 年 2 月	保加利亚	《中华人民共和国天津农学院、天津市经济贸易学校与保加利亚共和国普罗夫迪夫农业大学共建保加利亚鲁班工坊合作协议》

资料来源：根据公开资料整理。

二、中国企业收购中东欧国家企业股权①

1. 普洛斯收购嘉民集团 240 万平方米中东欧物流资产

2020 年 3 月 13 日，普洛斯宣布，已与嘉民集团达成协议，收购其位于中东

① 根据公开资料整理。

欧的物流不动产资产。交易尚待监管机构批准。普洛斯披露，新收购资产位于波兰、捷克、斯洛伐克和匈牙利，资产达 240 万平方米。同时，本次收购的业务将带来一批新客户，并将更好地支持现有客户在波兰、捷克、斯洛伐克和匈牙利扩张欧洲供应链。

2. 中国—中东欧投资合作基金二期投资罗马尼亚 FARMAVET 公司

2021 年 2 月，中国—中东欧投资合作基金二期与罗马尼亚 FARMAVET 公司签署《中国—中东欧投资合作基金二期投资罗马尼亚 FARMAVET 公司 85% 股份生物科技项目协议》。

3. 中国—中东欧投资合作基金二期收购希腊 PAPERPACK 公司纸包装项目

2021 年 2 月，中国—中东欧投资合作基金二期与希腊 PAPERPACK 公司签署《中国—中东欧投资合作基金二期收购希腊 PAPERPACK 公司纸包装项目协议》。

三、中国企业在中东欧国家的直接投资项目

近两年，中国企业在中东欧国家的直接投资明显在加速增长。据不完全统计，2019 年有 4 个项目，2020 年有 5 个项目，而 2021 年截至 2 月底，已经签署的项目和协议就超过了 20 个（见表 5－12）。

表 5－12　2019 年 3 月至 2021 年 2 月中国与中东欧地区国家的主要产业合作项目（投资）

时间	项目名称	金额	概况
2019 年 3 月	塞尔维亚中国工业园项目	6800 万欧元	中国路桥与中交产投共同现金出资设立路桥产投，路桥产投拟注册于广州南沙自贸区内。其中，中国路桥拟现金出资 5780 万欧元，持有项目公司 85% 的股权，中交产投拟现金出资 1020 万欧元，持有项目公司 15% 的股权。路桥产投成立后，将与塞尔维亚方面共同出资设立项目开发公司，实施投资建设并运营塞尔维亚中国工业园项目
2019 年 4 月	塞尔维亚克鲁巴拉 B350MW 燃煤电站项目	—	《克鲁巴拉 B350MW 燃煤电站项目合作谅解备忘录》
2019 年 4 月	捷克中医中药水疗康复中心项目	20 亿捷克克朗	荣盛房地产发展有限公司与捷克帕索拉夫基公司签订《荣盛康旅（捷克）投资有限公司与捷克帕索拉夫基公司关于南摩拉维亚洲中医中药水疗康复中心项目协议》，按照协议约定，中医中药水疗康复中心占地约 334 亩，拟规划水疗康养中心、中医中药治疗中心、康复保健中心，预计建成面积超 6 万平方米，预计投资金额 20 亿捷克克朗，折合人民币约 5.68 亿元。项目拟整合中医、中药、养老、养生等产业资源，改变捷克当地医疗服务供应不足的现状

续表

时间	项目名称	金额	概况
2019 年 5 月	罗马尼亚核电项目	—	中国广核集团有限公司与罗马尼亚国家核电公司签署《关于切尔纳沃德核电厂 3、4 号机组成立合资公司的初步投资者协议》，标志着双方就该核电项目的合作迈出重要一步
2020 年 6 月	黑山普列夫利亚热电站一期生态改造项目	5400 万欧元	《东方电气与黑山国家电力公司关于黑山普列夫利亚热电站一期生态改造项目 EPC 总包合同》
2020 年 6 月	塞尔维亚伊维拉克—拉伊科瓦茨公路设计施工项目	1.5 亿欧元	《中国山东对外经济技术合作集团与塞尔维亚建设、交通和基础设施部，塞尔维亚道路公司关于洛兹尼察—瓦列沃—拉扎雷瓦茨公路伊维拉克—拉伊科瓦茨段设计施工商务合同》
2020 年 10 月	塞尔维亚道路公司诺维萨德—鲁马快速路项目设计及施工	—	《中国路桥与塞尔维亚道路公司关于诺维萨德—鲁马快速路项目设计及施工商务合同》
2020 年 11 月	拉脱维亚里加油漆涂料工厂项目	—	《中国—中东欧（沧州）中小企业合作区与拉脱维亚里加油漆涂料工厂以及瑞客矿物涂料（北京）有限公司开展战略合作备忘录》。本次备忘录合作签约达成四项共识：一是拉脱维亚里加油漆涂料工厂将在中东欧合作区设立分公司，积极参与中东欧商务中心项目的建设；二是工厂将积极推进把设在中东欧合作区的瑞客矿物漆分公司打造成其在沧州市及河北省的市场运营中心；三是工厂将以与中东欧合作区合作为基础，为教育、医疗等公益领域提供产品赞助与支持；四是瑞客矿物涂料（北京）有限公司作为拉脱维亚里加油漆涂料工厂中国总代理，将全权处理与中东欧合作区有关具体合作事宜
2020 年 12 月	波黑德荣拉 168.2MW 风电项目	2 亿美元	《中国电建集团与波黑全球绿色能源公司关于波黑德荣拉 168.2MW 风电项目 EPC 合同协议书》
2021 年 1 月	贝尔格莱德地铁项目	30 亿欧元	《中国电建集团与塞尔维亚政府、贝尔格莱德地铁公司、法国阿尔斯通公司等关于建设贝尔格莱德地铁项目合作谅解备忘录》
2021 年 1 月	塞尔维亚铁路项目	—	《中车集团、中国铁路国际与塞尔维亚建设、交通和基础设施部及塞尔维亚铁路公司关于轨道交通装备合作的谅解备忘录》
2021 年 1 月	匈牙利中欧商贸物流合作园区项目	—	《中欧商贸物流合作园区与中国（赣州）跨境电子商务综合试验区“双区联动”合作协议》

续表

时间	项目名称	金额	概况
2021 年 1 月	匈牙利中欧商贸物流合作园区项目	—	《中欧商贸物流合作园区与河南省机场集团有限公司关于空中丝绸之路中匈航空货运枢纽共建项目合作备忘录》
2021 年 2 月	塞尔维亚固体废物垃圾处理项目	—	《中国路桥工程有限责任公司与塞尔维亚建设、交通与基础设施部固体废物垃圾处理项目商务合同》
2021 年 2 月	贝尔格莱德绕城公路项目（C 段）项目	—	《中国电建与塞尔维亚建设、交通及基础设施部关于贝尔格莱德绕城公路项目（C 段）合作备忘录》
2021 年 2 月	贝尔格莱德市跨萨瓦河新桥项目	—	《中国电建集团与贝尔格莱德国土开发公共机构关于贝尔格莱德市跨萨瓦河新桥项目商务合同》
2021 年 2 月	贝尔格莱德—兹雷尼亚宁—诺维萨德高速公路建设项目	—	《中国山东对外经济技术合作集团与塞尔维亚建设、交通和基础设施部关于贝尔格莱德—兹雷尼亚宁—诺维萨德高速公路建设项目规划和技术编制谅解备忘录》
2021 年 2 月	塞尔维亚电信固网现代化改造二期项目	—	《华为公司与塞尔维亚电信公司关于塞尔维亚电信固网现代化改造二期项目建设合作协议》
2021 年 2 月	黑山巴尔—维尔布尼察铁路修复项目	—	《中国路桥与黑山交通与海事部关于黑山巴尔—维尔布尼察铁路修复项目谅解备忘录》
2021 年 2 月	北马其顿德米尔卡皮亚 34MW 风电项目	—	《中国电建与 Kaltun 北马其顿能源公司关于北马其顿德米尔卡皮亚 34MW 风电项目商务合同》
2021 年 2 月	匈牙利沃达丰 Spring 5G 项目	—	《华为公司与沃达丰匈牙利公司关于匈牙利沃达丰 Spring 5G 项目合作协议》
2021 年 2 月	阿尔巴尼亚沙拉河流域水电站项目	—	《葛洲坝集团与爱尔兰沙拉能源公司及阿尔巴尼亚 3Power 沙拉公司关于阿尔巴尼亚共和国沙拉河流域水电站框架合同》
2021 年 2 月	波黑达巴尔水电站项目	—	《葛洲坝集团与波黑达巴尔水电公司关于达巴尔水电站项目 EPC 合同》
2021 年 2 月	波黑伊沃维克 84MW 风电项目	—	《中国技术进出口集团有限公司、中国电建集团海外投资有限公司与波黑政府关于波黑伊沃维克 84MW 风电项目合作开发协议》
2021 年 2 月	希腊国家银行园区智慧网络项目	—	《华为公司与希腊国家银行关于希腊国家银行园区智慧网络项目协议》
2021 年 2 月	匈牙利企业和产品共享海南自贸港新机遇项目	—	《海南国际经济发展局与匈牙利工商会关于推动匈牙利企业和产品共享海南自贸港新机遇谅解备忘录》
2021 年 2 月	立陶宛出口和跨境电商项目	—	《上海大钱信息技术有限公司与立陶宛企业署关于立陶宛出口和跨境电商的合作框架协议》

续表

时间	项目名称	金额	概况
2021 年 2 月	北马其顿海关移动式集装箱/车辆检查系统供货项目	—	《同方威视技术股份有限公司与北马其顿海关关于移动式集装箱/车辆检查系统供货合同》
2021 年 2 月	中国—中东欧国家现代农业合作示范区项目	—	《天津食品集团有限公司和中国—中东欧国家农业合作促进联合会关于推动在中国天津建立中国—中东欧国家现代农业合作示范区的联合声明》
2021 年 2 月	斯洛伐克小多瑙河托波尼基段防洪项目	—	《葛洲坝集团与斯洛伐克 CEDIS 公司关于斯洛伐克小多瑙河托波尼基段防洪项目技术服务协议》
2021 年 2 月	波兰 51.5MWp 光伏电站项目	—	由中国—中东欧基金投资收购的波兰 51.5MWp 光伏电站项目，历经 1 年施工建设，首批 4 个项目（4MWp）已于 2 月 5 日正式竣工并网发电。其余 47.5MWp 将在未来 3~4 个月内全部完工并网，总发电量预计为每年 50GWh，可满足波兰 9000 余户家庭的用电需求，每年可减少近 5 万吨二氧化碳排放，有效缓解波兰减排能源政策的序时压力，支持欧盟实现其可再生能源的发展目标

注：“—”代表暂无信息。

资料来源：根据官方资料整理。

四、中东欧国家在中国的直接投资

1. 哈尔滨市老旧小区改造项目

2021 年 2 月，哈尔滨市人民政府与拉脱维亚里加油漆涂料工厂签署《哈尔滨市人民政府、拉脱维亚里加油漆涂料工厂关于引入拉脱维亚瑞客环保矿物漆参与哈尔滨市老旧小区改造的战略合作协议》。

2. 《中国—中东欧（沧州）中小企业合作区与拉脱维亚里加油漆涂料工厂以及瑞客矿物涂料（北京）有限公司开展战略合作备忘录》

本次备忘录合作签约达成四项共识：一是拉脱维亚里加油漆涂料工厂将在中东欧合作区设立分公司，积极参与中东欧商务中心项目的建设；二是工厂将积极推进把设在中东欧合作区的瑞客矿物漆分公司打造成其在沧州市及河北省的市场运营中心；三是工厂将以与中东欧合作区合作为基础，为教育、医疗等公益领域提供产品赞助与支持；四是瑞客矿物涂料（北京）有限公司作为拉脱维亚里加油漆涂料工厂中国总代理，将全权处理与中东欧合作区有关具体合作事宜。

3. 《苏州金螳螂建筑装饰股份公司、拉脱维亚里加油漆涂料工厂及瑞客矿物涂料（北京）有限公司战略合作框架协议》

2020 年 11 月，苏州和里加两市的企业签署了上述合作框架协议。里加油漆涂料工厂是拉脱维亚一家有着百年发展史的老牌企业，以绿色环保的矿物涂料享誉业界。经苏州市外办推荐，双方于 2020 年 9 月起开展合作。

4. 天津建立中国—中东欧国家现代农业合作示范区项目

2021 年 2 月，天津食品集团有限公司和中国—中东欧国家农业合作促进联合会签署《天津食品集团有限公司和中国—中东欧国家农业合作促进联合会关于推动在中国天津建立中国—中东欧国家现代农业合作示范区的联合声明》。

第六节　基础设施建设合作近况

基础设施建设领域的合作是中国与中东欧地区国家合作的最大亮点，双方在互利共赢的基础上，共同推进中东欧地区基础设施领域项目建设与合作，致力于把中东欧地区打造成中欧基础设施互联互通的重要通道和关键节点。

一、对外承包工程情况

截至 2019 年底，中国企业在中东欧国家基础设施领域工程建设承包额已累计超过 150 亿美元，多个项目已经顺利完工，包括波兰弗罗茨瓦夫城市防洪项目、塞尔维亚贝尔格莱德跨多瑙河大桥项目、塞尔维亚科斯托拉茨电站改造项目、波黑斯坦纳里火电站项目等。目前正在实施的塞尔维亚 E763 高速公路项目、北马其顿南北（米拉蒂诺维奇—斯蒂普）和东西（基塞沃—奥赫里德）高速公路项目、黑山南北高速公路项目、波兰输变电项目、波黑斯坦纳里火电站项目、中匈商贸物流园项目将进一步丰富中欧基础设施互联互通领域建设合作的内容，为全面推动波罗的海、亚得里亚海和黑海三海港区联通、港口产业聚集区建设及中欧陆海快线建设奠定基础。

中国在中东欧 17 国中的 14 个国家有承包工程。2011—2019 年，中国在中东欧地区的对外承包工程累计完成额前五大国分别为塞尔维亚、希腊、罗马尼亚、北马其顿和保加利亚，5 国工程累计完成额之和为 66. 37 亿美元，占 17 国工程累计完成额的比重为 79. 27%（见表 5 – 13）。

表 5 – 13　　2011—2019 年中国在中东欧地区的对外承包工程完成额　　单位：亿美元

国别	2011 年	2012 年	2013 年	2014 年	2015 年	2016 年	2017 年	2018 年	2019 年	总计
塞尔维亚	0. 51	1. 37	0. 80	2. 35	1. 98	1. 79	3. 69	3. 45	6. 17	22. 11
希腊	0. 55	0. 86	1. 80	0. 33	0. 76	2. 99	1. 60	1. 96	1. 81	12. 66
罗马尼亚	0. 54	2. 25	1. 87	1. 63	1. 48	1. 85	0. 93	0. 82	0. 70	12. 08
北马其顿	0. 00	—	0. 03	1. 65	3. 69	2. 10	1. 41	1. 08	1. 26	11. 21

续表

国别	2011 年	2012 年	2013 年	2014 年	2015 年	2016 年	2017 年	2018 年	2019 年	总计
保加利亚	0.23	0.60	2.07	2.09	0.85	0.78	0.40	0.50	0.80	8.31
捷克	0.38	0.49	0.47	0.46	0.78	0.57	0.60	0.57	0.59	4.91
波兰	0.34	0.06	0.35	1.30	0.50	0.58	0.10	0.63	0.55	4.40
匈牙利	0.56	0.48	0.33	0.37	0.47	0.39	0.34	0.39	0.27	3.59
克罗地亚	—	—	0.44	0.01	0.02	0.05	0.01	0.00	2.15	2.68
阿尔巴尼亚	0.23	0.01	0.01	0.06	—	0.09	0.02	0.03	0.25	0.68
黑山	—	—	—	0.04	0.31	—	—	—	—	0.35
斯洛文尼亚	—	0.00	0.00	0.01	0.02	0.07	0.08	0.06	0.03	0.27
斯洛伐克	0.09	0.07	—	—	—	—	0.02	0.02	0.05	0.24
拉脱维亚	—	0.00	0.12	0.05	0.04	—	—	0.01	0.00	0.22
总计	3.42	6.19	8.29	10.35	10.90	11.24	9.20	9.51	14.62	83.73

注：“—”代表无数据。

资料来源：中国国家统计局。

二、主要基础设施建设合作项目[①]

1. 波黑多博伊医院建设项目

2019 年 3 月，由山西建投国合公司和中国国际医药卫生有限公司联合体中标的波黑多博伊医院建设项目在波黑多博伊市举行合同签约和开工奠基仪式。多博伊医院项目总合同额约为 5300 万欧元，工期为 36 个月，项目内容包括设计、施工、医疗器械打包供应及培训各个环节。

2. 保加利亚瓦尔纳港口建设项目

2019 年 4 月 12 日，中国机械工程股份有限公司与保加利亚瓦尔纳中心物流港口公司（Logistic Center Varna EAD）就保加利亚瓦尔纳港口建设项目签署了合同。合同金额约为 1.20 亿欧元。根据合同，项目范围包括修建港口及配套设施。中国机械工程股份有限公司作为总承包商，负责项目设计优化、供货、土建施工、安装、培训、调试和质保等工作。项目开始建设后工期为 36 个月。该港口建设项目是中东欧在“一带一路”倡议下的又一个互联互通的基础设施建设项目。项目建成后，保加利亚港口的现代化水平和货物吞吐能力将得到大幅提升。

3. 贝尔格莱德绕城公路项目

2019 年 4 月，中国电力建设集团与塞尔维亚建设、交通和基础设施部签订《贝

---

① 根据公开资料整理。

尔格莱德绕城公路项目布班波多克至潘切沃段合作谅解备忘录3号补充协议》。

4. 21号国道诺维萨德—鲁马快速路建设项目

2019年4月，中国路桥工程有限公司与塞尔维亚交通部、塞尔维亚铁路公司签署《21号国道诺维萨德—鲁马快速路建设项目合作谅解备忘录》。

5. 贝尔格莱德—北马其顿边境铁路现代化升级改造项目

2019年4月，中国路桥工程有限公司与塞尔维亚交通部、塞尔维亚道路公司签署《贝尔格莱德—北马其顿边境铁路现代化升级改造项目总合同》。

6. 贝尔格莱德中国工业园开发项目

2019年4月，中国路桥工程有限公司与塞尔维亚创新和技术发展部签署《贝尔格莱德中国工业园开发协议》。

7. 克鲁巴拉 B350MW 燃煤电站项目

2019年4月，签署《克鲁巴拉 B350MW 燃煤电站项目合作谅解备忘录》。

8. 波兰 S14 罗兹西部绕城快速路设计与施工项目

2019年8月22日，中国电建市政公司签约波兰 S14 罗兹西部绕城快速路设计与施工项目。该项目是中国企业10年来首次在波兰获签的公路建设项目，这对中波两国基础建设合作意义重大。S14 罗兹西部绕城快速路位于波兰第三大城市——罗兹省省会罗兹市，工期为35个月。主要内容为设计并建造一条连接长约16公里的双向四车道快速路，包括道路排水系统、环保设备、道路照明、道路围栏、拆除工程、绿化种植与非道路相关基础设施等工作。项目建成后，罗兹市将成为波兰首个有完整绕城高速公路的城市，进一步巩固罗兹作为波兰物流交通枢纽城市的地位。

9. 罗马尼亚西北部扎勒乌市绕城路项目

2020年7月31日，中国电建罗马尼亚国别代表孙志明和罗马尼亚国家公路基础设施管理公司总经理玛丽安娜·约尼查在罗马尼亚西北部扎勒乌市作为双方代表签约绕城路建设项目。这是中国公司通过公开竞标在罗马尼亚承接的首个公路设计施工项目。

10. 塞尔维亚快速路项目

2020年10月6日，塞尔维亚政府与中国路桥工程有限责任公司在贝尔格莱德签署“诺维萨德—鲁马”快速路项目设计和建设商务合同。塞尔维亚总统武契奇出席签字仪式。

11. 塞尔维亚伊维拉克—拉伊科瓦茨段快速路项目

2020年6月10日，塞尔维亚副总理兼建设、交通和基础设施部部长米哈伊洛维奇同塞尔维亚道路公司、中国山东高速集团签署伊维拉克—拉伊科瓦茨段快速路及克鲁巴拉河道整治商务合同，金额达 1.58 亿欧元。

该条公路将使瓦列沃市及周边地区与 Milos Veliki 高速公路直接相连。该项目不可或缺的一部分是对克鲁巴拉河道的整治，这将有效解决这片地区洪水泛滥问题。

该路段总长 18.3 公里，设计时速最高为每小时 100 公里。计划于 2020 年6 月 17 日动工。路线上将有 25 处设施，2.5 公里的桥梁和一条回旋路。项目出资人为塞尔维亚政府，业主为塞尔维亚道路公司，工程由山东高速集团实施。

12. 贝尔格莱德地铁项目

2021 年 1 月 22 日，中国电力建设股份有限公司、法国阿尔斯通公司和埃吉斯公司与塞尔维亚政府、贝尔格莱德市政府共同签署《贝尔格莱德地铁建设谅解备忘录》。

贝尔格莱德地铁项目是塞尔维亚 2021 年最重要的基础设施项目之一，也是欧洲最大的基建项目之一。地铁建成后，贝尔格莱德市民将获得更高效、更便捷的交通方式，城市面貌也将彻底改善，实现几十年来的地铁梦想。

项目总投资在 44 亿欧元左右，施工工作将在 2021 年底展开。按照设计方案，贝尔格莱德地铁包含两条地铁线路，共 43 站。1 号线造价为 18 亿欧元，2 号线造价为 22 亿欧元。

预计，法国企业将负责机电、机车、车厢、轨道、供电部分，约占总造价的 30%，中方负责土木工程部分，约占总造价的 70%。巴黎和北京将以“非常优惠的条件”为双方企业提供地铁建设部分项目贷款。

中国电建将和阿尔斯通公司分工协作，推动贝尔格莱德地铁 1 号线于 2021 年内正式开工。

第六章　中国与中东欧17国、欧盟发达国家合作近况对比

第一节　贸易合作近况对比

一、中国与欧盟双边贸易发展趋势

2020年，受新冠肺炎疫情影响，世界经济陷入严重衰退，除中国以外的世界主要经济体GDP皆为负增长，全球贸易额大幅度下降。在如此严峻的国际经济环境下，中欧双边贸易仍取得了进出口双向正增长的好成绩，双边贸易进一步加强。

2020年，英国脱欧，导致从数据上看欧盟27国在中国对外贸易伙伴国排名中跌至第二位，居东盟之后。根据中国海关总署的数据，在剔除英国贸易数据的情况下，2020年中欧双边贸易总额为6495.2亿美元，较2019年增长4.9%，中国与欧盟的贸易额占中国对外贸易总额的13.9%。其中，中国对欧盟出口额为3909.8亿美元，同比增长6.7%；中国自欧盟进口额为2585.5亿美元，同比增长2.3%。

从大欧洲地区的角度看，也就是在考虑英国贸易数据的情况下，中国与原欧盟28国双边贸易总额再创新高，达到7419.0亿美元，同比增长5.2%。其中，中国对原欧盟28国出口4635.8亿美元，同比增长8.1%；中国自原欧盟28国进口2783.1亿美元，同比增长幅度较低，仅为0.6%，其主要原因是，2020年中国对英国进口规模大幅下滑17.4%（见图6－1）。

从贸易结构看，中国对欧盟出口产品结构进一步优化，继续从传统劳动密集型产品向高新技术产品延伸，其中，机械和交通设备占比超50%。同时，中国也

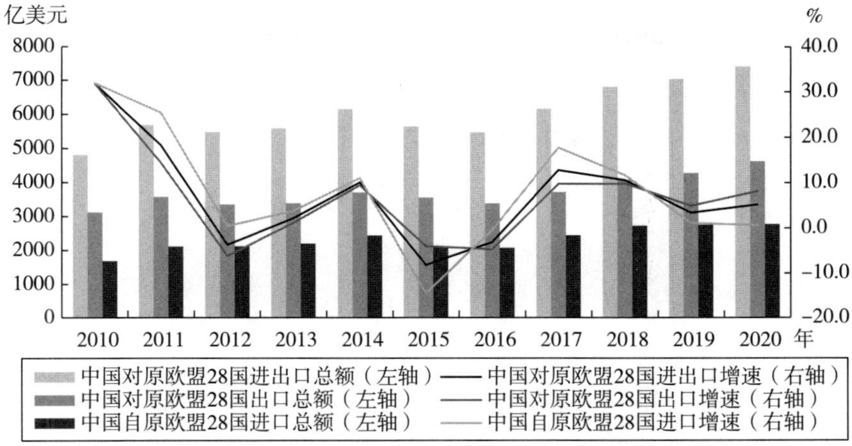

图 6－1　2010—2020 年中国与原欧盟 28 国贸易情况

（资料来源：Wind、中国海关总署）

成为欧盟通用机械、办公设备及电脑、通信设备、电子设备、船舶、奢侈品等主要出口市场。中国对欧盟出口的主要产品有电机电气设备、机械器具、家具、玩具、服装及衣着附件、光学设备及零件、塑料及其制品等。中国自欧盟进口的主要产品有机械器具、汽车及汽车零配件、电机电气设备、光学设备及零件、飞机及其他航空器、医药品、塑料及其制品等（见表 6－1）。

表 6－1　　2020 年中国对欧盟进出口十大商品品类　　单位：亿美元

品类	对欧盟出口	自欧盟进口
机电、音像设备及其零件、附件	1771	787
纺织原料及纺织制品	517	50
家具等杂项制品	342	23
化学工业及其相关工业的产品	212	432
贱金属及其制品	212	127
车辆、航空器、船舶及运输设备	167	426
光学、医疗等仪器；钟表；乐器	147	195
塑料及其制品；橡胶及其制品	141	97
鞋帽伞等；羽毛品；人造花；人发品	92	12
矿物材料制品；陶瓷品；玻璃及其制品	63	17

资料来源：中国商务部。

中国与欧洲地区贸易额前六大国家是德国、荷兰、英国、法国、意大利和西班牙，2020 年，6 国之和同比增长 4.6%，达 5360 亿美元，占中国对原欧盟 28 国出口额的 72.2%，该占比自 2015 年以来呈逐年下降趋势（2015 年中国与 6 国双边贸易总额占中国与欧盟双边贸易额的比例为 75.6%）。2020 年，中国对 6 国出口之和为 3358.8 亿美元，占中国对原欧盟 28 国出口额的 72.5%；中国自 6 国进口之和为 2001 亿美元，占中国自原欧盟 28 国进口额的 71.9%。从增速上来看，中国与上述 6 国双边贸易趋势同中国与欧盟整体贸易趋势高度一致（见图 6－2）。

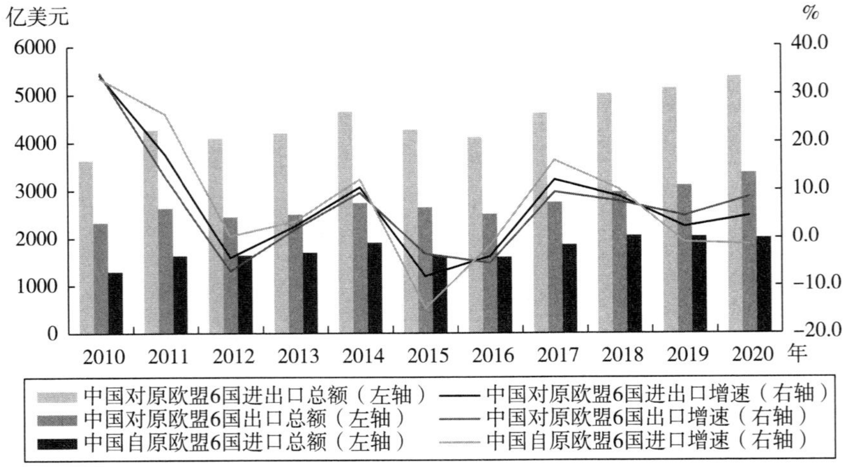

图 6－2　2010—2020 年中国与原欧盟 6 国贸易情况

（资料来源：Wind 资讯）

（一）2020 年中国跃升为欧盟最大的贸易伙伴

欧盟统计局数据显示，2020 年，欧盟 27 国与中国实现贸易总额 5860.3 亿欧元，同比增长 4.46%，中国在欧盟对外贸易总额中占比达到 16.07%，同比上升 2.3 个百分点，成为欧盟最大贸易伙伴。从图 6－3 可以看到，中国在疫情最为严重的 2 月和 3 月降为欧盟第三大贸易伙伴；4 月，随着中国复工复产复市的推进，以及疫情在全球范围内的扩散，中国一跃成为欧盟第一大贸易伙伴，并维持至 2020 年 12 月。[①]

（二）2020 年中国是欧盟唯一正增长的主要贸易伙伴

2020 年，在欧盟前十大货物贸易伙伴中，中国是唯一实现贸易双向增长的贸易伙伴，中国在欧盟进出口市场中的比重均有所上升。2020 年，欧盟自中国进口占欧盟进口总额的比重约为 22.4%，同比增长 3.6 个百分点。欧盟自美国进口占欧盟进口总额的比重为 11.79%，同比下降 0.23 个百分点。英国为欧盟第三大进口来源国，2020 年同样出现了贸易额和占比双下降的情况（见图 6－4）。

① 更多信息请参考：https：//baijiahao.baidu.com/s? id＝1692334827851868013&wfr＝spider&for＝pc。

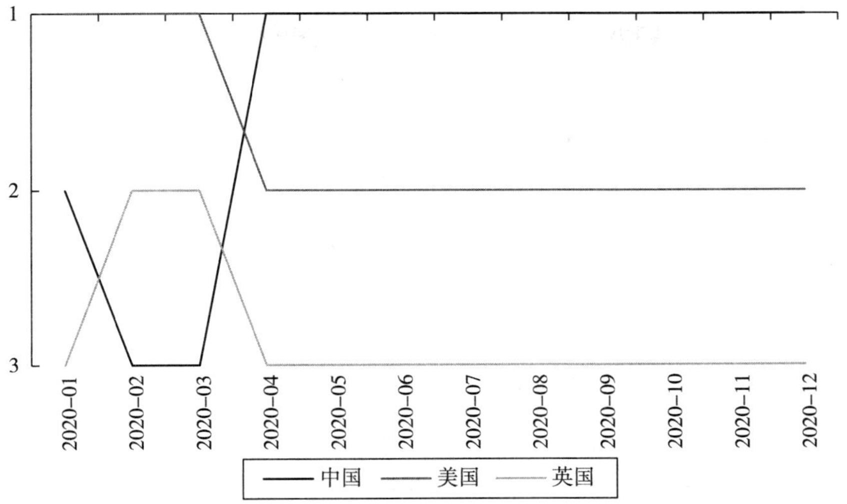

图 6－3　2020 年欧盟贸易伙伴位次图

（资料来源：欧盟统计局）

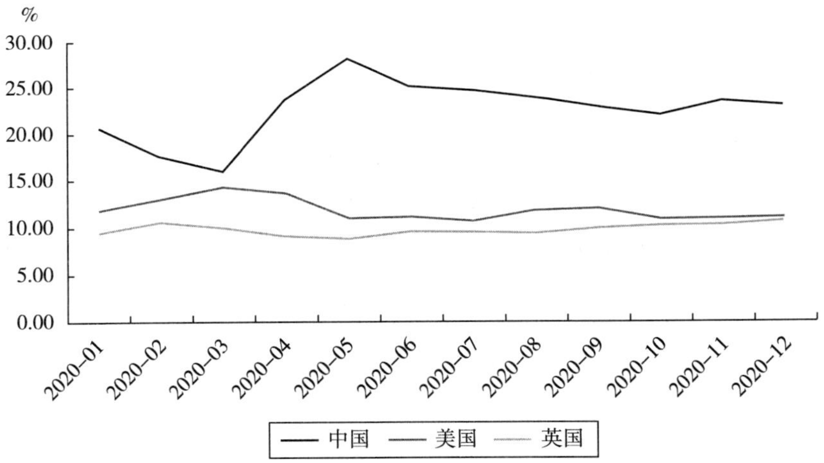

图 6－4　2020 年欧盟进口来源国占比变动

（资料来源[①]：欧盟统计局）

二、中国与中东欧 17 国、欧洲发达地区贸易情况对比

（一）中国与中东欧 17 国的贸易增长态势整体高于中国与欧洲的贸易增长

宁波航运交易所发布的数据显示，自 2015 年 3 月（指数基期）以来，17＋1 贸

① 更多信息请参考：https：//baijiahao. baidu. com/s？ id＝1692334827851868013&wfr＝spider&for＝pc。

易指数（CCTI）整体高于海上丝路贸易指数（STI）且差距不断扩大。2020 年 12 月，17 +1 贸易指数为 270.85，远高于 194.69 的海上丝路贸易指数（见图 6 –5）。

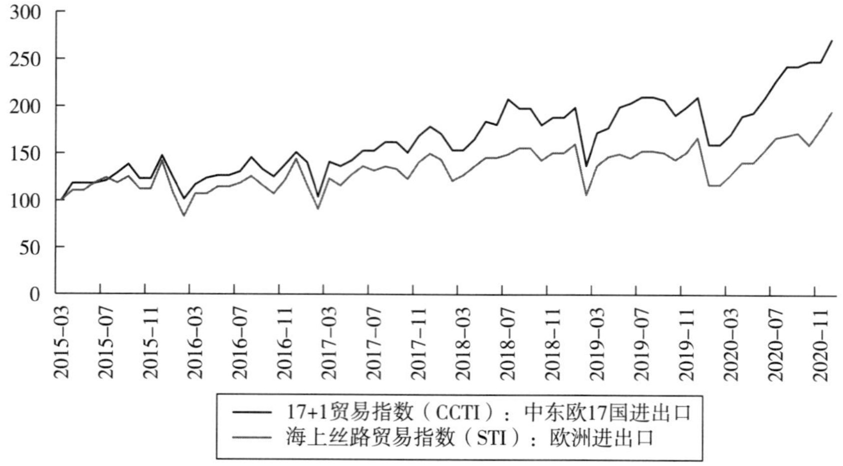

图 6 –5　2015 年 3 月至 2020 年 12 月 CCTI 及 STI 指数情况

（资料来源：Wind 资讯、宁波航运交易所）

（二）中国与中东欧国家贸易也实现逆势增长

据中国商务部统计，尽管全球贸易受到新冠肺炎疫情的巨大冲击，2020 年中国与中东欧 17 国贸易却逆势增长，总额达 1034.5 亿美元，首次突破千亿美元，增长 8.4%，高于同期中国对外贸易增幅和中欧贸易增幅，相当于中国对原欧盟 28 国进出口贸易总额的 13.9%，而该比值在过去 11 年中基本保持稳步增长（见图 6 –6）。

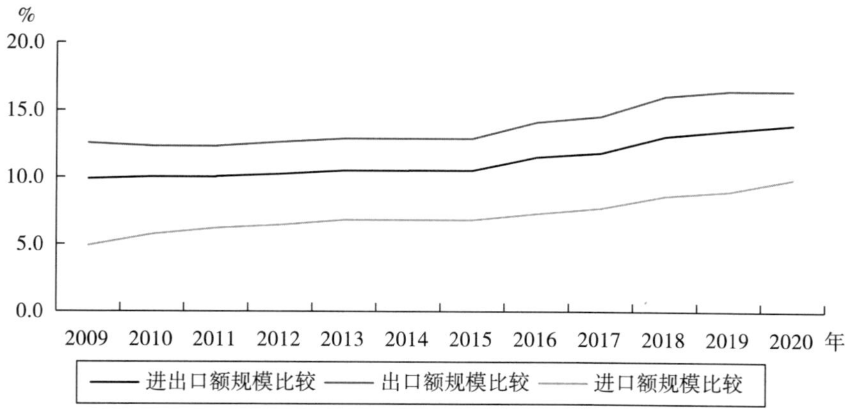

图 6 –6　2009—2020 年中国与中东欧 17 国、原欧盟 28 国贸易额比较

（资料来源：中华人民共和国海关总署）

中东欧 17 国中，中国对维谢格拉德集团四国（波兰、捷克、匈牙利、斯洛伐克）、希腊和罗马尼亚（以下简称“中东欧 6 国”）的进出口额最大，从 2009 年的 308 亿美元增长到 2020 年的 866.5 亿美元。原欧盟 28 国中，中国对德国、英国、荷兰、法国、意大利、西班牙 6 国（以下简称“欧洲 6 国”）的进出口额最大，从 2009 年的 2708 亿美元增长到 2020 年的 5360 亿美元。中国对中东欧6 国的进出口贸易额较中国对欧洲 6 国的进出口贸易额增长得更为快速/下降得更为缓慢，尤其是近八年，体量占比逐步上升（见表 6 –2 和图 6 –7）。

表 6 –2　2009—2020 年中国对中东欧、欧盟主要国家进出口贸易总额比较

年份	欧洲 6 国（亿美元）	中东欧 6 国（亿美元）	原欧盟 28 国（亿美元）	中东欧 17 国（亿美元）	中东欧 6 国/欧洲 6 国（%）	中东欧 17 国/原欧盟 28 国（%）
2009	2707.51	308.10	3640.42	360.67	11.4	9.9
2010	3630.03	405.55	4797.13	482.29	11.2	10
2011	4266.28	469.11	5672.13	572.24	11	10.1
2012	4091.60	450.52	5460.43	560.82	11	10.2
2013	4198.18	468.97	5590.40	587.66	11.2	10.5
2014	4644.64	526.85	6151.39	647.59	11.3	10.5
2015	4271.21	496.11	5647.55	601.87	11.6	10.7
2016	4105.13	521.72	5470.18	631.38	12.7	11.5
2017	4605.14	599.42	6169.16	731.61	13	11.9
2018	5003.51	732.36	6821.64	892.94	14.6	13.1
2019	5123.11	798.90	7052.96	954.52	15.6	13.5
2020	5359.73	866.52	7418.97	1034.50	16.2	13.9

资料来源：中华人民共和国海关总署。

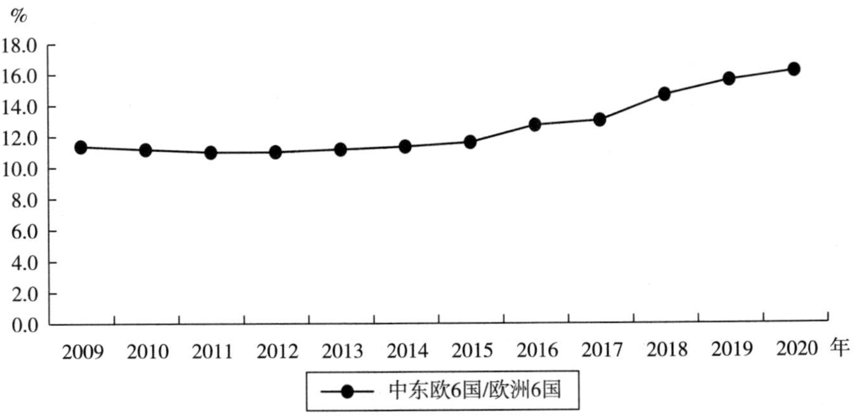

图 6 –7　2009—2020 年中国对中东欧 6 国与中国对欧洲 6 国进出口贸易规模对比

（资料来源：Wind 资讯）

第二节 投资合作近况对比

一、中国企业在欧盟投资发展趋势

2019 年，中国对欧洲地区直接投资流量为 105.2 亿美元，同比增长 59.6%，占当年对外直接投资流量的 7.7%，较上年提高 3.1 个百分点。截至 2019 年底，中国在欧洲地区投资存量为 1143.8 亿美元，占中国对外直接投资存量的 4.3%。中国对欧投资主要分布在荷兰、英国、德国、卢森堡、俄罗斯、瑞典、法国、瑞士、意大利、挪威、西班牙、爱尔兰等国。中国企业在欧洲 43 个国家和地区设立了境外企业，覆盖率达到 87.8%，仅次于在亚洲的规模；在欧洲设立的境外企业超过 4800 家，主要分布在德国、俄罗斯、英国、荷兰、法国、意大利、西班牙等国家。

政治互信不断增强、合作机制不断深化。2019 年，中欧双方高层的互访频繁，双方政治互信和合作机制进一步加强，为双方经贸合作打下了坚实基础。习近平主席先后访问意大利、摩纳哥、法国和希腊，李克强总理赴欧主持中欧领导人会晤和中国—中东欧领导人会晤并访问克罗地亚。德国、法国等多个欧洲国家领导人访华。在高层互访期间，中国主办了中法经济峰会、中德经济顾问委员会座谈会、中意企业家委员会会议、中国—中东欧国家经贸论坛、欧盟中国商会揭牌仪式等活动，与部分国家政府相关部门签署加强电子商务合作、推动双边投资高质量发展等多项合作文件，为高层互访的圆满成功提供了有力支撑，为深化中国与欧洲国家经贸合作提供了新的机遇。

2020 年 9 月，中欧签署《中欧地理标志协定》，有利于双方的优质农产品更快捷地进入对方市场。2020 年底，双方如期完成中欧投资协定谈判（见研究专题 3），这将为中欧未来的相互投资提供更大的市场准入、更高水平的营商环境、更有力的制度保障。2020 年 6 月，第二十二次中国—欧盟领导人会晤通过视频会议的方式举行。

机遇与挑战并存。欧盟中国商会与罗兰贝格企业管理咨询公司联合发布的 2020 年建议报告《迅捷行动，共创未来》中指出，近年来，中资企业在欧业务实现了数量与规模的双重提升。2013 年至 2019 年，中资企业在德、意、荷等欧盟主要国家的企业数量年均复合增长率超过 10%。受访企业中 60% 以上计划在欧盟进一步增加投资，近 20% 的企业有大幅增加投资的计划。报告同时指出，中资企业在欧发展为欧盟带来更多就业机会、经济产值和先进技术等实质性收益。2013

年至 2019 年，中资企业在德、意等国的投资对应经济产值复合增长率已超过 30%，在欧盟申请专利数复合增长率达 20%。被调研中资企业中，欧盟本地员工平均占比达 72%，近一半企业中 90% 以上员工来自本土，为劳动力市场创造了大量就业机会。

但另一方面，中资企业在欧仍面临不少挑战，包括欧盟对外资审查的趋严、对部分国资背景企业开展业务扩张的限制、标准制定过程中缺少中国领先企业的发声、中资企业在当地的本地扶持不足、缺乏有效且系统的沟通机制、治理模式与文化存差异等。中国投资已成为欧盟关注焦点。法德不仅担忧中国投资导致欧洲技术向亚洲转移，也担心中国政府资金支持企业进入欧洲关键基建领域（包括 5G）将危及欧洲安全与公共秩序。2020 年受新冠肺炎疫情的影响，欧盟和一些成员国仍延续了较为保守和严苛的外商投资和安全审查等行动，并且有进一步采取加强保护战略资产、规制外国政府补贴、推进碳边境调节税和数字税等“保护性举措”的趋势。相关政策给中资企业在欧投资和生存带来更多不确定性。罗兰贝格的调查也证实了这一点，2020 年中资企业对欧盟营商环境的综合评分已由 2019 年的 73 分降低至 70 分。①

欧洲地区已成为中国第二大直接投资目的地。尽管存在诸多不确定因素，但欧洲地区仍是中国企业投资的主要目的地之一。2019 年中国对欧洲直接投资流量达 105.2 亿美元，占当年中国对外直接投资流量总额的 7.7%，超过拉丁美洲和北美洲比重（2018 年比重分别列第二、第三位），成为仅次于亚洲（包含中国香港，占总量的 80.9%）的第二大直接投资目的地（见图 6 - 8）。

2020 年，在对欧洲地区的投资中，中国对英国投资降幅最大，并购金额下降了 79.6%（英国已于 2020 年 1 月 31 日正式脱离欧盟，这进一步加大了中资企业在欧洲投资的不确定性）。②

欧洲地区同样是中国企业并购的主要目的地之一。从并购金额看，2019 年中国企业对外投资并购项目分布前 10 位的国家和地区中，4 个属于欧洲③，依次为芬兰、德国、法国和英国。并购项目包括：安踏体育用品有限公司等收购芬兰 Amer Sports 所有已发行及在外的股份，交易金额达 46 亿欧元；海尔花费 4.75 亿欧元收购意大利电器制造商卡迪（Candy）；北京汽车集团有限公司收购德国戴姆勒 5% 的股权，成为戴姆勒的第三大股东；江苏沙钢集团收购英国数据中心运营

① 欧盟中国商会，罗兰贝格企业管理咨询公司 . 迅捷行动，共创未来［R］. 2020 - 09 - 10.

② 安永 . 2020 年全年中国海外投资概览 . 2021 - 02.

③ 中国商务部，国家统计局，国家外汇管理局 . 2019 年度中国对外直接投资统计公报［R］. 2020 - 09. 其余 6 个国家和地区为英属维尔京群岛、巴西、中国香港、开曼群岛、秘鲁和新加坡。

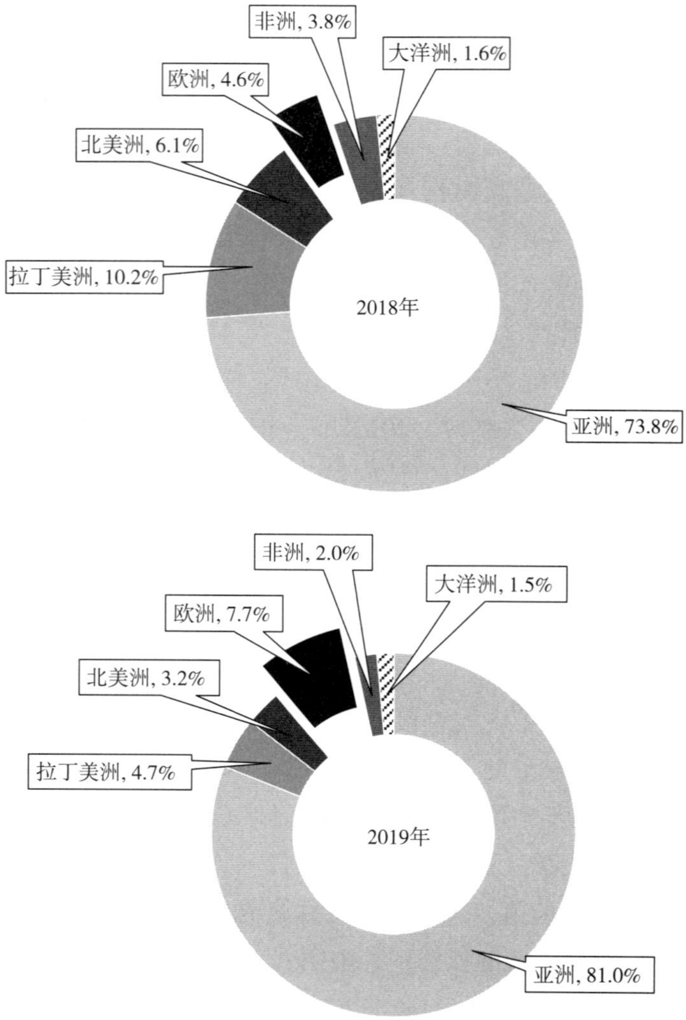

图 6－8　2018—2019 年中国对外直接投资流量地区分布（占比）

（资料来源：中国商务部）

商 Global Switch 24% 的股权；蚂蚁金服全资收购英国跨境支付公司 World First；天顺风能收购德国 Ambau GmbH 用于生产海上风电桩基的经营性资产等。2020 年，中资企业在欧洲宣布的海外并购金额为 125 亿美元（142 宗项目），同比下降 48. 6%，主要投向 TMT、房地产、酒店与建造以及先进制造与运输业，其中对德国和意大利的投资有较大幅度的增长。

合作领域不断扩大。2020 年，虽然疫情给欧洲经济造成冲击，但中欧企业仍保持着紧密的合作和往来，维护了产业链、供应链的基本稳定。中欧合作领域不断扩大，绿色发展、数字经济等领域成为双方合作新的着力点和增长点。2020 年

9 月举行的中德欧领导人视频会晤中，中欧双方一致决定，进一步建立环境与气候高层对话和数字领域高层对话，打造中欧绿色合作伙伴、数字合作伙伴关系，为中欧经贸发展注入了新动力。

欧盟中国商会报告显示，数字经济和绿色发展是在欧中资企业最为关注的议题，中资企业在相关领域的领先技术、丰富经验以及开放态度，将助力欧盟实现传统产业转型升级。例如，携程与欧洲当地旅游局建立合作关系，将旅游信息通过数字化平台传递给外国游客，帮助酒店、航空公司应用数字化工具分析行业趋势，极大地促进了当地旅游业恢复。①

2020 年 11 月，第三届中国国际进口博览会期间举办的中欧企业家大会，现场发布了由近 150 家中欧企业联合签署的《中欧企业家支持中欧贸易投资合作的倡议》。倡议提出，中欧企业将发挥互补优势，共创共享发展成果，不断拓展中欧贸易投资合作广度和深度，包括共同维护产业链供应链稳定、携手建立开放包容的商业环境、深化中欧第三方市场合作、挖掘新兴产业领域合作潜力、推动中欧经济社会可持续发展、充分发挥金融支持经济复苏作用、加强金融互联互通和互惠合作等。

2020 年底《中欧投资协定》谈判的如期完成为未来中欧增加投资奠定了基础，在协定下，欧盟 27 个成员国都将适用统一的投资规则，有助于减少中资企业投资成本，打破投资壁垒，创造更有利的营商环境，推动中欧更高层次相互开放。预计 2021 年中资企业对欧洲投资将进一步增加，尤其是可再生能源和数字经济等领域。

二、中国与中东欧 17 国、欧洲发达地区双向投资对比

1. 中国对原欧盟 28 国、中东欧 17 国直接投资对比

2019 年，中国对原欧盟 28 国的直接投资流量达到创纪录的 107 亿美元，同比增长 20.7%，占中国对外直接投资流量总额的 7.8%，对原欧盟 28 国的平均直接投资流量为 3.8 亿美元；中国对中东欧 17 国直接投资流量为 5.09 亿美元，同比下降了 23.6%，对中东欧国家的平均直接投资流量为 0.3 亿美元（见图 6 –9）。

截至 2019 年底，中国对原欧盟 28 国的直接投资存量为 939.1 亿美元，占中国对外直接投资存量的 4.3%。存量在百亿美元以上的国家依然为荷兰、英国、德国、卢森堡。截至 2019 年底，中国对中东欧 17 国的投资存量为 28.4 亿美元，

① 更多信息请参考：欧盟中国商会，罗兰贝格企业管理咨询公司．迅捷行动，共创未来［R］．2020 –09 –10。

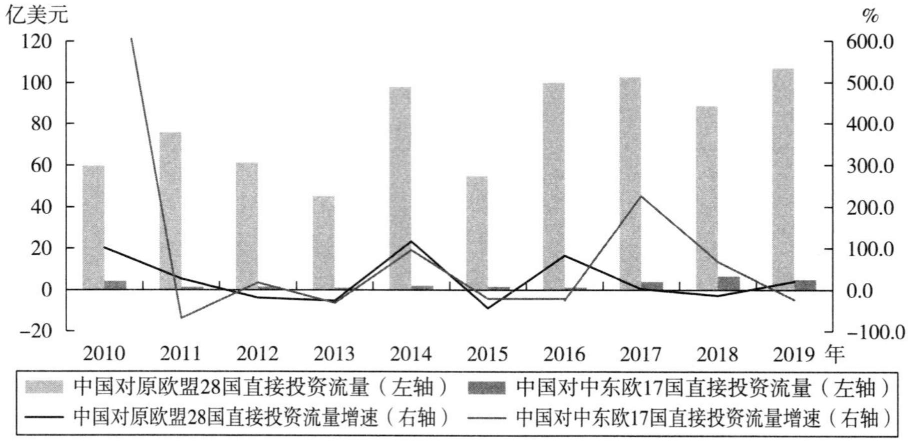

图 6－9　2010—2019 年中国对原欧盟 28 国、中东欧 17 国的投资流量及增速

（资料来源：中国商务部）

对单个国家投资额最高的依然是波兰（5.6 亿美元），但远低于对欧盟发达国家投资额（见表 6－3）。

表 6－3　2010—2019 年中国对原欧盟 28 国、中东欧 17 国的直接投资情况 单位：亿美元

年份	中国对原欧盟 28 国直接投资流量	中国对中东欧 17 国直接投资流量	中国对原欧盟 28 国直接投资存量	中国对中东欧 17 国直接投资存量
2010	59.63	4.19	124.97	8.57
2011	75.61	1.30	202.91	10.13
2012	61.20	1.53	315.38	13.40
2013	45.24	1.05	400.97	15.56
2014	97.87	2.04	542.10	18.17
2015	54.80	1.62	644.60	20.96
2016	99.94	1.21	698.37	17.15
2017	102.67	3.97	860.15	20.33
2018	88.66	6.65	907.39	25.13
2019	106.99	5.09	939.12	28.37

注：欧盟 2012 年及以前年度合计数据不包括对克罗地亚投资数据。

资料来源：中国商务部。

2. 原欧盟 28 国、中东欧 17 国对中国直接投资对比

截至 2019 年底，原欧盟 28 国对中国累计投资总额为 1288 亿美元，且 28 国

均对中国有直接投资。其中，累计投资额最大的是德国，投资额累计为 333.1 亿美元，占比为 25.9%；其次是英国，投资额累计为 218.6 亿美元，占比为 17%；第三是荷兰，投资额累计为 207.4 亿美元，占比为 16.1%。1997—2019 年，原欧盟 28 国对中国投资额（流量）年均增速为 3.8%，对中国累计投资额年均增速为 18.2%（见图 6－10）。

截至 2019 年底，中东欧 17 国中有 13 个国家对中国有直接投资，累计投资总额为 30 亿美元。其中，匈牙利、捷克、罗马尼亚是中东欧地区 17 国中对中国投资额位居前列的 3 个国家。投资额最大的是匈牙利，投资额累计为 3.7 亿美元，占比为 24%；第二是捷克，投资额累计为 3.0 亿美元，占比为 19.5%；第三是罗马尼亚，投资额累计为 2.8 亿美元，占比为 18.3%。1997—2019 年，中东欧17 国对中国投资额（流量）年均增速为 18.1%，对中国累计投资总额年均增速为 27.4%（见图 6－10）。

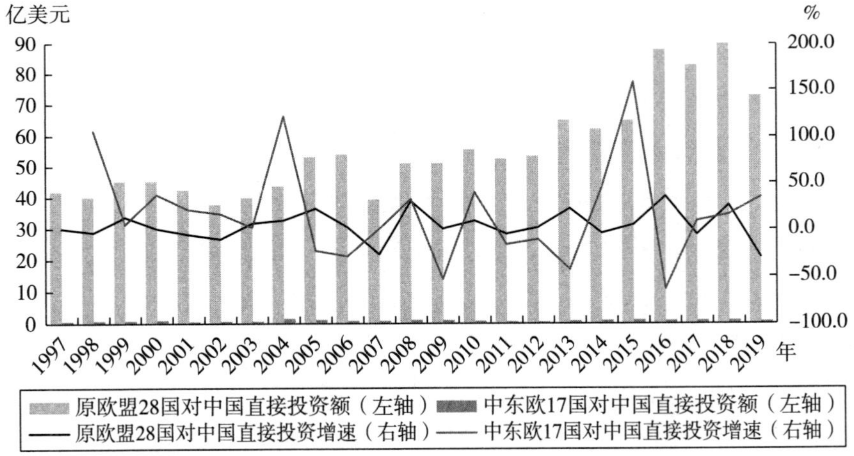

图 6－10　原欧盟 28 国、中东欧 17 国对中国的直接投资额（流量）及增速

（资料来源：Wind 资讯）

原欧盟 28 国对中国直接投资覆盖更为广泛，截至 2019 年，原欧盟 28 国均对中国有直接投资，中东欧 17 国中仍有四国（北马其顿、塞尔维亚、阿尔巴尼亚、黑山）尚未对中国有直接投资；从投资规模来看，原欧盟 28 国依然保持远超中东欧国家的水平，截至 2019 年，原欧盟 28 国平均对中国的累计投资额约为 46 亿美元，同期有直接投资发生的中东欧 13 国平均每国对中国的累计投资额仅为 1.2 亿美元。此外，2019 年，原欧盟 28 国中对中国投资额（流量）前三国较中东欧国家中对中国投资额（流量）的前三国均高出不少（见图 6－11）。

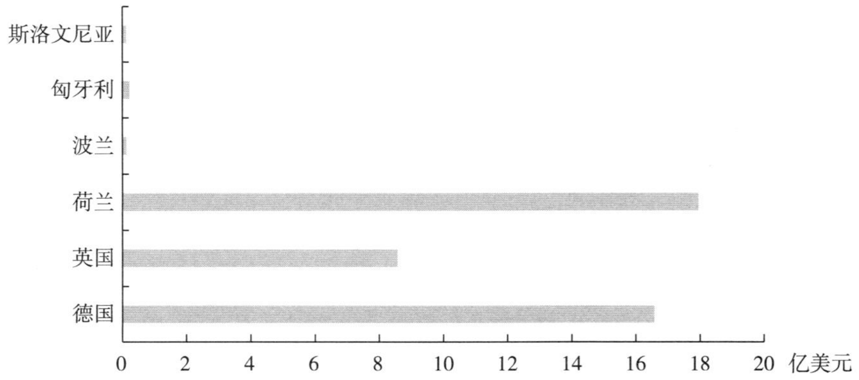

图 6－11　2019 年原欧盟 28 国、中东欧 17 国中对中国投资额（流量）前三大国比较

（资料来源：Wind 资讯）

三、中国对中东欧 17 国、欧洲发达地区投资领域对比

中国对欧盟的投资继续保持多样化的特点，涉及制造业、采矿业、金融业、租赁和商务服务业以及批发和零售业等（见图 6－12）。

2019 年，中国企业投资原欧盟 28 国的首个目标行业仍然是制造业，投资额达 56.96 亿美元，同比增长 42%，占对原欧盟 28 国投资总额的 53.2%，主要流向荷兰、瑞典、德国、意大利、卢森堡、英国、波兰等。排名第二的行业是租赁和商务服务业，投资额为 9.86 亿美元，同比增长 5.1%，占比为 9.2%，主要流向英国、塞浦路斯、卢森堡、德国等。排名第三和第四的行业也是中国对原欧盟 28 国投资增长较快的两个行业，分别是信息传输/软件和信息技术服务业及科学研究和技术服务业。科学研究和技术服务业投资额（7.35 亿美元）同比增长 94.7%，占比为 6.9%，主要流向瑞典、英国、卢森堡、意大利等；信息传输/软件和信息技术服务业投资额为 4.51 亿美元，同比增长 88.5%，占比为 7.9%，主要流向荷兰、德国等。批发和零售业投资额为 6.28 亿美元，同比下降 13.8%，占比为 4.1%，主要集中在英国、德国、卢森堡等。金融业投资额为 4.41 亿美元，同比下降 28%，占比为 4.1%，主要流向卢森堡、意大利、德国、匈牙利、捷克等。采矿业投资额为 3.95 亿美元，同比下降 24.2%，占比为 3.7%，主要集中在荷兰。住宿和餐饮业投资额为 3.51 亿美元，同比增长 14.3%，占比为 3.3%，主要集中在瑞典。房地产业投资额为 2.56 亿美元，为上年的 3.55 倍，占比为 2.4%，主要集中在英国。

2019 年底，中国在原欧盟 28 国设立直接投资企业 3200 多家，已覆盖全部 28 国，在所雇用的员工中，本地员工占比不断上升，2019 年雇用外方员工超过 26

万人。欧盟本地员工占比达 70% 以上。

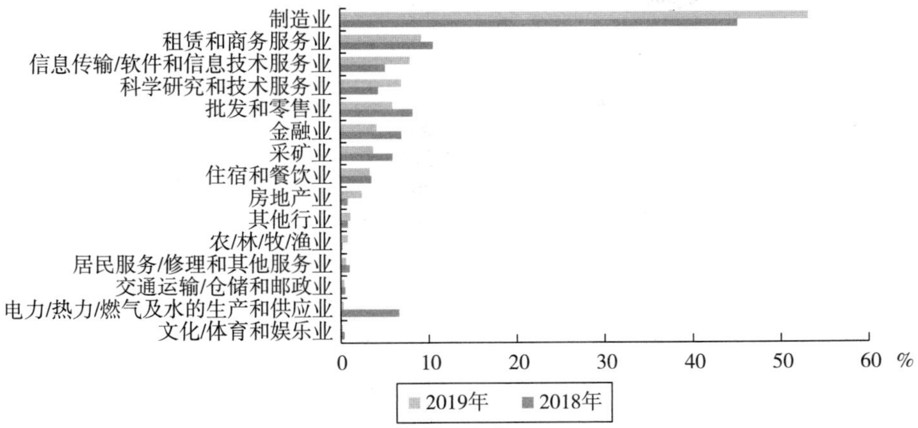

图 6－12　2018—2019 年中国对原欧盟 28 国直接投资（流量）行业分布

（资料来源：中国商务部）

与原欧盟 28 国对比来看，中国对中东欧 17 国的投资主要集中在制造业、建筑业及能源相关产业（见图 6－13）。根据《中国企业对中东欧国家营商环境看法调研报告（2020）》[①]，被调研企业中，制造业占首位（制造业投资占 17 国投资总额的比重为 37.6%），这与中国对原欧盟 28 国的投资结构基本类似（2019 年，中国对原欧盟 28 国制造业的投资占比最高，达 53.2%）。以汽车制造业为例，中东欧地区成熟的汽车工业吸引了京西重工、亚普汽车、延锋汽车、继峰汽车等多家汽车零配件及内饰企业在当地投资建厂。比亚迪汽车公司在与保加利亚能源公司 Bulmineral 成立电动公交合资公司之后，在匈牙利设立新能源汽车生产基地，将自身科研优势与匈牙利汽车领域的技术人才优势相结合，在欧洲新能源汽车市场占据了一席之地。近年来，中国车企纷纷在中东欧地区建立研发运营中心，对中国汽车行业深入了解欧洲市场需求、更好地探索产品细节有积极影响。

其次是建筑业，对其投资额占 17 国投资总额的 30.3%，这与很多中国企业参与中东欧地区基础设施建设有关。2019 年，中国对原欧盟 28 国的建筑业投资占比为 0.7%，远低于对中东欧 17 国投资的占比（30.3%）。产生如此大的差距主要有两方面的原因：一方面是由于欧盟承包商实力强大，90% 的项目由自己的承包商完成，西班牙、法国、意大利、奥地利、波兰和德国均承担了大量建设项

① 该报告由中国—中东欧国家联合商会中方理事会专家指导委员会于 2020 年通过调查问卷形式展开调研，收集在中东欧 17 国已开展业务的中国企业的项目经营情况和其对当地基础设施、金融服务、法规政策和人才素质等营商环境要素的评价后整理得出。更多信息请参考：刘作奎．中国企业对中东欧国家营商环境看法调研报告（2020）[J]．欧亚经济，2020（4）。

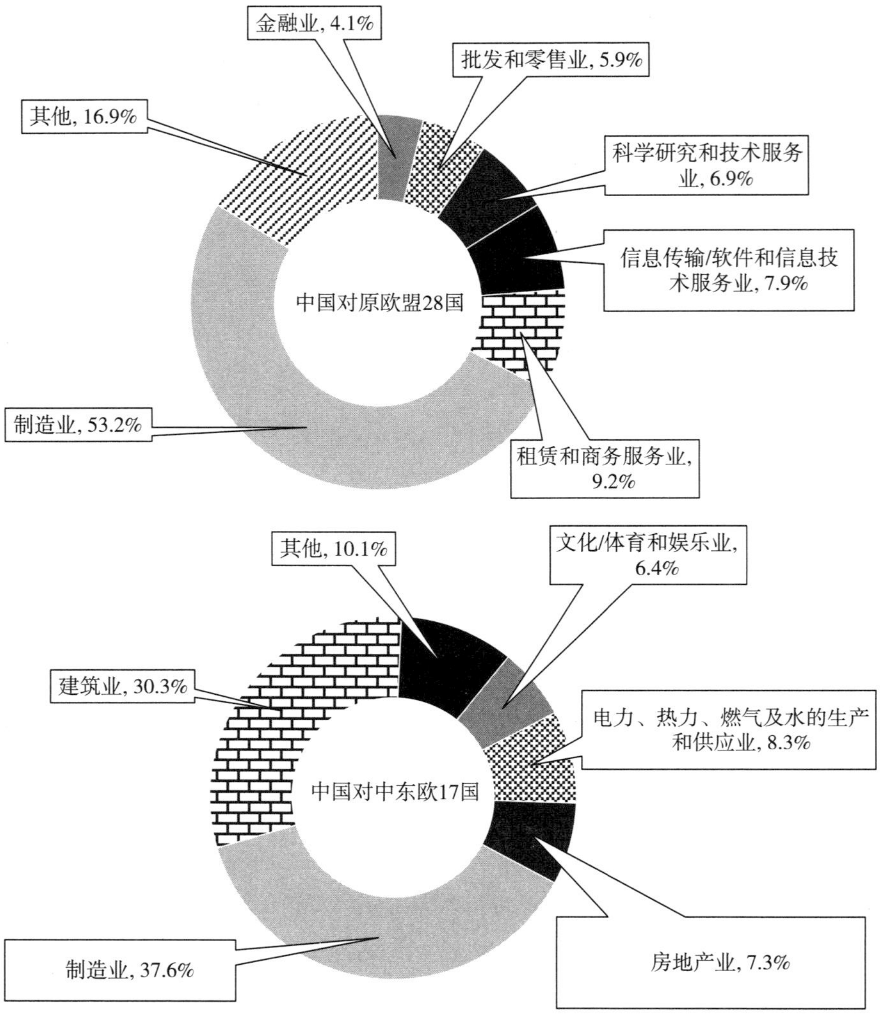

注：1. 中国对原欧盟 28 国投资的主要行业数据选用的是 2019 年中国对原欧盟 28 国直接投资流量（分行业）比重数据；2. 因中国对中东欧 17 国的直接投资流量按行业分类未有相关数据发布，故采用在中东欧开展投资经营活动的中国企业的行业划分数据来作为参考借鉴。

图 6－13　2019 年中国对原欧盟 28 国及中东欧 17 国投资主要行业比较

（资料来源：中国商务部、《中国企业对中东欧国家营商环境看法调研报告（2020）》①）

目；另一方面，得益于来自欧盟的资金不断增加，增长基础相对较低，以及新兴的非欧盟市场地理优势和经济增长预期，中东欧国家基础设施投资需求增长较西欧地区（西欧的基础设施体系更为成熟，增长需求相对较低）更为强劲。

再次是能源行业，中国对中东欧 17 国的电力、热力、燃气及水生产和供应

① 刘作奎．中国企业对中东欧国家营商环境看法调研报告（2020）[J]．欧亚经济，2020（4）．

业投资占比为 8.3%，中国对原欧盟 28 国的电力、热力、燃气及水生产和供应业投资比重为 0.3%，远低于对中东欧 17 国的投资比重。这与中国火电和清洁能源企业在中东欧，尤其是巴尔干地区开展投资有一定关联。新能源领域是中国与中东欧国家产业合作的快速增长领域，相关项目有波兰 51.5MWp 光伏电站项目①、保加利亚的伊赫迪曼光伏项目、克罗地亚塞尼风电项目、匈牙利考波什堡太阳能电站项目等，中国国家能源投资集团还在希腊注册了其新能源公司欧洲总部，未来有望扩大新能源领域的合作。② 此外，西巴尔干国家由于不受欧盟财政规则约束，能更灵活地选择来自中国的优惠贷款以及中国承包商也是一大原因。

最后，值得注意的是，房地产、酒店投资以及旅游和其他服务业合计占比同样较高，上述几项占比总计达 7.3%。

综上，中国企业在中东欧的投资和经营活动主要集中在制造业、建筑业和能源行业；房地产业和文化产业、信息产业占据中游位置；高科技产业投资、涉及产业链合作和高技术合作的投资并不多。塞尔维亚、波兰和匈牙利是目前中国企业的主要合作伙伴国；维谢格拉德四国和西巴尔干五国是中国企业开展合作较多的区域，企业活跃度较高；波罗的海三国较不活跃，合作热度相对较低，在波罗的海三国的投资项目也相对较少。从企业经营方式看，中国企业在中东欧地区开展的经营活动中，工程承包类占绝对优势，占比达到 50%；其次是投资并购活动，占比超过 20%；之后是绿地投资，占比约为 16%。

研究专题 3　中欧全面投资协定的分析与影响

中欧经贸关系是我国最重要的双边经贸关系之一，中欧双边投资协定谈判是当前中欧经贸关系中最重要的议程。中欧全面投资协定（CAI）为中欧经贸合作提供了坚实的制度性框架保障，不仅有利于中国企业获得更多的欧盟市场准入，而且将大幅降低服务业的外资限制壁垒，有效促进中国服务业的改革开放，推动现代服务业为先进制造业服务。充分利用这一制度性条件推进中国对欧盟资本账户双向开放，有利于在新发展格局下加快人民币国际化步伐。

一、中欧双边投资协定谈判进程及内容

中欧双边投资协定谈判于 2012 年第 15 届中欧峰会上确定启动，其目标是

① 该项目由中国—中东欧基金（SINO－CEE Fund）投资收购，首批 4 个项目（4MWp）已于 2021 年 2 月 5 日正式竣工并网发电，其余 47.5MWp 将在后续 3～4 个月内全部完工并网。

② 华红娟．中国与中东欧国家产业深度合作的实现路径研究［J］．区域经济评论，2020（5）．

取代欧盟成员国与我国签署的25个单独的双边投资协定（BITs），统一签订全面涵盖投资前的市场准入（前国民待遇）和投资后的保护条款。基于2013年5月欧盟委员会发布的中欧投资关系影响评估，2014—2018年双方主要围绕市场准入问题持续进行了20轮谈判。2019年以来，受中美贸易摩擦和新冠肺炎疫情等多种因素影响，全球贸易投资总体状况低迷，中欧谈判加速，就金融服务、资金转移和流动、争端解决、可持续发展、公平竞争等主要问题连续举行了15轮正式谈判（第21—35轮），最终于2020年12月30日成功完成中欧全面投资协定谈判（见表6－4）。

表6－4　　2019—2020年中欧双边投资谈判进程

谈判轮数	日期	重点内容
21—25	2019年6—12月	金融服务、资金转移、国民待遇、争端解决、可持续发展、公平竞争
26—29	2020年1—5月	投资自由化、可持续发展（气候问题）、争端解决机制
30—31	2020年6—7月	公平竞争（国有企业、补贴的透明度、强制技术转让）
32—33	2020年9—10月	特定行业的市场准入、资本流动、商务访问者的入境和临时居住
34—35	2020年11—12月	可持续发展、争端解决机制、劳工标准、税收和横向例外

资料来源：欧盟委员会。

在全球经济前景不确定性增强的情况下，中欧全面投资协定为中欧经贸合作提供了坚实的制度性框架保障。根据欧盟委员会的报告，欧盟的主要收益有两个：一是获得较高的市场准入，允许在关键领域收购或新建企业，主要涵盖汽车（包括新能源汽车）、运输设备、医疗设备、化学制品等先进制造业，以及金融、国际海事、环境、建筑、计算机、航空、云计算、私人医疗等先进服务业领域；二是获得公平竞争环境，即我国国有企业的产业政策将实行竞争中性和所有制中性原则（见表6－5）。

表6－5　　中欧全面投资协定对欧盟产生的主要收益

<table>
<tr><td rowspan="4">市场准入</td><td rowspan="2">制造业</td><td>超过一半的欧盟对华投资分布在制造业领域</td></tr>
<tr><td>重点产业：汽车（燃油车和新能源车）、运输设备、医疗设备、化学制品等</td></tr>
<tr><td rowspan="2">服务业</td><td>重点产业：金融、国际海事、环境、建筑、计算机</td></tr>
<tr><td>未来将进一步开放：航空、云计算、私人医疗</td></tr>
</table>

续表

公平竞争	国有企业	确保国企完全基于商业考虑进行决策
		确保国有企业与欧盟进行双边贸易时遵循非歧视原则
		在国企影响欧盟投资者时将进行信息共享和磋商
	补贴政策的透明度	对服务业进行补贴时遵循透明义务
		承诺就可能对欧盟投资利益产生负面影响的具体补贴进行信息共享和磋商
	强制技术转移	禁止强迫技术转让的投资要求
		不干涉技术许可的合同自由
		保护商业机密
	标准制定、授权、透明度	欧盟企业可以无障碍进入标准制定机构
		提高授权的可预测性
		提高监管和行政措施的透明度规则，提高法律确定性
	可持续发展、有效执行和争端解决机制	尊重国际劳工组织的核心原则并有效执行已批准的具体承诺
		有效执行《巴黎气候协定》
		在民众的参与下建立独立的专家小组，以透明方式解决争端

数据来源：欧盟委员会。

二、当前中欧双边贸易投资的服务业比重较低

当前中欧双边贸易投资具有三大特点。

第一，投资和贸易规模不相适应。欧盟自2005年起成为我国最大的贸易伙伴。2020年1—10月，中欧双边贸易额超过4777亿欧元，同比增长2.2%，同期美欧双边贸易额为4607亿欧元，同比下降11.2%，我国首次超过美国成为欧盟最大的贸易伙伴。与之相比，中欧双边投资规模在2005—2019年间年均不足200亿美元，2019年约为180亿美元，其中欧盟对华FDI为73.1亿美元，仅占我国实际使用外资的5.2%。根据欧盟跨境监测报告，2020年前三季度中欧双边投资规模约为100亿美元，预计全年约为106亿美元（其中欧盟对华FDI约为70亿美元），仅为双边贸易规模的2.5%。

与欧盟其他主要贸易伙伴的双边投资规模相比，中欧双边投资规模也处于较低水平。2019年，美欧双边FDI规模高达1725亿美元，是中欧FDI的10倍。在欧盟与新兴市场国家的双边投资中，中欧双边FDI流量和存量也明显落后于巴西和俄罗斯的水平，稍高于印度的水平。

第二，具有明显的互补性。从行业看，2020年前三季度欧盟在华新增FDI主要分布在汽车（60%）、消费品和农业食品三个领域，我国对欧盟新增ODI主要分布在房地产和酒店（30%）、能源和电子产品领域。从国别看，欧盟对华投资者集中在德国、荷兰和英国等欧洲北部，而我国企业则主要投资于葡萄

牙、西班牙、希腊等沿海的南欧国家。这一方面反映了疫情以来我国与大多数国家经济分化的客观现实，南欧国家旅游业严重受挫，房地产价格下跌；另一方面也体现了我国有能力对“一带一路”沿线国家输出具有比较优势的制造业，并实现能源产业的战略投资。

第三，服务业的贸易和投资比重较低。自 20 世纪 80 年代起我国引进外资大力发展制造业，至今已建成门类齐全的现代工业体系，但服务业外资壁垒较高，尤其是可贸易的服务业总体发展缓慢。2017—2019 年，欧盟对华 FDI 服务业占比约为 40%，主要分布在租赁和商务、批发和零售等不可贸易部门（见图 6－14）。我国对欧盟长期呈现服务贸易逆差、货物贸易顺差的贸易结构。2019 年，中欧双边服务贸易总额仅占货物贸易总额的 10%，我国对欧盟货物贸易顺差为 1637 亿欧元，服务贸易逆差 166 亿欧元（见图 6－15）。

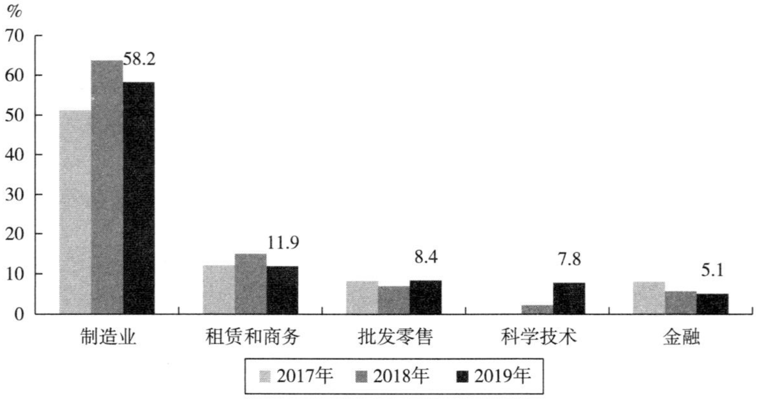

图 6－14　2017—2019 年欧盟对华 FDI 行业分布

（资料来源：中国外资统计公报 2018—2020）

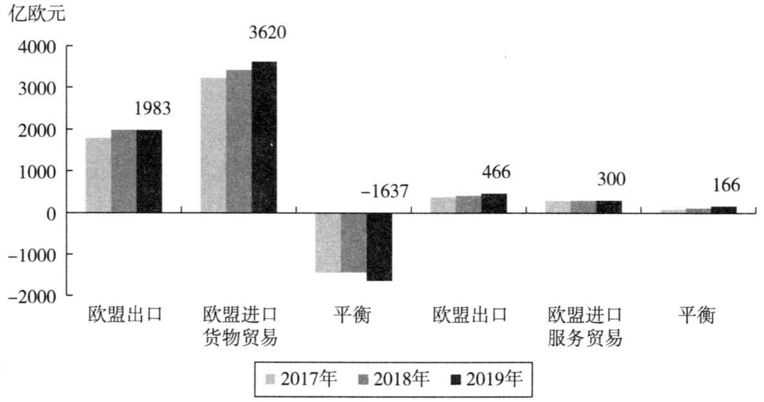

图 6－15　2017—2019 年欧盟对华贸易结构

（资料来源：欧盟委员会）

三、中欧全面投资协定的深远影响

第一，有助于中国服务业改革。从欧盟对中国的服务贸易结构来看，主要逆差项是旅行、知识产权使用和通信、计算机（即ICT服务）三个行业。2018年，三者占比分别为40.6%、36.1%和25.5%。这些逆差项与中国服务业发展现状密切相关。例如，旅行项下的逆差一部分来自中国居民对跨境医疗健康服务的需求；知识产权使用逆差来源于中国先进制造业对国际高新技术的需求。中欧全面投资协定有利于中国服务业领域以开放促改革，推动服务业为先进制造业服务，推动可贸易性服务业发展，从而改善服务贸易结构。

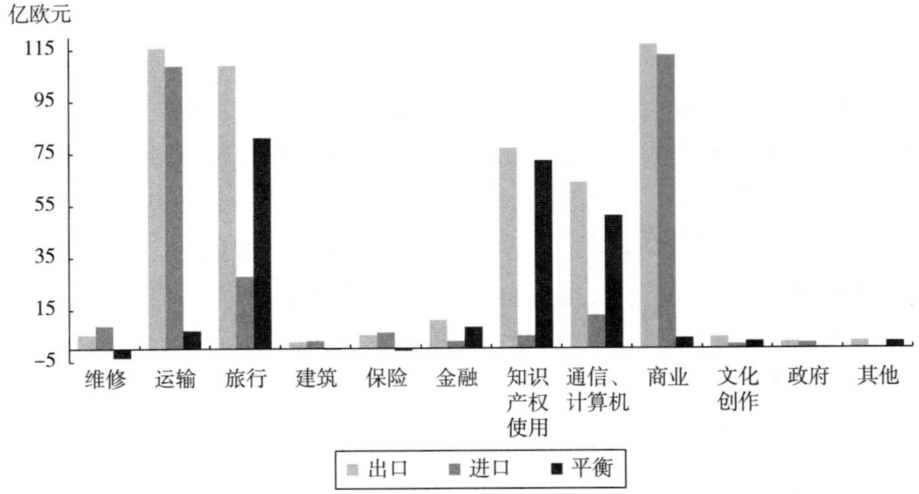

图6-16　2018年欧盟对华服务贸易结构

（资料来源：欧盟委员会）

首先是扩大服务供给，满足居民消费升级需求。主要包括医疗健康、商业服务①和环境服务②等。以医疗健康为例，近年来，中国居民对跨境医疗健康服务的需求日益增长，包括去港澳地区打疫苗、去韩国做医美、去美国治重症等，反映了中国医疗资源不足、分级诊疗体系不健全、区域间发展不均衡等问题。此外，新冠肺炎疫情也激发了全社会对大健康产业的关注，未来健康消费支出有望进一步增长，老龄化不断提高也对多元化养老服务提出了客观要求。外资独资医院能够引入先进的医疗设备和国际领先的医疗资源管理服务体系，与居民消费升级需求相契合，引导高端健康服务消费回流，减少服务贸易逆差。

① 房地产服务、租赁服务、交通工具的维修与保养、广告、市场调研、管理咨询、翻译服务等。

② 污水处理、噪声消除、固体废物处理、废气处理、自然和景观保护、卫生及其他环境服务等。

其次是突破当年中国加入世贸组织（WTO）承诺，大幅提高开放水平。例如，中国加入世贸组织承诺开放的电信业务并不包括云服务，中欧全面投资协定允许外资股比不超过50%的中外合资企业在华经营云服务，大大降低了当前外资只能通过与我国持牌企业进行“技术合作”曲线进入的壁垒，有利于改善中国云服务市场的垄断格局。又如，针对近年来电子通信网络和某些服务领域之间的融合现象，中国纳入了欧盟的“技术中立”原则，确保对增值电信业务施加的外资股比限制不会影响通过互联网提供服务的金融、物流、医疗等领域的外资政策，有利于提高中国政策的透明度和稳定性，改善营商环境。再如，中国取消了在世贸组织《服务贸易具体承诺减让表》中的建筑服务外商独资的4类项目限制①，不仅有利于中国建筑业技术的提高和法规的完善，也对我国在“一带一路”对外工程承包运作方式、融资方式和人才培养方面具有积极作用。

此外，进一步开放生产性服务业，还将推动现代服务业为先进制造业服务。如继续推动在银行、保险、证券、资产管理领域的金融市场开放；允许欧盟企业投资国际海事运输的相关陆上辅助性业务（货物装卸、集装箱库和站点、海事代理等），使其可以组织全方位的多式联运（包括国际海运的国内段），有利于上海国际金融中心、国际航运中心和国际贸易中心的建设。

科学技术和金融业不仅体现在对GDP增长的直接贡献上，更大的经济红利还在于提高其他部门的产出效率。从近两年的趋势看，中国科学技术行业是吸收FDI的新兴领域。欧盟对华科学技术行业的FDI占比已从2017年的不足2%提高到2019年的7.8%，按照这一趋势，五年后对科学技术领域的FDI投资可能占欧盟对华投资的30%以上，推动中国制造业完成升级换代，显著减少我国知识产权项下的逆差，甚至转为顺差。

第二，全面提升中国自贸协定水平。与2020年中国签署的中美贸易协定（第一阶段）、区域全面经济伙伴关系协定（RCEP）两大贸易协定相比，中欧全面投资协定有如下特点。

首先，中欧全面投资协定将使双方的经济联系更紧密。一方面，中国对欧盟的市场准入承诺不仅涉及在新领域、新部门取消对外资的显性限制，更重要的是在既有已开放的领域消除外资面临的隐性壁垒，大幅提高营商环境。另一

① （1）全部由外国投资和/或赠款资助的建设项目。（2）由国际金融机构资助并通过根据贷款条款进行的国际招标授予的建设项目。（3）外资等于或超过50%的中外联合建设项目；及外资少于50%，但因技术困难而不能由中国建筑企业独立实施的中外联合建设项目。（4）由中国投资，但中国建筑企业难以独立实施的建设项目，经省政府批准，可由中外建筑企业联合承揽。

方面，面对疫情冲击，各国都在寻求加强区域供应链的稳定性，显然投资比贸易更难以脱钩。投资关系给东道国带来的是长期资金和稳定就业，面对政治经济风险，跨国公司的海外布局改变较为困难，而贸易关系由于贸易伙伴的多样性却相对容易转移。

其次，中欧全面投资协定在改善中国营商环境、吸引长期资本、提高长期就业、改善贸易结构方面具有更显著的作用。尤其是在就业方面，欧盟企业对中国先进制造业和先进服务业的投资，将进一步提高中国人力资本水平。近年来，中国居民平均受教育年限持续提高，在科学、技术、工程、数学（STEM）领域，中国毕业生的绝对数量与美国、日本和欧盟的总和相等。与此同时，中国企业在研发方面的支出已达到国内生产总值的2%以上，与欧盟保持一致。欧洲专利局于2019年批准的中国专利申请在人工智能领域占比为6%，在信息和通信技术领域占比为11%。

在此基础上，中欧全面投资协定十分有利于未来中欧自贸协定的达成，同时也对中国与其他发达国家的投资自由化、贸易自由化谈判具有重要的示范作用。尤其是在RCEP签署和英国脱欧的实践下，中日和中英之间的自贸协定谈判或在不久的将来提上日程。因此，中欧全面投资协定具有里程碑式的意义。

第三，积极推动对欧资本账户双向开放，加快人民币国际化步伐。根据欧盟委员会的报告，中欧全面投资协定明确了我国金融服务业对欧盟进一步开放，包括取消金融服务机构的合资要求，允许欧盟金融机构在我国设立独资企业，这将加大中国金融市场对国际投资者的吸引力，有利于我国金融开放。

金融开放包含从低到高三个层次：金融服务业开放、金融市场开放和资本账户开放。金融服务业开放就是允许外资金融机构在我国境内提供金融服务，促进效率提升和业务创新。金融市场开放即通过制度改革让国际投资者进入中国金融市场，为资本的跨国流动创造一定条件。这两个层次的开放本质上都是鼓励资本流入。

当前应推动第三个层次的开放，即资本账户开放，鼓励资本流出。随着美国在科技和金融两个领域与我国脱钩的意愿日益明显，中国高技术企业在海外融资受到越来越严格的审查和限制，无法在海外上市，甚至无法获得国际金融机构的服务。MSCI、富时罗素等国际指数供应商于2020年12月31日将部分被美国列入黑名单的中资企业剔除，这意味着国际投资者无法通过购买指数投资这些企业。同时，美元在全球支付结算通道SWIFT中的份额高达45%，而人民币份额不足2%，中国自主研发的全球支付结算系统的市场份额也远不及 SWIFT 的国际市场份额。2020 年 1—11 月跨境贸易人民币结算份额仅为 20.6%，还不到 2015 年的峰值（29.5%）。这就要求加快人民币国际化步伐，加快金融开放。

中欧全面投资协定为中国金融开放提供了制度红利。当前应积极推动对欧盟资本账户双向开放，鼓励人民币通过中欧双边贸易和投资渠道流动，扩大人民币在欧盟的使用。其作用机制是：首先通过对欧直接投资和贸易扩大人民币流出规模，其次通过欧洲离岸人民币市场提高人民币资产的可得性。欧洲离岸人民币市场对国际投资者是很有吸引力的：一是体现在人民币资产的安全性和回报性上；二是欧洲具有成熟的离岸金融体系和基础设施。当前全球离岸人民币存款规模仅 1 万亿元，而我国外汇储备有 3.2 万亿美元、国内资金规模为 220 万亿元，说明离岸人民币市场有很大的发展空间，同时风险可控。

随着中欧“全面战略伙伴关系”迈入第 18 个年头，中欧全面投资协定展现了中国推进高水平对外开放的决心和信心，不仅为中欧双边投资提供更光明的合作前景，也为中国企业提高国际话语权、推动我国资本账户双向开放、加快人民币国际化步伐提供制度保障。

信息专题 4　中国对欧洲市场、中东欧 17 国工程承包近况

一、对欧洲市场工程承包概况

欧洲市场是中国企业开展基础设施建设转型升级的目标市场。目前中国对外承包工程行业正处于转变发展方式、实现转型升级的关键时期，进入欧洲等高端市场，与欧洲企业开展合作，对于提高中国企业业务运作能力，提升境外 BOT（建设—运营—移交模式）、PPP（公私合营）、特许经营等项目的经营水平具有重要意义，有助于中国企业业务的转型升级和市场布局的优化调整。2019 年中国在欧洲地区新签合同额和完成营业额位居前十的国家排名见表 6－6。此外，2019—2020 年，中国对欧部分承包工程（中标/新签）的详细信息见表 6－7。

表 6－6　2019 年欧洲地区新签合同额和完成营业额前 10 国别（地区）市场排名

排名	国别（地区）	新签合同额（亿美元）	同比（%）	国家（地区）	完成营业额（亿美元）	同比（%）
1	俄罗斯	169.2	452.8	俄罗斯	27.7	17.7
2	乌克兰	25.5	150.1	法国	12.7	1.2
3	西班牙	23.0	300.5	西班牙	7.8	76.1
4	法国	16.3	0	乌克兰	7.3	26.4

续表

排名	国别（地区）	新签合同额（亿美元）	同比（%）	国家（地区）	完成营业额（亿美元）	同比（%）
5	塞尔维亚	12.1	303.8	英国	6.4	12.3
6	波兰	11.0	710.2	白俄罗斯	6.4	-36.0
7	芬兰	8.5	—	塞尔维亚	6.2	78.9
8	白俄罗斯	6.7	-35.8	德国	5.0	-38.4
9	德国	6.2	-30.5	黑山	3.5	-48.8
10	英国	6.1	-36.0	格鲁吉亚	3.0	7.7

资料来源：中国商务部、中国对外承包工程商会。

表6-7　2019—2020年部分中国对欧承包工程（中标/新签）

国家	概况
希腊	2019年2月11日，中国葛洲坝集团有限公司国际公司签约希腊MINOS50MW塔式光热发电项目，这是中国企业在希腊签约的首个电力绿地投资项目
西班牙	2019年3月，东方日升与西班牙光伏巨头Opdenergy就261MW项目开发签署合作协议。按照协议内容，东方日升将为后者承建的电站项目提供高效组件
英国	2019年3月，阳光电源签约英国34.7MW光伏+27MW/30MWh储能大型项目。据了解，该无补贴项目是英国目前最大的光储融合项目
保加利亚	2019年4月18日，中国机械设备工程股份有限公司（CMEC）与保加利亚瓦尔纳中心物流港口公司签署合同，成为保加利亚瓦尔纳港口建设项目总承包商，合同金额约1.2亿欧元
希腊	2019年11月11日，希腊MINOS50MW光热发电项目多边合作协议成功签署。该项目由中国工商银行牵头安排中、希及区域性多边金融机构融资，由中国企业联合希腊、英国等国企业开发、建设、运营，项目总投资约2.9亿欧元。该项目由中国葛洲坝集团国际工程有限公司、浙江中控太阳能技术有限公司组成的联营体负责建设
瑞典	2019年12月17日，中铁隧道局与瑞典斯德哥尔摩市议会厅下属斯德哥尔摩地铁延长线项目经理部（SLL）签署协议，成功中标斯德哥尔摩地铁延长线项目的三座工作隧道施工，总价3.45亿瑞典克朗，约合人民币2.57亿元
西班牙	中兴通讯股份有限公司EUSKALTEL，S. A. MS项目
英国	门迪电池储能项目。项目由中国华能集团和国新国际共同投资，涉及金额4300万英镑，于2019年12月初正式开工建设，并计划于2020年底前投产。中国华能负责建设和运营，上海电力设计院参与项目勘察设计，阳光电源提供成套储能设备及系统解决方案，宁德时代和阳光三星提供电池。项目主要设备由中国企业制造和集成，国产率超过80%
法国	中国天楹子公司中标2.25亿欧元法国垃圾焚烧发电项目。2020年5月，中国天楹公布其法国全资子公司UrbaserEnvironnement和西班牙全资子公司Urbaser S. A. U. 作为联合体，成为法国波城ValorBéarn垃圾焚烧发电项目的中标单位。合同总额2.26亿欧元（不含税）；合同期限为20年，自2020年7月1日起计算

续表

国家	概况
克罗地亚	里耶卡港深水集装箱码头特许经营项目（推进中）。项目业主为里耶卡港务局。作业港区长 680 米，码头面积 22 公顷，水深最低 20 米。码头一期（400 米）已利用世界银行资金建设完成，二期（280 米）拟以特许经营方式完成。中标方将自主完成二期 280 米码头建设及第一期未完成的堆场和仓储区建设。宁波舟山港股份有限公司牵头的中方企业联营体（宁波港占 70%，天津港占 20%，中国路桥占 10%）和荷兰马士基集装箱码头公司与当地企业组成的联营体两家单位参与竞标。2020 年 3 月开标结果显示中方联营体报价和承诺工期占优，截至 2020 年 5 月最终结果尚未公布
波兰	2019 年，中国电建分别中标 S14 罗兹绕城路项目和绿山两个防洪项目 2019 年 10 月 31 日，中国能建、南方建投、广东火电与 MAXDEAL 公司签署波兰波罗的海一揽子 324.8 兆瓦风电项目 EPC 合同，合同金额约为 44 亿元人民币 中国水电联合体将施工升级波兰 71 公里铁路线。波兰基础设施经理 PKPPLK 选择了一个由 Intercor、StecolCorp 和中国水电建设集团组成的联合体，签订了一份 40.140 亿兹罗提的合同，对 Czy·ew 和 Bia·ystok 之间 71 公里的线路进行现代化改造 中国港湾工程中标波兰 POLICE 化工厂项目码头和疏浚工程。2020 年 1 月 2 日，中国港湾工程收到波兰 POLICE 化工厂项目码头及疏浚工程中标函。该项目总工期 16 个月，项目主要内容包括建设 630 米钢板桩直立式护岸、2 万吨级钢管桩式 LPG 码头、43 万方码头前沿疏浚及消防泵站等附属设施施工 中国建材签约波兰 150 兆瓦光伏电站项目。2020 年 2 月 26 日，中国建材成功签约了波兰光伏发电项目的合同。该项目合同总额超过 1 亿美元，涉及波兰境内的多处光伏电站建设，预计 3 月开工，2021 年结束 中国电建旗下公司和波兰合作方组成联营体签署波兰铁路修复合同。2020 年 6 月 26 日，由中国电建所属电建国际公司、电建市政公司和波兰 INTERCOR 公司组成的联营体签署了波兰 E75 奇热夫—比亚韦斯托克段铁路修复项目合同。签约合同金额约 10.5 亿美元，其中，中国电建所占中标金额约 5.25 亿美元。该项目是目前波兰单体合同额最大的公共采购类基础设施项目 中国建材签署波兰光伏电站合作备忘录。2020 年 12 月 23 日，中国建材凯盛科技与 GPC 集团签署了波兰二期 200 兆瓦地面光伏电站项目合作备忘录
斯洛伐克	2019 年我国对斯洛伐克承包工程新签合同 4 个，新签合同额 500 万美元，完成营业额 500 万美元。另外，葛洲坝集团公司作为预分包商，2019 年与斯洛伐克和意大利公司组成联合体中标了斯洛伐克某水电站机组升级改造项目。该公司原定于 2020 年 2 月 2 日派团至斯洛伐克进行商情调查和分包价格的进一步磋商，但受新冠肺炎疫情影响行期推迟
波黑	波黑 5C 走廊高速公路项目（波契泰利—兹维罗维契段）。该项目业主为波黑联邦高速公路公司，由欧洲投资银行提供资金，共分为两个标段（分别为高速公路和泊奇特利桥），分别由中建集团和中国电建集团于 2019 年 4 月中标，并于 2019 年 11 月正式开工，目前项目正在建设中 波黑多博伊医院设计、采购、建造项目。该项目业主为波黑塞族共和国卫生部，由中国国际医药卫生有限公司于 2018 年 12 月中标，2019 年 3 月签署项目总承包合同并奠基 中国能建葛洲坝集团签订波黑达巴尔水电站项目合同。2020 年 5 月 4 日，中国能建葛洲坝集团与波黑塞族共和国电力公司下属达巴尔电力公司在特雷比涅签署了达巴尔水电站项目 EPC 合同，总金额约 17 亿元人民币

续表

国家	概况
匈牙利	中国中铁联合体中标匈牙利铁路EPC项目。项目工期60个月（其中设计工期24个月，施工工期36个月），中标金额约为20.79亿美元，约合143.33亿元人民币；中国中铁所属两家企业在联合体中标工程中所占施工份额为50%，所占中标金额约为10.40亿美元，约合71.67亿元人民币
塞尔维亚	东方电气签订塞尔维亚RDF发电厂锅炉岛项目合同。2020年4月1日，东方电气集团国际合作有限公司与塞尔维亚迈特菲投资公司正式签署塞尔维亚米特洛维卡RDF发电项目燃料输送及锅炉岛总承包合同，该合同项目装机30兆瓦，合同范围包括燃料供应、锅炉及其附属设备、灰渣排放等系统设计、施工、制造、运输、安装、调试和移交。项目位于贝尔格莱德以西80公里的米特洛维卡 山东国际中标塞尔维亚12.5亿元快速路EPC项目。2020年6月1日，山东国际欧洲公司收到塞尔维亚建设、交通和基础设施部关于实施Valjevo（Iverak）—Lajkovac快速路项目的中标通知书，中标合同金额1.58亿欧元（约合人民币12.5亿元），该快速路项目全长约18.3公里，经过塞尔维亚中西部城市Valjevo市连接至Lajkovac市，并在Lajkovac市接入E763高速公路，采用塞尔维亚当地标准，设计时速为100km/h，为双向四车道 中国紫金矿业集团启动塞尔维亚电解铜精炼厂建设项目。2020年6月2日，中国紫金矿业集团在塞尔维亚的子公司紫金博尔铜业启动了一项耗资5810万欧元（约合6500万美元）的电解铜精炼厂建设项目 中国路桥签署“诺维萨德—鲁马”快速路项目。2020年10月6日，中国路桥工程有限责任公司与塞尔维亚政府签署“诺维萨德—鲁马”快速路项目。该项目位于塞尔维亚北部，全长约47.7公里。全线采用一级快速路标准建设，其中包括一条3.5公里长的隧道，建成后将是塞尔维亚境内最长的隧道
立陶宛	中国能建华北院签署立陶宛Priekulé110/10千伏变电站改造工程总承包合同。2020年6月2日，中国能建华北院eti公司与立陶宛国家电网公司签署立陶宛Priekulé（普列库列）110/10千伏变电站改造工程总承包合同。该工程地处立陶宛西部沿海地区，涉及变电站变电开关，变电室更换、继电保护等各项任务，工程建设期27个月
黑山	东方电气签订黑山普利电厂改建项目EPC总包合同。2020年6月9日，东方电气集团国际合作有限公司与黑山国家电力公司签订了黑山普利电厂改建项目EPC总包合同。项目装机225兆瓦。紫金波尔铜业计划在2020年和2021年共投资7.31亿欧元（约合8亿美元）

资料来源：根据公开资料整理。

中国企业也通过建设基础设施提升了欧洲当地民生福祉，创造了经济效益和社会效益。由中国中铁主持修建的匈塞铁路，便利了两地交通往来；华为助力德铁改造，构建多业务、立体化通信网络，该项目覆盖德国北部区域12000公里铁路，占德国全境铁路网络的40%①；由华电集团建设的罗马尼亚罗维纳

① 欧盟中国商会，罗兰贝格企业管理咨询公司．迅捷行动，共创未来［R］．2020-09-10.

里燃煤发电站项目，建成后在保留 3000 个工作岗位的基础上，又新增 1800 个工作岗位；首批使用“中国—中东欧国家合作 100 亿美元专项贷款”的大型基建项目波黑斯坦纳里火电站，为波黑能源自主作出显著贡献，让这个巴尔干城市重获生机。[①] 2019 年，中国企业在欧洲市场新签合同额 323.1 亿美元，同比增长 125.5%；完成营业额 106.3 亿美元，同比增长 6.1%。另外，2019 年 11 月 11 日，在中希双方领导人的见证下，希腊 MINOS50MW 光热发电项目多边合作协议成功签署。该项目由中国工商银行牵头安排中、希及区域性多边金融机构融资，由中国企业联合希腊、英国等国企业开发、建设、运营，项目总投资约 2.9 亿欧元。该项目的联合开发，开创了中西方金融机构及企业在希腊第三方市场合作的范例，并作为国际多边友好合作机制典型项目，成功入选《中希两国三年合作计划》《中英两国合作开发第三方市场》等多个政府间框架合作协议。[②] 据中国拟在建项目网（BHI）的中资企业海外项目数据库监测，2020 年，中资企业在欧洲参与的工程项目取得进展的共 98 个，包括 67 个新增项目（签约/中标/投资）和 31 个进展跟踪项目。这些项目共涉及 19 个国家，其中欧盟 27 国项目占比仅 1/4。[③]

2019 年，从国别市场业务来看，中国企业在法国、德国、英国、西班牙等市场的业务规模居欧洲国家前列。从业务领域来看，通信工程建设、交通运输建设、电力工程建设、石油化工项目新签合同额均实现增长。

为推动疫后经济绿色复苏，欧盟委员会公布了旨在提高存量建筑能源效率的建筑翻新计划。根据计划，未来 10 年欧盟将资助改造 3500 万栋建筑，将翻新率提高至少一倍。为此，欧盟每年需要为建筑翻新增加约 2750 亿欧元的投资，其中仅每年改造 80 万套住房就需增加 570 亿欧元投资。整体而言，随着疫情得到有效控制，2021 年世界经济有望复苏，欧洲地区工程承包市场将恢复增长。

二、对中东欧 17 国工程承包概况

中国与中东欧各国政府在“17+1 合作”的总体框架下，将加快中东欧互联互通基础设施建设作为优先方向，目前已经实现与中东欧 17 国签署共建“一带一路”倡议合作文件的全覆盖。

---

① 中国与中东欧国家贸易额再创新高，投资领域不断拓宽．人民日报，2021（19）．

② 更多信息请参考：http：//projectinfo. bhi. com. cn/DynamicTopic/Construction _ AbroadDetail. aspx？ id = 25750315。

③ 更多信息请参考：http：//hw. bhi. com. cn/DynamicTopic/AbroadDetail. aspx？ id = 39100330&oid = 8。

2019年，中国企业在中东欧市场有所突破，新签合同额40.2亿美元，完成营业额18.1亿美元，签约塞尔维亚高速公路、匈塞铁路（诺维萨德—苏博蒂察段）、波兰风电和高速公路、北马其顿房屋建筑等项目。2020年，中国在中东欧国家新签工程承包合同额54.1亿美元，比上年增长34.6%。截至2020年底，中国累计对中东欧国家直接投资31.4亿美元，涉及能源、基础设施、物流等领域。

三、中国对原欧盟28国、中东欧17国工程承包近况对比

从对外承包工程完成额来看，2019年，中国企业在欧盟完成营业额47.2亿美元，同比增长5.7%（见图6-17和表6-8）。其中，排名前四位的是法国、西班牙、英国和德国，中国企业在这四国的承包工程完成营业额占在原欧盟28国承包工程完成营业额的68%。中国企业在中东欧17国承包工程完成营业额达14.6亿美元，同比大幅增长54%。其中，排名前四位的是塞尔维亚、克罗地亚、希腊和北马其顿，中国企业在这四国的承包工程完成营业额占在中东欧17国承包工程完成营业额的78%。在中东欧17国中，中国企业在西巴尔干五国的承包工程金额最高，其次为东南欧5国，中国企业在波罗的海三国的承包工程最少。

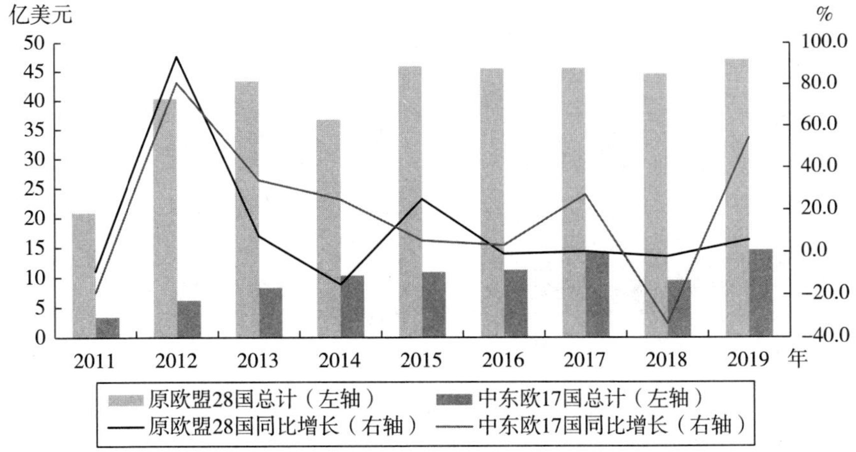

图6-17　2011—2019年中国对原欧盟28国及中东欧17国承包工程营业额情况

（资料来源：Wind资讯）

表6-8　2008—2019年中国部分对外承包工程完成营业额　单位：万美元

国别	2008年	2009年	2010年	2011年	2012年	2013年	2014年	2015年	2016年	2017年	2018年	2019年
比利时	19298	7345	11322	2197	35075	7385	7002	3638	15389	14280	725	15945
法国	37861	20319	46848	86753	117932	145083	148177	184421	136049	144236	125834	127388
德国	41682	45887	34556	30255	87818	46660	38138	52252	59559	63631	81436	50129

续表

国别	2008 年	2009 年	2010 年	2011 年	2012 年	2013 年	2014 年	2015 年	2016 年	2017 年	2018 年	2019 年
意大利	3389	10678	7790	8263	9700	10874	6176	14498	20105	20105	27342	19426
卢森堡	—	—	—	—	—	—	—	—	—	—	—	—
荷兰	2685	10332	11927	9868	30436	41067	23173	24584	17588	16163	13420	17496
丹麦	491	4414	241	420	2957	2399	102	218	100	495	1283	1918
爱尔兰	580	201	11	29	—	1173	713	—	—	—	—	100
英国	17487	28525	43241	24078	37562	61519	48281	84736	71896	108268	57018	64045
希腊	32311	3970	3333	5491	8553	18018	3345	7632	29930	15973	19572	18125
葡萄牙	1080	5083	4377	2595	4481	4033	5044	6561	5645	4939	25610	13361
西班牙	11406	16109	22156	7984	10362	25225	8902	18809	29689	27916	44436	78236
奥地利	514	1059	1788	3765	12073	3304	1895	3041	4469	7490	10179	6137
芬兰	370	53	105	82	306	5	—	2613	357	1676	218	130
瑞典	1564	519	1291	1487	4416	8924	9284	11506	10528	6057	9667	8026
捷克	1241	2569	6468	3753	4913	4730	4618	7754	5698	6003	5739	5880
爱沙尼亚	—	—	—	—	—	—	—	—	—	—	—	—
匈牙利	2690	6503	4429	5647	4835	3272	3693	4650	3883	3390	3881	2668
拉脱维亚	301	—	—	—	2	1205	467	399	—	—	64	40
马耳他	486	—	—	4	29	704	105	3443	31	213	—	—
波兰	1239	3362	5898	3369	628	3484	12952	5037	5814	966	6267	5515
斯洛伐克	46	114	75	880	700	—	—	—	—	201	—	500
斯洛文尼亚	172	202	3	—	19	37	76	194	688	826	640	250
保加利亚	933	406	13209	2307	5969	20679	20894	8537	7758	3997	4984	7984
罗马尼亚	6595	5460	5727	5416	22498	18722	16331	14794	18457	9322	8218	6997
克罗地亚	30	—	—	—	—	4415	85	213	471	138	12	21505
北马其顿	—	—	57	4	—	287	16515	36906	20958	14071	10758	12569
塞尔维亚	144	303	426	5114	13685	7975	23525	19801	17889	36897	34508	61743
黑山	—	28	718	—	—	—	385	3107	—	50968	—	—
阿尔巴尼亚	5063	8639	1945	2268	83	50	616	—	896	182	266	2458

资料来源：Wind 资讯。

信息专题5　“欧洲丝绸之路”的融资策略①

《中东欧经济研究报告（2018—2019）》专题14曾介绍了维也纳国际经济比较研究所（wiiw）于2018年提出的“欧洲丝绸之路”计划（European Silk Road）。该计划建议打造连接西欧工业中心与中东欧人口密集的欠发达地区的南北两条路线，旨在促进欧洲，特别是中东欧地区中短期就业和经济增长。根据wiiw估算，“欧洲丝绸之路”耗资约1万亿欧元，约占两条线路沿线国家GDP总额的8%，约占欧盟GDP总额的7%（占比均为2018年标准）。② 虽然wiiw经济学家在提出“欧洲丝绸之路”建议之时考虑了其融资策略，但是鉴于该项目耗资巨大、涉及的融资方式多样且复杂，2019年底wiiw再次发布详细报告，探讨了如何在欧洲丝绸之路信托基金（European Silk Road Trust，ESRT）的帮助下，通过欧洲主权财富基金（European Sovereign Wealth Fund，ESWF）和其他融资工具为“欧洲丝绸之路”筹集资金的可能性和可行性。有鉴于此，本专题将跟踪更新“欧洲丝绸之路”的具体融资策略。

一、欧洲丝绸之路信托基金

wiiw认为“欧洲丝绸之路”可借鉴75年前奥地利经济学家保罗·罗森斯坦—罗丹（Paul Rosenstein—Rodan）③ 提出的东欧工业信托基金（Eastern European Industrial Trust）模式来进行融资，具体法律操作框架则可参考奥地利高速公路和快速路融资股份公司ASFINAG（Autobahnen—und Schnellstraβen—Finanzierungs—Aktiengesellschaft）的自行筹集资金策略。该公司成立于1982年，为奥地利国家所有，在发行债券外依靠国家担保，长期为奥地利道路基础设施建设及其运营管理投资提供预算外融资。

长期以来，欧盟对银行和保险业较大的监管力度导致私营部门为长期基础设施投资融资的能力受到了一定的限制。与此同时，欧盟成员国公共部门的投资规模同样受到欧盟“稳定与增长公约”（Stability and Growth Pact）④ 的限制，

① Mario Holzner. One Trillion Euros for Europe. Policy Notes and Reports 35, November 2019.

② 姜建清．中东欧经济研究报告2018—2019［M］．北京：中国金融出版社，2019.

③ 奥地利经济学家保罗·罗森斯坦—罗丹在1943年发表了《东欧与东南欧工业化的问题》，并开创了著名的“大推动模型”（Big Push Model）。凭借此文他被视为发展经济学派（Development Economics）的开创者。更多信息请参考：https：//zh. wikipedia. org/wiki/% E4% BF% 9D% E7% BD% 97% C2% B7% E7% BD% 97% E6% A3% AE% E6% 96% AF% E5% 9D% A6% C2% B7% E7% BD% 97% E4% B8% B9。

④ “稳定与增长公约”规定欧盟成员国预算赤字不能超过GDP的3%，政府债务不能超过GDP的60%。如果不能遵守上述规定，最高将被罚款本国GDP的0.5%。“稳定与增长公约”因其严格的财政规则而经常受到批评，该协议还因缺乏合规性以及对某些国家的偏爱而受到攻击。更多信息请参考：https：//www. investopedia. com/terms/s/stability - growth - pact. asp。

包括欧盟委员会对成员国财政的监督机制以及对违约成员国在警告后的制裁机制。然而，奥地利 ASFINAG 公司自行筹集资金的模式能够很好地利用欧盟“稳定与增长公约”的灵活性，使奥地利在近几十年能够进行反周期基础设施投资。[①] 奥地利 ASFINAG 公司的筹集资金模式具有一些特殊优势：（1）得益于奥地利政府的担保，ASFINAG 公司所提供的资金成本偏低；（2）与直接的公共基础设施投资相比，通过 ASFINAG 公司进行的投资的整体表现和财务状况会更好；（3）通过 ASFINAG 公司，奥地利政府利用协同效应将交易成本降至最低水平。总的来看，ASFINAG 公司的融资模式结合了私营部门的优势（高效和灵活）和公共部门的优势（较低的融资成本）。[②] 鉴于 ASFINAG 公司融资模式的诸多优势，欧盟其他国家将其作为国家预算以外投资工具的范本，如德国在 2018 年 9 月建立的联邦高速公路公司（Die Autobahn GmbH des Bundes）。

正如前文所述，wiiw 经济学家倡议建立以 ASFINAG 公司融资模型为基础的欧洲丝绸之路信托基金公共有限公司（European Silk Road Trust PLC，ESRT PLC）。总体设想如下：ESRT PLC 由欧元区国家、欧盟成员国和第三方国家共同所有，其中第三方国家特指那些愿意参与“欧洲丝绸之路”建设的非欧元区和非欧盟国家。这样，“欧洲丝绸之路”涉及的大规模跨境项目将由 ESRT PLC 进行统一协同管理。专业的中央集权机构外加经过合理设计的投资项目使得 ESRT PLC 在发行其 ESRT 债券时，在国际金融市场占据更有利的地位。欧元区国家、欧盟的非欧元区国家以及第三方国家将持有 ESRT PLC 100% 的股份。ESRT PLC 主要由三个有限责任公司（LLC）组成，包括规划和建设责任有限公司、运营和维护责任有限公司以及收费服务责任有限公司。考虑到 ESRT PLC 的大部分收入来自过路费，上文提到的第三个有限责任公司将被视为私营部门。基于此，“稳定与增长公约”中的财政规则将不适用于 ESRT PLC 的投资项目。在公共部门的担保下，ESRT PLC 可以通过 ESRT 债券在金融市场上进行资金筹集，其利率与欧元区最佳投资级别国家的利率基本一致（接近零利率甚至为负利率）。

尽管短期内利率上升的可能性不高，对 ESRT 债券的长期再融资构成的威胁不大，但中长期来看，ESRT PLC 仍然需要一个实力强大的核心担保人。对

---

① Nauschnigg, F. “The Austrian ASFINAG as a model for more infrastructure investment in the EU”. Contribution to the 19th FMM Conference, 24 October 2015.

② Nauschnigg, F. (2015b). “Die österreichische Infrastrukturgesellschaft ASFINAG als verkehrspolitisches Modell”. Wirtschaftsdienst, 95 (5), 2015: 342 – 346.

此，wiiw 建议由欧元区成员国逐步发展建立欧洲主权财富基金（ESWF），并在合适的时机取代欧元区成员国，成为 ESRT 债券的主要担保人。

二、欧洲主权财富基金及其备选方案

上文设想的由欧元区成员国牵头成立的欧洲主权财富基金在某种意义上实现了欧元区共同财政政策目标。自 1999 年欧元区成立以来，欧元区有了统一的货币政策，却未统一财政政策，财政与货币的不完全协调在一定程度上增加了该货币联盟市场暴露在债务危机之中的可能性。2010 年希腊爆发的主权债务危机产生了一系列连锁效应。2010—2012 年，危机演化成全面的银行—主权债务危机，影响范围扩展至西班牙、爱尔兰、意大利等欧盟成员国，最终升级为欧洲债务危机。对此，无论是欧洲央行前行长德拉吉还是现任行长拉加德均一再督促欧元区各国政府需要对财政措施达成一致，以应对可能的经济衰退和经济危机。虽然在 2019 年 6 月欧元区财政部长就“欧元区共同公共预算”的主要内容进行了商讨并对其中的要点达成一致，但仍有许多具体问题有待商榷。有鉴于此，“欧洲主权财富基金支持欧洲丝绸之路信托基金公共有限公司”的模式很可能是欧元区成员国愿意在接受当前政治和法律限制的情况下，朝着欧元区“财政一体化”方向迈出的第一步。根据 wiiw 的建议，欧洲央行可与欧元区各国央行以及财政部共同合作建立欧洲主权财富基金，以此作为 ESRT PLC 发行债券的担保人。鉴于该基金涉及的项目所产生资本损失的可能性并不大，欧元区各国央行的资本份额也将处于低风险之中。

从长远来看，虽然建立一个欧洲主权财富基金有利于各种欧洲共同项目的建设，然而建立一个全新的机构往往比扩大一个现有的机构要复杂得多。因而，wiiw 建议的另一个备选方案是大幅度增加欧洲战略投资基金（European Fund for Strategic Investment，EFSI）的规模。欧洲战略投资基金是容克计划的主要支柱，旨在帮助利用公共资金（包括来自欧盟预算的资金），为在欧盟开展的各类广泛的项目调动私人投资。这些项目涵盖了基础设施、研究和创新、教育、保健、信息和通信技术等领域。然而，正如上文所提，欧洲战略投资基金主要鼓励私人资本为项目共同融资，且该基金投资组合中的大多数与交通运输相关的项目规模较小，其融资额也远低于 1 亿欧元。因而，欧洲战略投资基金是否有能力为 1 万亿欧元的基础设施项目提供资金仍然值得怀疑。[①]

---

① 更多信息请参考：https：//www. consilium. europa. eu/en/policies/investment – plan/strategic – investments – fund/。

第三节　金融合作近况对比

一、货币互换协议对比

2008 年国际金融危机爆发，全球金融体系出现严重的流动性困难，一些贸易和投资伙伴国希望获得流动性支持。在此背景下，2008 年至 2021 年 3 月，中国人民银行先后与 39 个国家和地区的央行或货币当局签署了双边本币互换协议。双边本币互换安排是国家间经济金融领域合作深化的表现，有利于便利双方在贸易投资中使用本币，规避汇率风险。

根据中国人民银行公开资料，中国人民银行自 2009 年 3 月 11 日与白俄罗斯共和国国家银行宣布签署规模为 200 亿元人民币/8 万亿白俄罗斯卢布的双边货币互换协议后，陆续已与冰岛、乌克兰、英国、欧洲央行等 10 个欧洲国家和地区的央行或货币当局签署了双边本币互换协议，总金额超过 1 万亿元人民币（见表 6－9）。其中，2018 年 12 月至 2020 年 12 月，中国人民银行分别与乌克兰、欧洲央行、匈牙利 3 个国家和地区续签了双边本币互换协议，详细信息如下。

2018 年 12 月 10 日，中国人民银行与乌克兰国家银行续签了中乌（克兰）双边本币互换协议，旨在促进双边贸易和投资以发展两国经济。协议规模为 150 亿元人民币/620 亿格里夫纳，协议有效期为三年，经双方同意可以展期。

2019 年 10 月，中国人民银行与欧洲中央银行续签了双边本币互换协议，互换规模为 3500 亿元人民币/450 亿欧元，协议有效期为三年，经双方同意可以展期。

2020 年 1 月 10 日，匈牙利国家银行宣布与中国央行之间续签三年的双边福林—人民币货币互换协议，货币互换规模从此前的 100 亿元人民币增加至 200 亿元人民币。

值得注意的是，中国人民银行与瑞士央行续签的中瑞（士）双边本币互换协议（1500 亿元人民币/210 亿瑞士法郎）已于 2020 年到期，双方尚未进行续签。

截至 2020 年 12 月底，中国人民银行与中东欧 17 国的匈牙利、阿尔巴尼亚和塞尔维亚签署了双边本币互换协议，总金额为 200 亿元人民币。[①] 从覆盖的国家范围来看，2020 年，中国与欧洲各经济体之间未有新签货币互换协议，仅有 1 个续签国（匈牙利）。从互换规模上来看，西欧发达地区国家依然远远高于中东欧 17 国。

① 关于中国人民银行与中东欧 17 国货币互换协议签署具体情况可参见本报告第五章第四节的“二”。

表6-9　中国人民银行与欧洲国家和地区中央银行或货币当局签署的双边本币互换一览表

序号	国别/地区	协议签署时间	互换规模	期限
1	白俄罗斯	2009年3月11日 2015年5月10日（续签）	200亿元人民币/8万亿白俄罗斯卢布 70亿元人民币/16万亿白俄罗斯卢布（续签）	三年
2	冰岛	2010年6月9日 2013年9月11日（续签） 2016年12月21日（续签）	35亿元人民币/660亿冰岛克朗 35亿元人民币/660亿冰岛克朗（续签） 35亿元人民币/660亿冰岛克朗（续签）	三年
3	乌克兰	2012年6月26日 2015年5月15日（续签） 2018年12月10日（续签）	150亿元人民币/190亿乌克兰格里夫纳 150亿元人民币/540亿乌克兰格里夫纳（续签） 150亿元人民币/620亿乌克兰格里夫纳（续签）	三年
4	英国	2013年6月22日 2015年10月20日（续签） 2018年11月（续签）	2000亿元人民币/200亿英镑 3500亿元人民币/350亿英镑（续签） 3500亿元人民币/350亿英镑（续签）	三年
5	匈牙利	2013年9月9日 2016年9月12日（续签） 2020年1月（续签）	100亿元人民币/3750亿匈牙利福林 100亿元人民币/4160亿匈牙利福林（续签） 200亿元人民币/9290亿匈牙利福林（续签）	三年
6	阿尔巴尼亚	2013年9月12日 2018年4月3日（续签）	20亿元人民币/358亿阿尔巴尼亚列克 20亿元人民币/342亿阿尔巴尼亚列克	三年
7	欧洲央行	2013年10月8日 2016年9月27日（续签） 2019年10月（续签）	3500亿元人民币/450亿欧元 3500亿元人民币/450亿欧元（续签） 3500亿元人民币/450亿欧元（续签）	三年
8	瑞士	2014年7月21日 2017年7月21日（续签）	1500亿元人民币/210亿瑞士法郎 1500亿元人民币/210亿瑞士法郎（续签）	三年
9	俄罗斯	2014年10月13日	1500亿元人民币/8150亿俄罗斯卢布	三年
10	塞尔维亚	2016年6月17日	15亿元人民币/270亿塞尔维亚第纳尔	三年

注：数据截至2021年3月底。

资料来源：中国人民银行。

二、双方银行在对方国家设立银行分支机构情况对比

（一）中国在欧洲发达国家、中东欧17国设立银行分支机构比较

截至2020年末，四大行境外机构覆盖超过61个国家，网点数量超过1200个。中国工商银行和中国银行是中国银行业“走出去”的主力军。中国银行海外机构覆盖全球61个国家和地区，中国工商银行覆盖全球49个国家，中国建设银行覆盖全球31个国家，中国农业银行覆盖全球17个国家，中资银行在亚太地区和欧洲地区覆盖的国家数量较多。其中，中国工商银行海外机构覆盖欧洲国家和地区数量达15个，覆盖中东欧国家数量为3个（捷克、波兰、希腊）；中国银行海外机构覆盖欧洲国家和地区数量达20个，覆盖中东欧国家数量为6个（匈牙利、捷克、波兰、塞尔维亚、希腊和罗马尼亚）；中国建设银行海外机构覆盖欧洲国家和地区数量达11个，覆盖中东欧国家数量为1个（波兰）；中国农业银行海外机构覆盖欧洲国家和地区数量达4个，暂未覆盖中东欧国家。

1. 中国工商银行在欧机构设立情况。截至 2020 年 12 月，中国工商银行在欧洲的服务网络已覆盖 15 个欧洲国家，在德国设有 5 个海外分支机构，在英国、俄罗斯各有 3 个，在卢森堡、比利时、荷兰、意大利、西班牙各有 2 个，在法国、波兰、捷克、土耳其、瑞士、奥地利均设有 1 个分支机构，在希腊设有一家代表处（见表 6－10）。

表 6－10　　　　中国工商银行欧洲机构一览表

国家	数量	分支机构/代表处
卢森堡	2	卢森堡分行
		工银欧洲
德国	5	法兰克福分行
		杜塞尔多夫分行
		慕尼黑分行
		柏林分行
		汉堡分行
法国	1	巴黎分行
比利时	2	布鲁塞尔分行
		安特卫普分行
荷兰	2	阿姆斯特丹分行
		鹿特丹分行
意大利	2	米兰分行
		罗马分行
西班牙	2	马德里分行
		巴塞罗那分行
波兰	1	中国工商银行（欧洲）有限公司华沙分行
捷克	1	布拉格分行
英国	3	工银伦敦
		伦敦分行
		工银标准①
俄罗斯	3	工银莫斯科
		圣彼得堡分行
		格林伍德客户服务中心
土耳其	1	工银土耳其②
瑞士	1	苏黎世分行
奥地利	1	工银奥地利
希腊	1	工银希腊代表处

注：数据截至 2020 年底。

资料来源：中国工商银行。

① 工银标准银行公众有限公司系中国工商银行在英国的控股子银行，拥有 9 个分支机构。

② 工银土耳其拥有 44 家分行及 20 家证券营业部。

2. 中国银行在欧机构设立情况。截至2020年底，中国银行在欧洲的服务网络覆盖到20个国家或地区。其中在英国设有7个海外分支机构，在德国设有6个，法国和俄罗斯各有3个，意大利[①]、匈牙利和卢森堡各有2个，瑞士、荷兰、比利时、瑞典、葡萄牙、波兰、捷克、爱尔兰、奥地利、土耳其、塞尔维亚、希腊、罗马尼亚均设有1个分支机构（见表6-11）。[②]

表6-11　　　　中国银行欧洲分支机构一览表

国别	数量（个）	分支机构
英国	7	中国银行（英国）有限公司
		中国银行（英国）有限公司伦敦中国城分行
		中国银行（英国）有限公司曼彻斯特分行
		中国银行（英国）有限公司格拉斯哥分行
		中国银行（英国）有限公司伯明翰分行
		中银国际（英国）有限公司
		伦敦分行
德国	6	法兰克福分行
		汉堡分行
		杜塞尔多夫分行
		柏林分行
		慕尼黑分行
		斯图加特分行
法国	3	巴黎分行
		十三区分行
		里昂分行
俄罗斯	3	俄罗斯中国银行
		中国银行（俄罗斯）哈巴罗夫斯克分行
		中国银行（俄罗斯）滨海分行
意大利	2	罗马分行
		米兰分行
匈牙利	2	中国银行（匈牙利）有限公司
		中国银行匈牙利分行

① 中国银行米兰分行九区支行（Montello大街，8号）已于2018年9月18日起撤并至米兰分行本部。

② 根据公开资料整理。

续表

国别	数量（个）	分支机构
卢森堡	2	卢森堡分行
		中国银行（卢森堡）有限公司
荷兰	1	中国银行（卢森堡）有限公司鹿特丹分行
瑞士	1	中国银行（瑞士）有限公司
比利时	1	中国银行（卢森堡）有限公司布鲁塞尔分行
瑞典	1	中国银行（卢森堡）有限公司斯德哥尔摩分行
葡萄牙	1	中国银行（卢森堡）有限公司里斯本分行
波兰	1	中国银行（卢森堡）有限公司波兰分行
捷克	1	中国银行（匈牙利）有限公司布拉格分行
爱尔兰	1	中国银行都柏林分行
奥地利	1	中国银行维也纳分行
土耳其	1	中国银行（土耳其）股份有限公司
塞尔维亚	1	中国银行（塞尔维亚）有限公司
希腊	1	中国银行（卢森堡）有限公司雅典分行
罗马尼亚	1	中国银行布加勒斯特分行

注：数据截至 2020 年底。

资料来源：根据公开资料整理。

综上，欧洲发达国家政治经济环境稳定，法律监管体系完善，市场化运作成熟，以及国际金融中心区位和资源优势突出等特点是中资银行海外布局初期的重要参考因素。随着新兴市场国家整体实力不断提升，投资和贸易总量持续增长，以及“一带一路”倡议和“17 +1 合作”框架的提出，中资银行海外布局的重心开始有所倾斜。2019 年，中国工商银行、中国银行在欧洲继续推进中东欧国家机构布局，业务范围首次覆盖希腊、罗马尼亚两国。2020 年因受新冠肺炎疫情影响，中资银行在欧洲的布局基本没有扩张。

（二）欧洲发达国家、中东欧 17 国在中国设立银行分支机构比较

2018 年以来，中国共批准新设各类外资银行保险机构 100 多家。其中，一批在财富管理、商业保险、信用评级等方面处于领先地位的国际专业机构，通过独资、控股或参股等方式进入中国市场，外资机构投资中国金融市场的积极性显著提高。2020 年，有来自世界各地多家知名优质的外资银行保险机构获准

批设，如美国贝莱德金融管理公司与建信理财有限责任公司、新加坡淡马锡旗下富登管理有限公司、在上海合资筹建由外资控股的贝莱德建信理财有限责任公司等。

2020 年，在外资银行的全球版图中，亚洲乃至中国市场的地位越发重要，加码布局已成共识。随着渣打、汇丰、德银等外资银行 2020 年年报相继出炉，从营业收入、利润表现等财务指标看，亚洲市场尤其是中国市场业务已经成为 2020 年拉动外资银行业绩表现的强劲马达。以汇丰控股为例，2020 年，因全球经济下滑，汇丰控股经调整利润下跌 45% 至 121 亿美元，若单计亚洲业务，税前利润达 128. 32 亿美元，远超中东及北非（0. 19 亿美元）、北美（1. 68 亿美元）等地区的税前利润，且在该地区的盈利完全覆盖了欧洲、拉美地区的亏损。渣打亦如是。2020 年，中国及北亚地区所产生的利润占渣打集团整体税前利润的 81%。渣打中国经营收入增加 6%，未计减值及税项前基本经营利润提升 26%。

在此背景下，截至 2020 年 12 月底，在中国的外资法人银行已达 41 家，其中外资股东背景为法国、德国、瑞士、英国的外资法人银行分别有 3 家、1 家、1 家、1 家。外国及港澳台银行分行共计 116 家，其中外资股东背景为奥地利、比利时、荷兰、法国、德国、瑞士、英国等欧洲国家的外资银行分行共有 26 家，欧洲各外资分行在中国的布局主要以北京和上海两地为中心（见图 6－18、表 6－12 和表 6－13）。截至目前，还没有来自中东欧 17 国的外资法人银行，也没有中东欧 17 国银行分行。

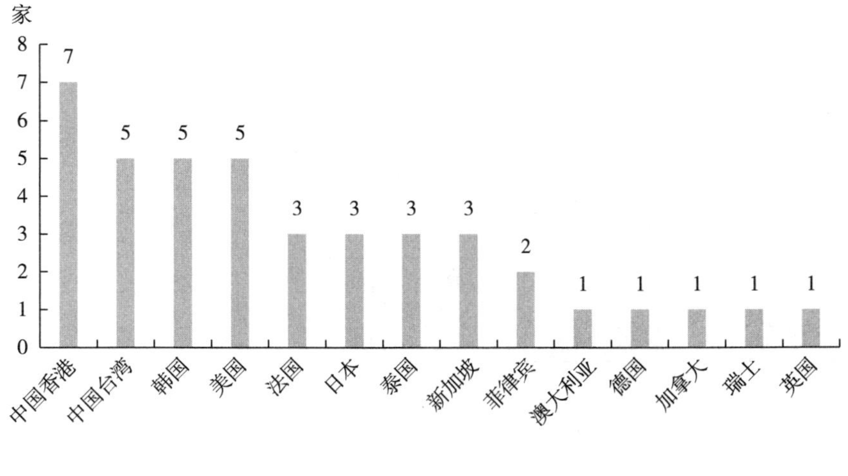

注：数据截至 2020 年底。

图 6－18　41 家外资银行股东地区分布

（资料来源：中国银保监会）

表 6－12　欧洲法人银行的注册地与外资背景

序号	名称	境内法人注册地	外资股东背景
1	法国巴黎银行（中国）有限公司	上海	法国
2	法国兴业银行（中国）有限公司	北京	法国
3	东方汇理银行（中国）有限公司	上海	法国
4	渣打银行（中国）有限公司	上海	英国
5	德意志银行（中国）有限公司	北京	德国
6	瑞士银行（中国）有限公司	北京	瑞士

注：数据截至 2020 年底。

资料来源：中国银保监会。

表 6－13　来自欧洲的外资银行分行名单

国家	数量（家）	分行名称
荷兰	5	荷兰合作银行有限公司上海分行
		荷兰合作银行有限公司北京分行
		荷兰安智银行股份有限公司上海分行
		荷兰安智银行股份有限公司北京分行
		荷兰银行有限公司上海分行
瑞典	4	北欧银行瑞典有限公司上海分行
		瑞典北欧斯安银行有限公司上海分行
		瑞典银行有限公司上海分行
		瑞典商业银行公共有限公司上海分行①
意大利	3	意大利裕信银行股份有限公司上海分行
		意大利联合圣保罗银行股份有限公司上海分行
		意大利西雅那银行股份有限公司上海分行
德国	3	德国北德意志州银行上海分行
		德国商业银行股份有限公司上海分行
		德国商业银行股份有限公司北京分行
西班牙	3	西班牙桑坦德银行有限公司上海分行
		西班牙桑坦德银行有限公司北京分行
		西班牙对外银行有限公司上海分行
法国	2	法国外贸银行股份有限公司上海分行
		法国外贸银行股份有限公司北京分行
英国	1	英国巴克莱银行有限公司上海分行
瑞士	1	瑞士信贷银行股份有限公司上海分行
俄罗斯	1	俄罗斯外贸银行公众股份公司上海分行
挪威	1	挪威银行公共有限公司上海分行
比利时	1	比利时联合银行股份有限公司上海分行
奥地利	1	奥地利奥合国际银行股份有限公司北京分行

注：数据截至 2020 年底。

资料来源：中国银保监会。

① 虽然该分行未包含在中国银保监会公布的《外国及港澳台银行分行名单（截至 2020 年 12 月 31 日）》中，但通过天眼查查询后获知该公司仍存续，因而依然将此分行列入表中。

三、双边监管合作谅解备忘录和监管合作协议签订情况对比

在欧洲地区，中国与英国、德国、法国、意大利等主要欧洲发达国家监管合作较中国与中东欧国家监管合作开展的时间更早。中国证监会最早在 1996 年 10 月 7 日与英国财政部、证券与投资委员会签署《证券期货监管合作谅解备忘录》，中国银监会于 2004 年 12 月 6 日与德国联邦金融监理署签署双边监管合作谅解备忘录，两者签署时间均早于中国与中东欧 17 国相关监管机构签署备忘录的时间（2002 年 6 月与罗马尼亚签署《证券期货监管合作谅解备忘录》，2005 年 2 月与波兰签署银行双边监管合作备忘录）。中国与欧洲地区最新签署的谅解备忘录是中国证监会于 2020 年 12 月 22 日与直布罗陀金融服务委员会签署的双边《证券期货监管合作谅解备忘录》。

截至 2020 年底，中国证监会与中东欧 17 国的罗马尼亚、立陶宛、波兰和希腊 4 国的证券（期货）监管机构签署了监管合作备忘录。中国证监会先后与英国、法国、德国、意大利、荷兰、比利时、爱尔兰、葡萄牙、西班牙等 25 个欧洲国家的证券（期货）监管机构签署了监管合作备忘录（见表 6－14）。

表 6－14 1996—2020 年中国证监会与欧洲地区证券（期货）监管机构签署备忘录一览表

时间	境外机构	备忘录名称	签署地
1996 年 10 月 7 日	英国财政部、证券与投资委员会	证券期货监管合作谅解备忘录	北京
1998 年 3 月 4 日 2019 年 3 月 25 日	法国证券委员会 法国金融市场管理局	证券期货监管合作谅解备忘录 金融领域创新合作谅解备忘录	北京 北京
1998 年 10 月 8 日 2019 年 1 月 18 日（更新签署） 2019 年 3 月 18 日	德国联邦证券监管委员会 德国联邦金融监管局 德国联邦金融监管局	证券监管合作谅解备忘录 证券期货监管合作谅解备忘录 关于期货监管合作与信息交换的谅解备忘录附函	法兰克福 北京 法兰克福
1999 年 11 月 3 日	意大利国家证券监管委员会	证券期货监管合作谅解备忘录	罗马
2002 年 6 月 27 日	罗马尼亚国家证券委员会	证券期货监管合作谅解备忘录	北京
2002 年 11 月 1 日	荷兰金融市场委员会	证券期货监管合作谅解备忘录	邮寄方式
2002 年 11 月 26 日	比利时银行及金融委员会	证券期货监管合作谅解备忘录	北京
2003 年 5 月 22 日	瑞士联邦银行委员会	证券期货监管合作谅解备忘录	邮寄方式
2004 年 10 月 26 日	葡萄牙证券市场委员会	证券期货监管合作谅解备忘录	蒙特利尔
2006 年 9 月 26 日	挪威金融监管委员会	证券期货监管合作谅解备忘录	奥斯陆
2008 年 1 月 15 日	列支敦士登金融管理局	证券期货监管合作谅解备忘录	北京
2008 年 10 月 23 日	爱尔兰金融服务监管局	证券期货监管合作谅解备忘录	北京
2008 年 10 月 30 日	奥地利金融市场管理局	证券期货监管合作谅解备忘录	邮寄方式
2009 年 10 月 6 日	西班牙国家证券市场委员会	证券期货监管合作谅解备忘录	巴塞尔

续表

时间	境外机构	备忘录名称	签署地
2010 年 1 月 26 日	马耳他金融服务局	证券期货监管合作谅解备忘录	瓦莱塔
2012 年 4 月 24 日	瑞典金融监管局	证券期货监管合作谅解备忘录	斯德哥尔摩
2012 年 5 月 17 日	卢森堡金融监管委员会	证券期货监管合作谅解备忘录	北京
2012 年 5 月 17 日	塞浦路斯证券交易委员会	证券期货监管合作谅解备忘录	北京
1997 年 12 月 22 日 2013 年 8 月 30 日（重新签署）	乌克兰证券与股市委员会 乌克兰国家证券和股市委员会	证券监管合作谅解备忘录 证券期货监管合作谅解备忘录	北京 邮寄方式
2013 年 9 月 13 日	立陶宛银行	证券期货监管合作谅解备忘录	维尔纽斯
2014 年 1 月 20 日	白俄罗斯共和国财政部	证券期货监管合作谅解备忘录	北京
2015 年 3 月 23 日	波兰金融监督管理局	证券期货监管合作谅解备忘录	华沙
2015 年 5 月 19 日	阿塞拜疆国家证券委员会	证券期货监管合作谅解备忘录	北京
2017 年 8 月 31 日	希腊证监会	证券期货及其他投资产品监管合作谅解备忘录	北京
2020 年 12 月 22 日	直布罗陀金融服务委员会	证券期货监管合作谅解备忘录	—

资料来源：中国证监会。

截至 2020 年底，中国银保监会与中东欧 17 国的捷克、立陶宛、匈牙利、波兰、塞尔维亚 5 国的监管机构签署了双边监管合作谅解备忘录；与德国、波兰、法国、意大利、匈牙利、西班牙、瑞士、荷兰、卢森堡、比利时、爱尔兰、捷克、英国等 21 个欧洲国家的监管机构签署了双边监管合作谅解备忘录（见表 6－15）。

表 6－15　2003—2020 年中国银监会与欧洲主要国家监管机构签署的双边监管合作谅解备忘录和监管合作协议

机构名称	国别	文件类型	生效时间
英国金融服务局	英国	MOU	2003 年 12 月 10 日
英国审慎监管局①			2015 年 10 月 21 日
德国联邦金融监理署	德国	MOU	2004 年 12 月 6 日
波兰共和国银行监督委员会	波兰	MOU	2005 年 2 月 27 日
波兰金融监管局②			2017 年 6 月 9 日
法兰西共和国银行委员会	法国	MOU	2005 年 3 月 24 日
意大利中央银行	意大利	MOU	2005 年 10 月 17 日
匈牙利金融监督署	匈牙利	MOU	2005 年 11 月 14 日
匈牙利中央银行③			2016 年 3 月 31 日
西班牙中央银行	西班牙	MOU	2006 年 4 月 10 日
乌克兰中央银行	乌克兰	MOU	2007 年 1 月 30 日
白俄罗斯国家银行	白俄罗斯	MOU	2007 年 4 月 23 日
冰岛金融监管局	冰岛	MOU	2007 年 6 月 11 日

续表

机构名称	国别	文件类型	生效时间
瑞士联邦银行委员会	瑞士	MOU	2007年9月29日
荷兰中央银行	荷兰	MOU	2007年12月25日
卢森堡金融监管委员会	卢森堡	MOU	2008年2月1日
比利时金融监管委员会	比利时	MOU	2008年9月25日
爱尔兰金融服务监管局	爱尔兰	MOU	2008年10月23日
捷克中央银行	捷克	MOU	2010年1月5日
马耳他金融服务局	马耳他	MOU	2010年2月2日
塞浦路斯中央银行	塞浦路斯	MOU	2011年7月15日
瑞典金融监管局	瑞典	MOU	2014年6月25日
立陶宛中央银行	立陶宛	MOU	2015年6月12日
塞尔维亚国家银行	塞尔维亚	MOU	2019年4月

注：①2013年4月，英国金融服务局撤销，其职能由英国审慎监管局和英国行为监管局行使。
②2008年1月，波兰金融监管局与波兰银行监管委员会合并，负责全面监管波兰金融机构。
③2013年10月，匈牙利金融监管局银行监管职能并入匈牙利央行。
资料来源：中国证监会、公开资料。

四、金融合作平台对比

近几年，随着“一带一路”与“中国—中东欧国家合作”的不断推进，欧盟“容克计划”的推出，中国—中东欧合作内容不断丰富、合作平台不断拓宽。合作领域从传统的经贸领域扩展到金融、能源、科技、城镇化、基础设施等，金融合作平台更是从老牌的欧洲复兴开发银行、欧洲投资银行到亚洲基础设施投资银行、丝路基金、中国—中东欧银行联合体等，多个新兴平台均有中国及欧洲各国的积极参与，中欧合作前景广阔（见表6－16）。

表6－16 中欧金融合作平台一览表

合作平台	投资目标国家	成立日期	规模
欧洲投资银行集团①	欧盟国家、中东欧、伙伴成员国	1958年	2019年，欧洲投资银行批准的项目融资总额为587亿欧元，其中欧盟内融资总额为511亿欧元，欧盟外融资总额76亿欧元。 2020年，欧洲投资基金为11.84万家中小企业（包括4家中国企业）提供了289.7亿欧元的融资贷款

① 欧洲投资银行集团是世界上最大的多边金融机构，也是最大的气候融资提供者之一，在欧洲乃至全球金融合作方面发挥着重要作用，其成员为27个欧盟国家，中国系欧洲投资银行集团的伙伴国家。尽管中国不是欧洲投资银行集团的股东，但此处我们仍将欧洲投资银行集团列入，以便读者能更全面了解。

续表

合作平台	投资目标国家	成立日期	规模
欧洲复兴开发银行[①]	中东欧、高加索地区、中亚和地中海南部及东部地区的38个经济体	1991年	2020年的投资总额为110亿欧元。截至2021年4月8日，欧洲复兴开发银行在总共6000多个项目中投资近1500亿欧元
100亿美元专项贷款	中东欧国家	2012年4月	100亿美元
中国与中东欧国家关系研究基金	中国和中东欧国家的专家、学者、智库等个人或研究机构	2013年	自2013年起每年提供200万元人民币
中国—中东欧投资合作基金	包括但不限于中东欧国家	2013年11月	一期4.35亿美元，二期10亿美元
丝路基金	“一带一路”沿线国家	2014年12月	400亿美元和1000亿元人民币
亚洲基础设施投资银行	亚洲、非洲、拉丁美洲、中东欧等地	2015年12月	法定资本1000亿美元 截至2021年2月3日，亚洲基础设施投资银行已经为28个成员提供了超过230亿美元的基础设施投资，总批准项目达112个
中国—中东欧金融控股有限公司、中国—中东欧基金	定位中东欧国家，并适当延伸至欧洲及符合中国—中东欧国家利益的其他地区	2016年11月	基金规模100亿欧元，计划撬动项目信贷资金500亿欧元
中国—中东欧银行联合体	中东欧国家	2017年11月	中国国家开发银行拟在五年内向银联体成员行提供总额度为20亿等值欧元的开发性金融合作贷款
中欧共同投资基金	投资于欧洲私募基金和风险投资基金	2018年7月	首期规模为5亿欧元

资料来源：根据公开资料整理。

（一）侧重于中欧及多区域的金融合作平台

1. 欧洲投资银行集团

欧洲投资银行集团由欧洲投资银行（European Investment Bank）和欧洲投资基金（European Investment Fund）两部分组成。后者专门为中小企业提供融资。

欧洲投资银行于1958年成立，总部设在卢森堡，是一个非营利性的区域多边金融机构，成员为27个欧盟国家。其核心业务包括两个方面：一是向欧盟成员国家和申请加入欧盟的中东欧国家提供长期项目融资，促进欧盟平衡发展和一体化建设；二是对欧盟之外的欧洲投资银行伙伴国家提供项目融资，支持欧盟的援助

① 2015年12月，中国已正式加入欧洲复兴开发银行，成为其股东。

和金融合作政策，促进非成员国的可持续发展。[①]

目前，欧洲投资银行在全球的伙伴国家（地区）超过 160 个，其中欧洲 17 个、地中海 10 个、拉丁美洲 17 个、亚洲 27 个、非洲 49 个、太平洋及加勒比海地区 32 个，其他地区 17 个。

欧洲投资银行在亚洲的伙伴国家包括阿富汗、孟加拉国、不丹、文莱、柬埔寨、中国（包括中国香港和中国澳门特别行政区）、印度、印度尼西亚、伊拉克、哈萨克斯坦、吉尔吉斯斯坦、韩国、老挝、马来西亚、马尔代夫、蒙古、尼泊尔、巴基斯坦、菲律宾、新加坡、斯里兰卡、泰国、塔吉克斯坦、土库曼斯坦、乌兹别克斯坦、越南、也门。中国承诺使用的欧洲投资银行贷款占其在亚洲业务金额的 50% 以上。

2019 年，欧洲投资银行批准的项目融资总额为 587 亿欧元，其中欧盟内融资总额为 511 亿欧元，欧盟外融资总额为 76 亿欧元。

欧洲投资基金成立于 1994 年，总部位于卢森堡，其任务是向中小型企业提供资金协助。其主要业务为创业投资和担保贷款。股东为欧洲投资银行（59. 15%）、欧洲各大共同体（由欧盟执委会代表，30. 00%）和 34 家欧盟民间金融机构（10. 85%）。[②]

2020 年，欧洲投资基金为 11. 84 万家中小企业（包括 4 家中国企业）提供了 289. 7 亿欧元的融资贷款。截至 2020 年 12 月 18 日，欧洲投资基金共为世界各地超过 157 万家中小企业提供了超过 2494 亿欧元的资金支持。[③]

2020 年，新冠肺炎疫情给全球公共卫生和经济带来了沉重的压力。为了应对这一前所未有的冲击，欧洲投资银行集团提出了一套融资方案，其中包括过渡性贷款和其他旨在缓解中小企业与中市值企业流动性和营运资金紧张的措施。欧洲投资银行集团，包括专门支持中小企业的欧洲投资基金（European Investment Fund），将通过成员国的金融中介机构，与各国银行合作。

2020 年 3 月 16 日，欧洲投资银行宣布为受新冠肺炎疫情影响的中小企业提供 400 亿欧元的融资计划，并向医疗保健领域提供 50 亿欧元的融资计划以及向欧盟以外的国家提供 50 亿欧元用于应对疫情影响。

2020 年 4 月 9 日，欧洲各国财政部长批准建立一个 250 亿欧元的泛欧担保基金（Pan-European Guarantee Fund，EGF），并于 2020 年 4 月 23 日得到欧洲理事会

---

① 更多信息请参考：http：//gjs. mof. gov. cn/pindaoliebiao/dhjz/gjjrzz/tzyh/jgjj17/201011/t20101126 _ 357617. html。

② 更多信息请参考：https：//baike. baidu. com/item/% E6% AC% A7% E6% B4% B2% E6% 8A% 95% E8% B5% 84% E5% 9F% BA% E9% 87% 91/19299556？fr = aladdin。

③ 更多信息请参考：https：//www. eif4smes. com/。

进一步批准，该基金由欧洲投资银行集团管理，目标规模为 250 亿欧元（如果所有欧盟 27 个成员国都提供资金）。该基金有望使欧洲投资银行集团通过与当地银行和国家促进机构合作再为企业提供不超过 2000 亿欧元的融资，进一步加大对中小企业和实体经济企业及卫生部门的支持力度。截至 2021 年 2 月 28 日，该基金已批准来自 15 个国家（全部为欧盟成员国）的 106 个项目。

2. 欧洲复兴开发银行

欧洲复兴开发银行成立于 1991 年，总部设在伦敦，拥有来自五大洲的 69 个成员国和 2 个国际机构（欧盟投资银行和欧洲投资银行）。主要任务是帮助欧洲战后重建和复兴，帮助和支持东欧、中欧国家向市场经济转化。2019 年，欧洲复兴开发银行总共投资了 101 亿欧元，2020 年达到创纪录的 110 亿欧元。目前①，欧洲复兴开发银行在总共 6000 多个项目中投资了近 1500 亿欧元。

2015 年 12 月，欧洲复兴开发银行批准了中国加入该行的申请，中国正式成为其一员。中国加入欧洲复兴开发银行，有力地推动了“一带一路”倡议与“欧洲投资计划”对接，为中方与该行在中东欧、地中海东部和南部及中亚等地区进行多种形式的项目投资与合作提供了广阔空间。中国成为该行成员后，履行成员义务，积极参与该行事务，并加强与该行及其他成员在经验分享、联合融资和发展援助等领域的合作。与此同时，欧洲复兴开发银行还积极参与到“17 +1 合作”框架中，成为该框架迄今为止唯一一个组织观察员，积极推动中国和中东欧合作框架下中欧之间的互联互通。

为应对新冠肺炎疫情的影响，欧洲复兴开发银行于 2020 年 3 月 13 日批准了一揽子援助计划，并承诺在 2020—2021 年提供 210 亿欧元的抗疫融资，以帮助 38 个新兴经济体应对疫情的影响。捷克是唯一一个从欧洲复兴开发银行“毕业”（2007 年）的成员国，2021 年，捷克政府请求欧洲复兴开发银行帮助其恢复经济，欧洲复兴开发银行同意在一段有限的时间内恢复对该国的投资。

3. 丝路基金

丝路基金由中国外汇储备、中国投资有限责任公司、中国进出口银行、国家开发银行共同出资，于 2014 年 12 月 29 日在北京注册成立，规模为 400 亿美元。基金致力于为“一带一路”框架内的经贸合作和双边多边互联互通提供投融资支持。

2017 年 5 月 14 日，中国国家主席习近平在“一带一路”国际合作高峰论坛开幕式上宣布，中国将加大对“一带一路”建设的资金支持，向丝路基金新增资

① 更多信息请参考欧洲复兴开发银行官网，检索日期：2021 年 4 月 8 日。

金 1000 亿元人民币。至此，丝路基金的资金规模达到 400 亿美元和 1000 亿元人民币。其中，外汇储备（通过梧桐树投资平台有限责任公司）、中国投资有限责任公司（通过赛里斯投资有限责任公司）、国家开发银行（通过国开金融有限责任公司）、中国进出口银行的出资比例分别为 65%、15%、5% 和 15%。

截至 2020 年 10 月 23 日，丝路基金已签约以股权投资为主的各类项目 47 个，承诺投资金额 178 亿美元①，投资覆盖俄、蒙、中亚、南亚、东南亚、西亚、北非及欧洲等地区的基础设施、资源开发、产业合作、金融合作等领域。此外，丝路基金还单独出资 20 亿美元设立了中哈产能合作基金，并于 2019 年 4 月 29 日与新加坡盛裕集团签署设立“中国—新加坡共同投资平台”的框架协议。2020 年 4 月，丝路基金与乌兹别克斯坦国家对外经济银行签署贷款协议，后者将以转贷款的方式支持撒马尔罕旅游中心项目的建设及开发。

4. 亚洲基础设施投资银行

亚洲基础设施投资银行（Asian Infrastructure Investment Bank，AIIB，简称亚投行）成立于 2015 年 12 月 25 日，是一家旨在改善亚洲社会和经济成果的多边开发银行。重点支持基础设施建设，成立的宗旨是促进亚洲区域的建设互联互通化和经济一体化的进程，并且加强中国及其他亚洲国家和地区的合作，是首个由中国倡议设立的多边金融机构，总部设在北京，法定资本 1000 亿美元。

2019 年，比利时、希腊、塞尔维亚三国正式加入亚投行。至此，中东欧17 国中有匈牙利（2017 年 6 月 16 日）、波兰（2016 年 4 月 20 日）、罗马尼亚（2018 年 12 月28 日）、塞尔维亚（2019 年 8 月 15 日）、希腊（2019 年 8 月 20 日）5 国加入了亚投行。原欧盟 28 国中仅有 8 个国家（8 国全部属于中东欧 17 国）未加入亚投行。2020 年 7 月，利比里亚的成员国申请获得通过，成为亚投行第 103 个成员。

截至 2020 年，亚投行已有 103 个正式成员国，其中域内国家 44 个，域外国家 35 个，签约国 24 个，约占全球人口的 79%，国内生产总值的 65%。开业 5 年多来②，亚投行已经为 28 个成员提供了超过 230 亿美元的基础设施投资，总批准项目达 112 个。

2020 年 4 月 3 日，亚投行宣布将推出初始额度为 50 亿美元的危机恢复基金，为受到新冠肺炎疫情严重冲击的公共和私营部门机构提供快速融资，并承诺在接下来的 18 个月里（2020 年 4 月至 2021 年 10 月 16 日），向因新冠肺炎疫情而面临或有可能面临严重不利影响的任何亚投行成员国的公共和私营部门实体提供至多

① 更多信息请参考：https：//www. sohu. com/a/427216384 _ 731021。

② 更多信息请参考：https：//www. chinca. org/CICA/info/21020310152311。

130 亿美元的融资。截至 2021 年 1 月，已经在这一框架下批准了超过 70 亿美元贷款，其中许多项目为和亚洲开发银行、世界银行共同融资。

2020 年，亚投行发布未来 10 年发展战略，明确了基础设施建设的具体指标：到 2025 年气候融资占比达 50%；到 2030 年，跨境互联互通项目占比达 25% ~30%，私营部门融资占比达 50%。

5. 中欧共同投资基金

为推动“一带一路”建设与欧洲“容克计划”对接，2015 年中欧双方提出关于成立中欧共同投资基金的倡议。丝路基金与欧洲投资基金分别作为中方和欧方实施单位，于 2018 年 4 月签署《中欧共同投资基金共同投资协议》，正式设立中欧共同投资基金。中欧共同投资基金首期规模为 5 亿欧元，由丝路基金与欧洲投资基金等比例出资并共同进行投资决策。中欧共同投资基金遵循市场化原则，主要投资于欧洲私募基金和风险投资基金，投向对中欧合作具有促进作用、商业前景较好的中小企业，促进“一带一路”倡议与欧洲投资计划（“容克计划”）相对接，实现互利共赢。

2018 年 7 月，丝路基金与欧洲投资基金签署《关于中欧共同投资基金首单项目落地与继续深化合作的谅解备忘录》，宣布中欧共同投资基金投入实质性运作，并完成对首只子基金“凯辉并购基金二期（Cathay Midcap Ⅱ）”的投资。

随后欧盟委员会于 2018 年 8 月 6 日发布公告称，凯辉基金为“凯辉并购基金二期”募集到首期 6 亿欧元资金，该基金由“容克计划”下的欧洲战略投资基金和中国国家开发银行、中国丝路基金等共同支持，目标是为中型企业融资 12 亿欧元。①

截至 2019 年 4 月 15 日，中欧共同投资基金所投项目覆盖法国、爱尔兰、奥地利、波兰、匈牙利等多个欧洲国家近十家中小企业。

6. 亚洲金融合作协会

亚洲金融合作协会（Asian Financial Cooperation Association）成立于 2017 年 7 月 24 日，主要由亚洲国家和地区的金融机构、金融行业组织、相关专业服务机构以及金融领域的有关个人自愿结成，是在中国民政部登记注册的区域性国际非政府、非营利性社会组织。

协会宗旨为“联通合作　共治共享”。即一方面致力于搭建亚洲金融机构交流合作平台，加强区域金融机构交流和金融资源整合，共同维护区域金融稳定，避免再次发生大规模地区金融动荡，为区域实体经济发展提供更有力的支撑；另

---

① 更多信息请参考：http：//www. xinhuanet. com/fortune/2018 - 08/07/c _ 1123237089. htm。

一方面通过治理结构制度安排，便利全体会员共同治理协会，共享协会服务及成果。截至目前，亚洲金融合作协会会员来自亚洲、欧洲、美洲、大洋洲、非洲五大洲 30 个国家和地区，涵盖银行、证券、保险、基金资管、期货、国际金融中心、行业协会、金融科技及金融服务等领域。①

（二）侧重于中国—中东欧的金融合作平台

1. 100 亿美元专项贷款

在 2012 年 4 月举行的中国与中东欧国家领导人华沙会晤上，时任中国国务院总理温家宝提出了推动中国和中东欧国家合作的 12 项举措，其中包括设立 100 亿美元专项贷款，100 亿美元专项贷款中配备一定比例的优惠性质贷款，重点用于双方在基础设施建设、高新技术、绿色经济等领域的合作项目。中东欧国家可向中国国家开发银行、中国进出口银行、中国工商银行、中国银行、中国建设银行和中信银行提出项目申请。优惠贷款项目部分主要向中国进出口银行申请，优惠贷款利率为 1% ~3%，投资的目标国只能是中东欧国家，中国的公司需要参与执行项目，如果中国资助的基建项目比率较高，中国公司一般需要完成整个项目 80% ~85% 的工作。资助的贷款不需要保险费，只要求受资助方提供较低的行政管理费用。中国公司在中东欧的投资项目如果涉及第三国将得不到此项融资资助。一个项目最大贷款资助额为整个项目额的 85%，贷款期限为 15 年，视情况也可延长到 20 年，需要被贷款国提供主权担保。②

不过，2008 年国际金融危机爆发以来，为了防范金融风险，欧盟加强了对成员国的财政监管，规定任何成员国不得为外来的优惠贷款提供国家担保。这就大大限制了中国提供的 100 亿美元专项贷款的实际使用，不仅专项贷款的整体利用率低，而且已动用的资金大部分投向了尚不受欧盟财政纪律约束的一些西巴尔干国家。但这些国家幅员狭小，市场空间有限，能够选择进行基础设施项目建设的可能性也相对较小。③

已使用“中国—中东欧国家合作 100 亿美元专项贷款”的基建项目如下。

波黑斯坦纳里火电站是波黑近 30 年来最大的火电能源项目，还是首个使用中国—中东欧合作机制 100 亿美元专项贷款额度且第一个竣工投产的项目。斯坦纳里火电站设计装机容量 30 万千瓦，由中国东方电气集团有限公司承建，2013 年 5 月举行开工仪式，2016 年 1 月首次并网发电成功。截至 2019 年 6 月底，斯坦纳里火电站累计上网发电量 66.8 亿千瓦时，为波黑能源自主性作出显著贡献，已经成

---

① 更多信息请参考：http：//cn. afca - asia. org/Portal. do？ method = detailView&contentID = 61。

② 更多信息请参考：http：//www. 17plus1 - thinktank. com/article/80. html？ source = article _ link。

③ 胡勇 . 南南合作视野下的中国—中东欧国家合作［J］. 社会科学，2017（10）.

为中波合作的典范。

2013 年底，中国水电建设集团国际工程有限公司获得了由“中国—中东欧国家合作 100 亿美元专项贷款”支持的马其顿米拉蒂诺维奇—斯蒂普（Miladinovci - Stip）和基切沃—奥赫里德（Kicevo - Ohrid）的高速公路项目，并于 2014 年 2 月 21 日举行开工仪式。两条高速公路合计长度约 110 千米，总耗资约 6.37 亿欧元。其中，中方提供的优惠贷款约 5.79 亿欧元，期限 20 年，工期 3 ~4 年。

2. 中国—中东欧投资合作基金

中国—中东欧投资合作基金是由中国进出口银行作为主发起人，连同国内外多家投资机构共同出资成立的离岸股权投资基金。中国—中东欧投资合作基金的投资领域包括但不限于中东欧 16 国的基础设施、能源、电信、特殊制造业、农业和金融等潜力行业，重点关注能够扩大和深化中国—中东欧国家双边经贸投资合作、便利双边市场准入的项目。

2012 年 4 月，时任中国国务院总理温家宝在波兰出席首次中国—中东欧国家领导人会晤时正式提出中国政府将发起设立中国—中东欧投资合作基金（一期），并指定中国进出口银行为基金承办单位。中国—中东欧投资合作基金（一期）于 2013 年 11 月正式成立，并于 2016 年在波兰华沙设立办公室。一期封闭金额为 4.35 亿美元，于 2014 年初正式运营。基金采用有限合伙制形式在卢森堡注册成立，有限合伙人主要包括中国进出口银行和匈牙利进出口银行。基金一期已完成在波兰、匈牙利、保加利亚等六国的多个项目投资，在发展绿色金融、支持进出口贸易、创新金融合作模式等方面具有积极的示范作用。

中国—中东欧合作基金二期于 2017 年 11 月成立，目的是进一步在中东欧地区进行投资，基金二期计划规模为 10 亿美元，截至 2018 年 4 月 9 日，二期已就 12 个项目完成了 8 亿美元的总投资额①。匈牙利进出口银行与中国进出口银行、中国丝路基金以及中东欧股权基金有限公司一起对该基金二期作出资金承诺。2021 年 2 月 9 日，中国—中东欧国家领导人峰会成果清单新增《中国—中东欧投资合作基金二期收购希腊 PAPERPACK 公司纸包装项目》。

3. 中国—中东欧金融控股有限公司和中国—中东欧基金

2015 年 11 月，中国政府在第四次中国—中东欧国家领导人会晤期间倡议，由中国工商银行牵头，探讨以商业化的金融模式支持成员国之间的互联互通和产能合作。在中国工商银行和中外合作伙伴的共同努力下，2016 年 11 月在里加举行的第五次中国—中东欧国家领导人会晤期间，李克强总理宣布中国—中东欧金

① 更多信息请参考商务部网页：http：//www.mofcom.gov.cn/article/i/jyjl/m/201804/20180402731549.shtml。

融控股有限公司正式成立。该公司发起设立的中国—中东欧基金规模将达100亿欧元，计划撬动项目信贷资金500亿欧元。中国—中东欧基金坚持“政府支持、商业运作、市场导向”的原则，目标市场定位中东欧国家，并适当延伸至欧洲及符合中国—中东欧国家利益的其他地区，重点关注基础设施建设、高新技术制造、大众消费等行业的投资合作机会。

在资金募集方面，波兰、捷克、匈牙利等中东欧国家，以及中外资企业、金融机构和各类社会资本均有积极接洽入资。在投资管理方面，除中国工商银行外，还引入了中国人寿、复星集团、金鹰国际集团等合作伙伴。

2018年，中国—中东欧基金联合锦江国际集团在中东欧及相关欧洲区域完成对全球领先酒店管理品牌丽笙酒店集团的收购。丽笙酒店是中东欧最主要的酒店管理品牌，旗下八大品牌以中高端酒店、轻资产运营为主，欧美市场布局均衡，可与中资品牌形成互补和协同，未来在中国、中东欧及相关新兴市场潜力巨大，并带动旅游、商品采购等增长。

此外，在能源领域，由基金投资收购的波兰51.5MWp光伏电站项目，历经1年施工建设，首批4个项目（4MWp）已于2021年2月5日正式竣工并网发电，其余47.5MWp将在未来3～4个月内全部完工并网。该项目作为疫情期间波兰首个开工建设的项目，为波兰创造了300个岗位的就业机会，为当地降低疫情期间失业率和加快经济复苏作出了重要贡献。① 下一步基金还将以波兰和匈牙利市场为重点，长期实现1000兆瓦的新能源项目落地，累计完成等值50亿～100亿元人民币的新能源领域相关投资。②

4. 中国—中东欧银行联合体

中国—中东欧银行联合体由中国国家开发银行与中东欧金融机构共同发起，于2017年11月27日正式成立。

目前中国—中东欧银联体共有14家成员行，均为各国政府控股的政策性银行、开发性金融机构和商业银行，包括中国国家开发银行、匈牙利开发银行、捷克出口银行、斯洛伐克进出口银行、克罗地亚复兴开发银行、保加利亚发展银行、罗马尼亚进出口银行、塞尔维亚邮储银行、斯洛文尼亚出口发展银行、波黑塞族共和国投资开发银行、马其顿发展促进银行、黑山投资发展基金、拉脱维亚ALTUM金融公司和立陶宛公共投资发展署。

各成员行按照“自主经营、独立决策、风险自担”的原则，在项目融资、同业授信、规划咨询、培训交流、高层对话、政策沟通、信息共享等领域开展合

---

① 更多信息请参考：https：//www.yicai.com/news/100961478.html。

② 更多信息请参考：https：//www.yicai.com/news/100154858.html。

作，并配合开展中国—中东欧国家合作机制项下其他相关工作。

中国国家开发银行将在五年内向银联体成员行提供总额度为20亿等值欧元的开发性金融合作贷款，用于中国国家开发银行与其他银联体成员行和未来观察员行开展同业合作，共同支持中国和中东欧国家企业参与的中东欧国家基础设施、电力、电信、园区、农业、中小企业、高新科技等领域的项目投资建设。

5. 中国与中东欧国家关系研究基金

2012 年 4 月 26 日，首届中国—中东欧国家领导人会晤在华沙举行。时任国务院总理温家宝在会晤上宣布了“中国关于促进与中东欧国家友好合作的 12 项举措”，其中第 11 项内容是“设立中国与中东欧国家关系研究基金，中方自 2013 年起每年提供 200 万元人民币”。

研究基金的设立旨在鼓励和支持中国与中东欧国家的专家、学者、智库等个人或研究机构就中国—中东欧国家合作开展研究工作，促进合作与学术交流。研究基金由中国—中东欧国家合作秘书处负责组织实施。截至 2020 年，该研究基金已持续实施了 8 年。

第四篇

中东欧17国国别分析

第七章　中东欧—欧盟国家

第一节　爱沙尼亚

一、爱沙尼亚经济环境和政策

在新冠肺炎疫情大流行期间，爱沙尼亚经济总体表现出较强的韧性。2020 年 3—5 月，爱沙尼亚经历了第一轮疫情防控封锁之后，2020 年第二季度 GDP 萎缩至 6. 9% 。自 2021 年 2 月以来，由于第三轮病毒感染造成的形势持续恶化，爱沙尼亚政府重新采取更严格的遏制措施。2021 年 2 月 3 日，爱沙尼亚全国统一了限制措施，并于 2021 年 3 月 11 日实施了一个月的封锁。据 IMF 统计，爱沙尼亚 2020 年 GDP 收缩 2. 9% ，是欧盟收缩幅度最小的国家之一，反映了其扎实的经济基础以及对经济发展相对宽松的疫情防控措施。①

2020 年上半年，爱沙尼亚投资和进口均大幅下降，其降幅甚至超过了出口降幅，家庭消费的下降幅度却低于预期。由于爱沙尼亚 2019 年投资活动激增，因而在疫情尚未暴发之前便预计 2020 年投资将下降。在此背景下，2020 年上半年投资同比下降了 11. 6% 。一方面，企业虽然在机械和其他设备上的投资保持相对稳定，但在扩大办公用地或升级交通工具上的开支却在减少；另一方面，家庭投资，即私人住房建设仍然持续低迷。②

在疫情期间爱沙尼亚政府采取的限制措施较其他国家相对宽松，例如除购物中心以外的商店不必关门、餐馆和酒吧可以营业到晚上 10 点，尽管如此，消费支

① IMF, Policy Responses to COVID – 19, Policy Tracker: https: / / www. imf. org/ en/ Topics/ imf – and – covid19/Policy – Responses – to – COVID – 19#P.

② wiiw, No quick Recovery in Sight, with Coronavirus Risks looming large. Forecast Report, Autumn 2020.

出在 3 月至 5 月期间仍然不可避免地出现了下滑，整个第二季度爱沙尼亚家庭消费收缩近 7% 。不过，爱沙尼亚前瞻性的消费者信心和商业景气指标显示，目前消费者已经恢复了良好的信心，私人消费在未来两年将继续作为经济增长的主要驱动力。

在 2020 年下半年，随着疫情的逐步控制，爱沙尼亚经济形势也逐渐趋于稳定，对外贸易开始显现积极的势头。这主要得益于爱沙尼亚的主要贸易伙伴国（瑞典和芬兰）在疫情期间的整体表现优于欧盟平均水平。特别是在瑞典大规模财政支持措施的推动下，来自该国的需求变得十分活跃。爱沙尼亚旅游服务出口占本国 GDP 的比重保持在 5% 左右，由此可见旅游业对爱沙尼亚经济的重要性不亚于对西班牙、奥地利、斯洛文尼亚等旅游大国的重要性。从目前来看，爱沙尼亚旅游业出现“V”形反弹的可能性很低，不过考虑到“欧盟下一代”复兴计划资金以及本国财政的支持，爱沙尼亚有望在 2021 年稳步复苏。

正如前文所提，在 2020 年初实施封锁措施后，爱沙尼亚政府宣布了一项总额不低于本国 GDP 7% 的一揽子救助计划。该计划包括：（1）对短期工作的补贴；（2）对企业的国家贷款以及对已经发放的贷款提供的国家担保；（3）积极投资公共项目；（4）加大对旅游业、农业和粮食生产部门的资助；（5）政府增加了在爱沙尼亚北欧航空公司（Estonian Airline Nordica）的股份，预计可以帮助该公司继续运营到 2021 年夏季。此项救助计划与 2020 年 4 月通过的补充预算合并在一起后，爱沙尼亚预算赤字将达到本国 GDP 的 10% 。不过，考虑到经济增长前景的不断改善，政府在税收和社会保障缴款方面的资金缺口将会减小。因此，2020 年最终的预算赤字或将只有 8% 。

2020 年，爱沙尼亚政府通过多种方式进行了资金筹集。首先，与北欧投资银行（Nordic Investment Bank）签署了一笔 7. 5 亿欧元的 15 年期贷款；其次，在 6 月3 日通过发行年利率为 0. 125 的 10 年期欧元债券，成功筹集了 15 亿欧元（超过最初计划的 10 亿欧元）；再次，与欧洲开发银行（CEB）签署了一项 2 亿欧元的贷款，为地方政府的危机缓解措施提供资金支持；最后，政府还签署了一项命令，将爱沙尼亚可以发行的短期票据的最大数量从以前的 4 亿欧元提高到 6 亿欧元，使总额达到 10 亿欧元。[1]

2020 年 12 月，爱沙尼亚政府批准了新的援助措施，重点支持受新的限制措施影响最严重的地区和行业，以减轻第二波疫情的影响。12 月 17 日，政府批准了一项 500 万欧元的一揽子计划，用于支持 Ida – Viru 地区的企业，以及爱沙尼亚

---

① IMF，Policy Responses to COVID – 19，Policy Tracker：https：/ / www. imf. org/ en/ Topics/ imf – and – covid19/Policy – Responses – to – COVID – 19#P.

各地的文化、体育和教育。12 月 30 日，政府再次批准了一项 3000 万欧元的一揽子计划，进一步支持限制最严格的 Harju 和 Ida – Viru 两个地区的企业。

2021 年初，爱沙尼亚获得了足够的疫苗供应，主要来自辉瑞/BioNTech 公司、Moderna 公司和阿斯利康公司。根据 2020 年 12 月 15 日批准的接种计划，首先接种的是优先群体、医疗专业人士和 70 岁以上已有疾病的人。截至 2021 年 3 月 30 日，爱沙尼亚共接种了约 261089 剂疫苗，其中 198905 人只接种了第一针，62184 人完成了疫苗接种周期。[①]

2021 年 1 月 13 日，爱沙尼亚总理、中间党主席尤里·拉塔斯（Juri Ratas）宣布辞职，并向总统递交辞呈。拉塔斯政府将继续履行职责，直到新政府任命为止。爱沙尼亚总统克尔斯蒂·卡留莱德（Kersti Kaljulaid）已向 2019 年选举得票最多但组阁失败的改革党提议组阁新政府。总统表示，在选举中获得最多选票的政治力量必须有机会提出自己的价值观，展示其发挥政府作用的能力，使爱沙尼亚能够继续向前发展。[②] 1 月 26 日，卡留莱德总统正式任命新政府，之后，爱沙尼亚新一届政府在议会大厅正式宣誓就职，总理卡娅·卡拉斯（Kaja Kallas）首先宣誓就职，然后新任政府全体成员在宣誓书上签字。卡拉斯领导的爱沙尼亚政府将设 14 名部长职务，由两个政党平均分配。[③]

二、中爱经贸关系发展近况

（一）中爱双边贸易近况

中爱并非传统贸易国，双边贸易受国际金融危机、欧债危机以及政治关系的影响而波动。中国对爱沙尼亚长期保持贸易顺差。据中国海关统计，2020 年，中国和爱沙尼亚双边贸易额为 11.45 亿美元，同比下降 6.2%。其中，中方出口 8.64 亿美元，同比下降 6.3%；中方自爱进口 2.81 亿美元，同比下降 5.8%。

2019 年，中国和爱沙尼亚双边贸易额为 12.21 亿美元，同比下降 4.4%。其中，中方出口 9.22 亿美元，同比下降 10.6%；中方自爱进口 2.99 亿美元，同比增长 21.8%。

2019 年，中国对爱沙尼亚出口商品主要类别包括：①电机等，声音装备，电视装备；②锅炉、机械及其零部件；③家具，床上用品等，灯等；④车辆（火

---

① IMF, Policy Responses to COVID – 19, Policy Tracker: https: / / www. imf. org/ en/ Topics/ imf – and – covid19/Policy – Responses – to – COVID – 19#P.

② 中华人民共和国驻爱沙尼亚共和国大使馆经济商务处官网：http: //ee. mofcom. gov. cn/article/jmxw/202101/20210103030740. shtml，检索日期：2021 年 4 月 11 日。

③ 中华人民共和国驻爱沙尼亚共和国大使馆经济商务处官网：http: //ee. mofcom. gov. cn/article/jmxw/202101/20210103034184. shtml，检索日期：2021 年 4 月 11 日。

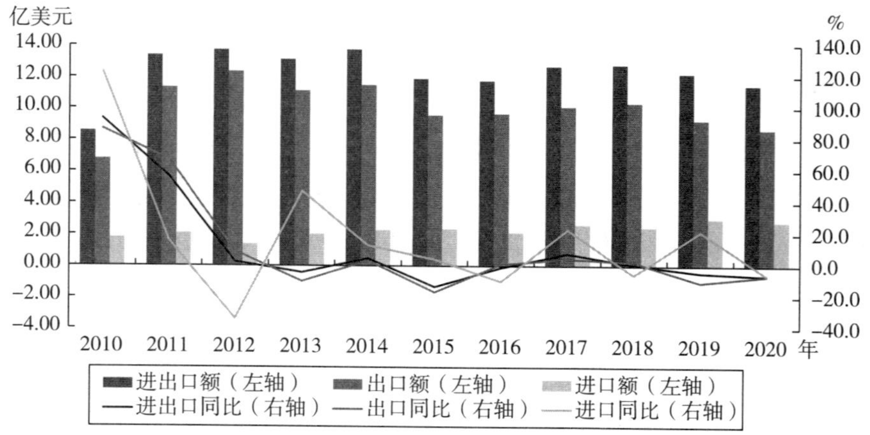

图 7－1　2010—2020 年中爱双边贸易概况

（资料来源：中国海关、Wind 资讯）

车、电车除外）及零部件等；⑤钢铁制品；⑥塑料及其制品；⑦玩具、游戏和运动器材及其零部件；⑧光学，照片等，医疗或外科手术设备；⑨橡胶及其制品；⑩特殊交易品及未分类商品。

2019 年，中国从爱沙尼亚进口商品主要类别包括：①电子机械、音像制品及其零部件；②矿物燃料、矿物油及其蒸馏产品，沥青物质，矿物蜡；③木材及木制品、木炭；④光学，照片等，医疗或外科手术设备；⑤鱼类、甲壳类及水生无脊椎动物；⑥锅炉、机械及零部件；⑦车辆（火车、电车除外）及零部件等；⑧乳制品、鸟蛋、蜂蜜等；⑨钢铁制品；⑩钢铁。

据爱沙尼亚统计局数据，2019 年，中国在爱沙尼亚外贸伙伴中排名第 10 位。中国在爱沙尼亚出口伙伴中排名第 16 位，进口伙伴中排名第 9 位。

（二）中爱相互投资近况①

据中国商务部统计，2019 年当年中国对爱沙尼亚直接投资流量为 202 万美元。截至 2019 年末，中国对爱沙尼亚直接投资存量为 6333 万美元。目前，中国在爱沙尼亚的中资企业有六七家，多为当地华商经营的私营企业，主要集中在贸易、餐饮、旅游和中医保健等领域。2020 年 6 月，华为公司在爱沙尼亚设立分公司。

2019 年中国企业在爱沙尼亚新签承包工程合同 1 份，新签合同额 3.19 万美元，完成营业额 3.19 万美元。

① 中国商务部国际贸易经济合作研究院，中国驻爱沙尼亚大使馆经济商务参赞处，中国商务部对外投资和经济合作司．对外投资合作国别（地区）指南爱沙尼亚（2020 年版）[R]．2021.

第二节　保加利亚

一、保加利亚经济环境和政策

根据IMF在2021年3月发布的统计数据，2020年保加利亚GDP萎缩4.2%，其中出口萎缩11.3%；受国内和外部需求疲软影响，进口下降6.6%；投资下降5.1%；得益于政府支出的增加以及相对有弹性的家庭消费，总消费增长了1.8%，经济整体萎缩程度低于中东欧17国的平均水平（-5.1%）。2020年2月至2021年2月，保加利亚登记失业率上浮了0.7个百分点，达6.9%。与此同时，由于保加利亚政府针对疫情推行的就业补贴、医疗支出、补充养老金以及在公共基础设施建设方面的投资，政府预算赤字在2021年第一季度达6.57亿保加利亚列弗（预计占2021年GDP的0.5%），与2020年第一季度占GDP 1.2%的盈余相比，差距非常大。①

在疫情大流行期间，保加利亚受冲击最严重的经济部门是旅游业。据wiiw初步估计，2020年保加利亚的外国游客数量比2019年减少75%，旅游业总收入预计减少8亿欧元，较2019年下降了22%。与此同时，制造业总产值在2020年第一季度仅同比下降3.7%，在第二季度下降4.2%。② 然而值得注意的是，在保加利亚经济总体遭受负面影响的背景下，一些部门则显示出相当的韧性。例如，2020年上半年，信息通信技术、金融服务等一些商业服务行业甚至实现了同比增长。

2020年7月10日，保加利亚加入欧洲汇率机制Ⅱ（ERM Ⅱ）的申请得到了欧元区财政部长和欧洲央行的正式批准。保加利亚早在2018年7月表达了加入ERM Ⅱ的意愿，并承诺在加入该机制之前实施一系列旨在确保能顺利加入ERM Ⅱ的改革政策，包括加强银行监管、积极应对非银行金融部门存在的问题、进一步促进宏观审慎政策和反洗钱框架建设、收集编制统计数据、提高机构管理质量、减轻政府财政和行政负担等。此后不久，保加利亚在2021年1月12日至4日举行的第26届中东欧论坛时表示，预计将于2024年加入欧元区。③

2020年9月，保加利亚政府在国际债券市场上分两批发行了10年期和30年

① IMF，Policy Responses to COVID-19，Policy Tracker：https：//www. imf. org/en/Topics/imf-and-covid19/Policy-Responses-to-COVID-19#P.

② wiiw，No quick Recovery in Sight，with Coronavirus Risks looming large. Forecast Report，Autumn 2020.

③ 中欧陆家嘴国际金融研究院、中东欧经济研究所，《中东欧视界》，2021（1）。

期欧元债券，每批总额均为 12. 5 亿欧元，筹资共计 25 亿欧元。鉴于保加利亚已经有相当大的财政储备（2020 年中时约为 50 亿欧元），此举可能是在国际金融市场有利形势下实施的一项预防措施。

2020 年初，当疫情在欧洲地区暴发之后，第一轮疫情在保加利亚发展得相对温和，并得到了良好的控制。2020 年 9 月，保加利亚遭遇第二轮疫情。起初，相对于其他欧洲国家，保加利亚的新增病例并不多，但随后急剧上升。据统计，第二轮疫情期间保加利亚新冠肺炎疫情的死亡率高于第一轮时的死亡率。在 2020 年夏季结束时，保加利亚政府宣布了总额为 22 亿保加利亚列弗（占 GDP 的 2%）的第二套财政支持措施，包括就业保护措施（到 2021 年 1 月底），该措施由欧盟的“紧急状态下减轻失业风险援助”计划（SURE）[①] 所提供的 5. 11 亿欧元贷款作为资金支持。保加利亚政府希望这些措施能在 2020 年帮助挽救大约 25 万个工作岗位。此外，新的一揽子援助方案包含了总计 12 亿保加利亚列弗的社会保护措施，包括临时增加所有养老金、向医疗保健行业的工作者额外支付失业救济金等。截至 2021 年 5 月 5 日，欧盟资助资金与保加利亚政府进行的联合融资总额为 1. 68 亿保加利亚列弗。[②] 2021 年 4 月 4 日，保加利亚举行议会选举，30 个政党或政党联盟角逐议会 240 个席位。此轮选举共设有 12630 个投票站，其中 465 个为海外投票站。保加利亚新政府难产或将打乱其 2024 年加入欧元区的计划，新内阁成员的长期缺席也将阻碍其加入申根区，且影响其从欧盟重建基金获得资金。[③]

二、中保经贸关系发展近况

（一）中保双边贸易近况

据中国海关统计，2020 年中国与保加利亚进出口贸易总额为 29. 17 亿美元，同比增长 7. 3%。其中，中国向保加利亚出口 15. 47 亿美元，同比下降 0. 5%；中国自保加利亚进口 13. 69 亿美元，同比增长 17. 7%。

据保方统计，2019 年，保加利亚同中国进出口贸易额约 25. 75 亿美元，同比增长 4. 9%。其中从中国进口额为 16. 62 亿美元，同比增长 6. 8%；出口额为 9. 13 亿美元，同比增长 1. 6%。

中国为保加利亚第 7 大贸易伙伴。贱金属及其制品是保加利亚对中国出口的

---

① 欧盟将向申请对资助就业倡议提供财政援助的欧盟国家提供高达 1000 亿美元的临时贷款支持。

② IMF，Policy Responses to COVID – 19，Policy Tracker：https：//www. imf. org/ en/ Topics/ imf – and – covid19/Policy – Responses – to – COVID – 19#P.

③ 中国—中东欧国家智库交流与合作网络：https：//mp. weixin. qq. com/s/JxDxbci6QNLe0ZzbhPE – xQ，检索日期：2021 年 4 月 5 日。

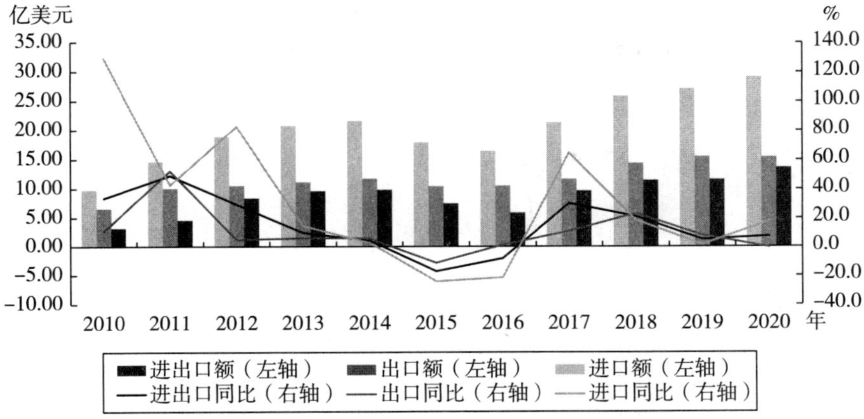

图 7-2　2010—2020 年中保双边贸易概况

（资料来源：中国海关、Wind 资讯）

主力产品，其中最主要的出口产品是铜及其制品。保加利亚玫瑰产品、酸奶、葡萄酒和其他优质产品在中国市场也日益受到消费者的青睐。保加利亚自中国进口的主要商品为机电产品、贱金属制品和家具玩具，在这些商品上，德国、意大利、土耳其等国是中国的主要竞争对手。

（二）中保相互投资近况①

据中国商务部统计，2019 年当年中国对保加利亚直接投资流量为 246 万美元。截至 2019 年末，中国对保加利亚直接投资存量为 1.57 亿美元。在保加利亚开展投资、经营的主要中资企业有 20 余家。中国在保加利亚的投资领域从农业、能源、汽车等传统行业扩展到通信、金融、云平台、图像视觉细分技术等新兴行业。中国企业在保加利亚的投资经营主要集中在以下四大领域：一是汽车，如销售情况良好的长城汽车项目、宇通中标索菲亚市政 110 辆公交车项目；二是农业合作，如天津农垦在保农业项目、天世农项目等；三是通信领域，如华为、中兴、中科创达在保加利亚的项目；四是可再生能源项目，如伊赫迪曼光伏项目、协鑫智慧能源公司风电项目和常隆客车电动车项目等。

2019 年中国企业在保加利亚新签承包工程合同 13 份，新签合同额 5749.44 万美元，完成营业额 7983.52 万美元。新签大型承包工程项目包括华为技术有限公司承建保加利亚电信项目、浙江正泰太阳能科技有限公司承建保加利亚 47.8MW 太阳能电站项目等。

---

① 中国商务部国际贸易经济合作研究院，中国驻保加利亚大使馆经济商务参赞处，中国商务部对外投资和经济合作司. 对外投资合作国别（地区）指南保加利亚（2020 年版）[R]. 2021.

第三节 波兰

一、波兰经济环境和政策

根据 IMF 统计数据，2020 年波兰 GDP 萎缩了 2.7%，是中东欧 17 国中萎缩程度较小的国家。2020 年 3 月，波兰政府首次推出疫情防控措施，包括关闭学校、大学、餐馆和所有非必要的零售贸易和服务网点，以及禁止大型集会、边境控制和旅行限制。因此，波兰经济在 2020 年第一季度环比萎缩 0.3% 后，第二季度进一步萎缩 9.0%。此后，在防疫措施限制放宽后，2020 年第三季度波兰经济较上一季度增长了 7.9%，此次上涨主要受到私人消费的推动。然而，进入 2020 年冬季之后，在第二轮疫情的冲击之下，波兰经济在第四季度再度出现萎缩（-0.7%）。[①]

在疫情大流行期间，波兰各行各业均遭受了较大的冲击。据统计，在企业（员工人数超过 50 人的企业）的非金融部门，2020 年上半年净利润下降了近 23%；制造业企业的降幅更大，接近 40%；汽车行业的表现尤其糟糕，在 2020 年上半年结束时甚至出现净亏损（与矿业、住宿和餐饮行业的亏损相当）；在建筑业，这一数字超过了 40%；2020 年上半年，波兰银行业净利润几乎减半，许多规模较小的银行（主要是合作银行）甚至出现亏损，可能无法继续维持下去。尽管波兰政府通过各项援救政策避免国内企业因疫情封锁而严重亏损，然而 wiiw 在 2020 年秋进行的一项调查显示，大约 1/4 的制造业公司认为，如果以此现状继续经营下去，在三个月内倒闭的可能性非常高。从波兰的劳动力市场来看，疫情迫使就业人数下降，但程度并不严重。2020 年前 8 个月，波兰企业的名义平均工资上升了 4.3%，但实际工资几乎停滞不前，养老金和其他社会福利也是如此，从而导致波兰家庭消费的急剧下降。[②]

2020 年 4 月 16 日，波兰政府提出了重启经济的四阶段计划。从 4 月 20 日开始，人们被允许进入商店和宗教集会，公园和森林也重新开放。封锁放松计划的第二阶段于 5 月 4 日启动，酒店和购物中心重新开放（限制进入人数），托儿所和幼儿园开始开放（从 5 月 6 日开始），以及放宽对跨境工人和学生的检疫规定。第三阶段于 5 月 18 日启动，包括餐馆、美发店和美容美发沙龙重新开业，并允许

---

① IMF, Policy Responses to COVID-19, Policy Tracker: https://www.imf.org/en/Topics/imf-and-covid19/Policy-Responses-to-COVID-19#P.

② wiiw, No quick Recovery in Sight, with Coronavirus Risks looming large [R]. Forecast Report, Autumn 2020.

在没有观众的情况下举办最多 50 人的户外体育活动。5 月 25 日，一至三年级的小学开学，学校实行了严格的卫生规定，并规定了上课人数的上限。第四阶段于 5 月 30 日开始，电影院、游乐场和健身房开始营业，所有这些地方的卫生要求都比以往更加严格。户外活动允许最多 150 人参加，可以保持社交距离或戴口罩。然而，到 10 月 24 日，波兰再次遭遇疫情的第二轮冲击。随着新感染人数规模的不断扩大，11 月 4 日波兰政府宣布了更多的限制。例如，将圣诞聚会人数上限设定为 5 人，并在新年前夕限制出行等。①

波兰的新冠肺炎疫苗接种工作于 2020 年 12 月 27 日启动，医务人员是优先接种群体。国家疫苗战略的目标是不迟于 2023 年初让所有 3100 万成年波兰人接种疫苗，不过，如果选择的五种疫苗能够更快地生产出来，这一目标可能会提前到 2022 年中期完成。截至 2021 年 4 月 1 日，波兰国内疫苗接种总人数达到 630 万，其中 11% 的人口接种了第一针，5% 的人口同时接种了两种疫苗。②

为了应对疫情的冲击，波兰在过去一年中实施了持续的扩张性货币和财政政策。自 2020 年 6 月以来，波兰较低的政策利率保持其汇率处于低位，有助于实现可观的贸易顺差。截至 2020 年底，波兰政府的额外支出（部分以补贴的形式转移给公司、雇员和特定人群）一直非常高，粗略估计接近 2020 年 GDP 的 6%。2020 年 11 月 4 日，由于第二轮疫情来袭，波兰政府宣布了新的名为“抗危机盾 6.0”（Anti – Crisis Shield 6.0）的应对计划，并于 12 月 15 日获得总统批准。具体来看，政府批准了额外的财政措施以帮助受疫情影响最严重的部门，包括免除这些部门企业的社会保障缴款、补贴贷款、工资补贴和自由职业者福利。此外，2021 年 1 月 19 日和 2 月 2 日，波兰政府还宣布来自波兰发展基金（the Polish Development Fund，PFR）的资金支持计划延伸到更广泛的经济领域。然而，鉴于第三轮疫情对波兰带来的负面影响持续扩大，此前波兰政府推出的援助新政覆盖的经济部门和时段也随之被扩大和延长。其主要措施包括：（1）对受疫情限制最大领域的中小企业提供固定成本的共同融资，如果企业收入与 2019 年相比下降幅度达 30%，波兰发展基金补贴超出企业收入的固定成本的 70%；（2）在 2020 年 3 月和 2021 年 3 月期间，如果微型或中小型企业受新的防疫禁令影响而导致其收入同比下降 30%，那么波兰发展基金则免去其应偿还的流动性贷款；（3）针对大型企业的“金融盾牌计划”（Financial Shield Program）被延期至 2021 年 3 月31 日

---

① IMF, Policy Responses to COVID – 19, Policy Tracker: https: / / www. imf. org/ en/ Topics/ imf – and – covid19/Policy – Responses – to – COVID – 19#P.

② IMF, Policy Responses to COVID – 19, Policy Tracker: https: / / www. imf. org/ en/ Topics/ imf – and – covid19/Policy – Responses – to – COVID – 19#P.

（申请截止日期）和2021年7月31日（付款日期）；（4）继续为中小型企业提供最低担保以及为大公司提供流动性担保，上述担保需要与欧盟委员会协调；（5）继续以停工或短时工制的形式补贴部分企业雇员；（6）延长受疫情限制的自由职业者的停顿津贴；（7）受疫情限制领域的企业免缴社会保障缴款；（8）实施“第二次机会政策”，该政策是由波兰政府和工业发展署（Industry Development Agency）共同资助，以帮助企业进行重组；（9）帮助运输部门租赁业务的共同筹资；（10）为所有教师提供500波兰兹罗提的代金券，用于支付远程教学所需的设备费用。①

尽管新冠肺炎疫情持续冲击波兰的社会与经济活动，在2020年6—9月，波兰的政治活动依然十分密集，首先6—7月举行了第一轮和第二轮总统选举。8月26日，波兰总统安杰伊·杜达（Andrzej Duda）正式任命兹比格涅夫·劳为波兰外交部新任部长。兹比格涅夫·劳担任外交事务委员会主席（Chairman of the Foreign Affairs Committee），并于2020年作为波兰议会代表团主席出席欧洲委员会议会大会。兹比格涅夫·劳的提名被视为波兰外交部职能政治化的强势回归，以及外交部和法律与公正党之间紧密的联系。② 9月30日下午，波兰总理莫拉维茨基（Mateusz Morawiecki）正式宣布政府改组计划，部委数量削减为14个，法律与公正党主席、波兰前总理雅罗斯瓦夫·卡钦斯基（Jarosław Kaczyński）将出任政府副总理。根据之前右翼执政联盟内部达成的协议，波兰政府部委数量将由原来的20个减少为14个，执政联盟内部的协议党和团结波兰党将各获得一个部长职位，其余均由法律与公正党人士出任。多数部委进行了改组，包括发展部改组为发展、劳动与技术部，由副总理戈文兼任部长；环境部与气候部合并为气候与环境部，由原气候部长米哈乌·库尔蒂卡（Michał Kurtyka）出任部长；文化和民族遗产部与体育部整合为文化、民族遗产与体育部，由副总理格林斯基兼任部长；财政和基金部综合了原财政部全部以及原基金与地区政策部部分职能，由原财政部长塔德乌什·科希钦斯基（Tadeusz Kościński）出任部长；普舍梅斯瓦夫·查尔奈克（Przemysław Czarnek）将出任由原国民教育部与原科学和高等教育部合并的教育与科学部部长；格热高什·普达（Grzegorz Puda）将出任农业和农村发展部部长；家庭、劳动和社会政策部改组为家庭和社会政策部，仍由玛尔莱娜·玛隆格（Marlena Maląg）任部长。国防部、外交部、国有资产部、基础设施部、司法部、内务与行政部和卫生部保持不变。莫拉维茨基表示，本次政府改组计划更多是结构性改组，而不是聚焦人员变动。他希望改组后的政府能提高效率、减少官僚作

① wiiw, No quick Recovery in Sight, with Coronavirus Risks looming large [R]. Forecast Report, Autumn 2020.

② 中国—中东欧研究院．波兰更换外交部长．2020-09.

风并加快行政程序，加快走出目前的危机。①

二、中波经贸关系发展近况

（一）中波双边贸易近况

近年中波双边贸易保持平稳发展态势。据中国海关统计，2020 年中波双边贸易额为 310.56 亿美元，同比增长 11.6%，创历史新高。其中，中国对波兰出口 267.36 亿美元，同比增长 12.0%；中国自波兰进口 43.20 亿美元，同比增长 9.6%。波兰是中国在中东欧地区最大的贸易伙伴。

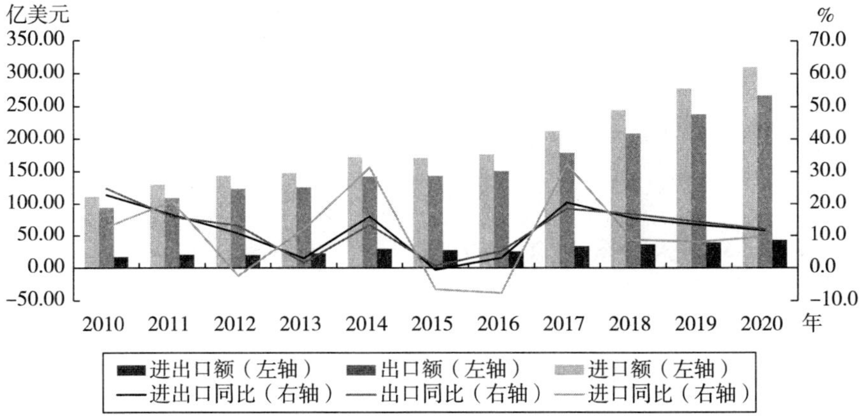

图 7-3 2010—2020 年中波双边贸易概况

（数据来源：中国海关、Wind 资讯）

据欧盟统计局数据，中国是波兰最大的逆差来源国，截至 2019 年 12 月，中国是波兰第二十大出口市场和第二大进口来源地。

中国向波兰出口前五大商品类别为电气设备及其零件，办公设备零部件、机械器具及其零件、医疗或外科用仪器及设备、零部件，家具、寝具等，玩具、游戏品、运动品及其零部件。中国自波兰进口前五大商品类别为铜及铜制品，电气设备及其零件，机械器具及其零件，车辆及其零部件，家具、寝具、塑料、乳制品等。

（二）中波相互投资近况②

据中国商务部统计，2019 年中国对波兰直接投资流量为 1.11 亿美元；截至

---

① 央视网新闻：http://m.news.cctv.com/2020/10/01/ARTIQWFchuPmtcwlIUM449Af201001.shtml，检索日期：2021 年 4 月 3 日。

② 中国商务部国际贸易经济合作研究院，中国驻波兰大使馆经济商务参赞处，中国商务部对外投资和经济合作司. 对外投资合作国别（地区）指南波兰（2020 年版）[R]. 2021.

2019 年末，中国对波兰直接投资存量为 5.56 亿美元。中国企业在波兰投资涉及生物医药、新能源、机械电子制造、信息通信、商贸服务、金融机构等多个领域。

中波轮船公司成立于 1951 年，是两国间第一家合资企业，也是新中国最早建立的中外合资公司。在波兰的主要制造企业有广西柳工、湖北三环、TCL、同方威视、冠捷电子、大连达伦特、中集车辆、鸿博清洁能源、京西重工、Bioton 生物制药、国投中鲁等，信息通信业有华为、中兴；基础设施类企业有中国电建、平高、中国港湾、中土等，商贸中心有 GD 波兰华沙中国城、SCC 波兰国际贸易中心、新达商城等，金融机构有中国银行波兰分行、工商银行华沙分行、建设银行波兰分行、中国—中东欧投资合作基金、海通银行华沙分行等。

第四节　捷克

一、捷克经济环境和政策

在新冠肺炎疫情尚未大规模暴发之前，捷克经济已经出现下滑趋势。wiiw 统计数据显示，由于捷克资本形成总额的大幅下降，2020 年第一季度 GDP 增速下降 1.6%；受第一轮疫情的影响，2020 年第二季度捷克经济大幅萎缩 10.8%，其中家庭消费支出下跌 7.4%；2020 年上半年，除了公共消费，捷克在投资、家庭消费、净出口方面均出现收缩，即使 2020 年下半年经济能够小幅反弹，但总体来看，2020 年捷克经济大幅下降 6.6%，是中东欧地区萎缩程度较高的国家。[①]

捷克是中东欧传统的开放型、全球价值链参与度程度较高的小型经济体，正因为如此，新冠肺炎疫情对其经济活动的影响程度要高于对其他中东欧国家的影响程度。捷克主要工业部门（汽车制造业）在很大程度上依赖于外部需求，大封锁将加速捷克汽车制造业适应全球变化趋势，即越来越多地用混合动力和电动车取代传统汽车。wiiw 统计数据显示，2020 年第二季度，捷克出口（按实际价格计算）总额下降超过了 23%，进口总额降幅略低，为 18.4%。

与其他中东欧国家一样，自疫情暴发以来，捷克政府实施了历史上前所未有的财政救援方案。据估计，捷克 2020 年公共支出共计 2873 亿捷克克朗（约 109 亿欧元），占 GDP 比重已达 5%。在 2021 年 2 月至 4 月底期间，捷克政府批准了一项新的补偿金，用于支持个体经营者和小型有限公司，补偿金额为每天 1000 捷

① wiiw, No quick Recovery in Sight, with Coronavirus Risks looming large [R]. Forecast Report, Autumn 2020.

克克朗；如果是承包商，其所获金额为每天500捷克克朗。2021年，捷克政府针对营业额下降50%的公司，还批准了两个新的综合支持项目，即“2021年新冠肺炎”（COVID 2021）项目和“新冠肺炎发现成本”（COVID – uncovered Costs）项目。上述支持项目和新增补偿金一起将为捷克公司和个体经营者在2021年提供关键的资金保障。与2020年类似，捷克政府在2021年批准了一项总额为180亿捷克克朗的社会服务和医疗系统员工奖金。此外，政府还进一步承诺提供近5000亿捷克克朗（190亿欧元，占GDP的9%）的潜在国家担保，并批准所有商家的电子销售登记推迟到2022年底。捷克政府还降低了部分服务行业，如住宿、文化、体育的增值税税率，从15%降至10%；降低载重为3.5吨以上车辆的道路税（25%）。①

自2020年3月起，为应对疫情对经济的冲击，捷克央行实施了多轮货币宽松政策。2020年3月16日至5月7日，捷克央行三次下调政策利率至0.25%，第一次降幅为50个基点，第二、第三次分别为75个基点。自2020年4月1日起，捷克央行将回购操作频率从每周一次提高至每周三次，并将反周期资本缓冲率下调75个基点至1%，在此基础上，自7月1日起，再进一步下调至0.5%。同样是自4月1日起，捷克央行放松了首次抵押贷款的信贷比例，将贷款价值比（LTV）上限从80%提高至90%，将债务收入比（DSTI）从45%提高到50%，大幅降低了政策利率。此后不久，捷克央行在6月18日宣布废除DSTI的要求。②

捷克实施的疫苗接种计划如下：首先是医疗保健专业人员和80岁以上的群体，其次是教育领域的专业人员以及70岁以上群体和慢性病患者。截至2021年3月底，大约46.5万人，即占捷克4.4%的人口已经接种了疫苗（两剂）。③

二、中捷经贸关系发展近况

（一）中捷双边贸易近况

据中国海关统计，2020年中捷双边贸易额达188.71亿美元，同比增长7.2%，创历史新高。捷克是中国在中东欧的第二大贸易伙伴。其中，中国对捷克出口137.39亿美元，同比增长5.9%；自捷克进口51.33亿美元，同比增长10.9%。

---

① IMF. Policy Responses to COVID – 19, Policy Tracker：https：//www. imf. org/en/Topics/imf – and – covid19/Policy – Responses – to – COVID – 19#B.

② IMF. Policy Responses to COVID – 19, Policy Tracker：https：//www. imf. org/en/Topics/imf – and – covid19/Policy – Responses – to – COVID – 19#B.

③ IMF. Policy Responses to COVID – 19, Policy Tracker：https：//www. imf. org/en/Topics/imf – and – covid19/Policy – Responses – to – COVID – 19#B.

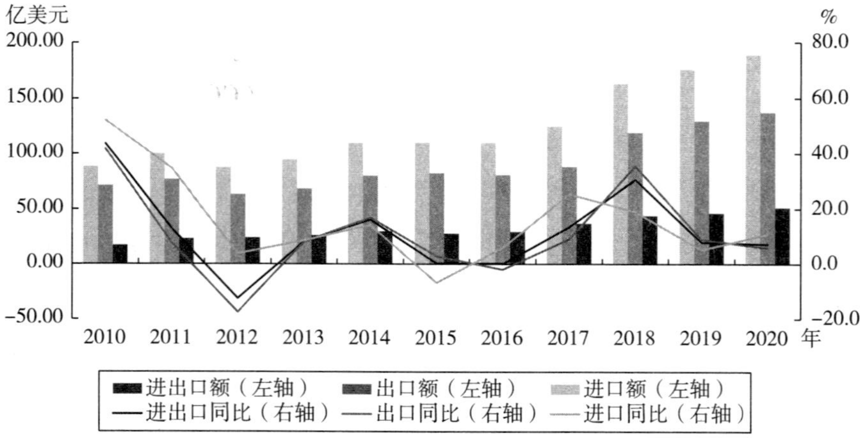

图 7-4　2010—2020 年中捷双边贸易概况

（数据来源：中国海关、Wind 资讯）

近年来，中国对捷克出口商品主要包括：①机电产品；②贱金属及制品；③家具、玩具、杂项制品；④纺织品及原料；⑤塑料、橡胶；⑥运输设备；⑦化工产品；⑧光学、钟表、医疗设备；⑨鞋靴、伞等轻工产品；⑩皮革制品及箱包。

中国从捷克进口商品主要包括：①机电产品；②运输设备；③光学、钟表、医疗设备；④家具、玩具、杂项制品；⑤塑料、橡胶；⑥贱金属及制品。

（二）中捷相互投资近况①

自 2013 年以来，中捷两国关系快速发展，带动双向投资迅猛增长。据中国商务部统计，2019 年中国对捷克直接投资流量为 6053 万美元；截至 2019 年末，中国对捷克直接投资存量为 2. 88 亿美元。

中国对捷克投资呈现以下特点：（1）绿地投资逐渐增多；（2）高科技领域投资稳步增长；（3）金融行业投资成为新热点；（4）传统行业投资焕发活力。

目前，在捷克投资的中国企业超过 50 家，主要投资领域及代表企业有：（1）制造业；（2）电器制造：四川长虹电器股份有限公司、青岛海信欧洲控股有限公司、浙江正泰电器股份有限公司等；（3）汽车制造：亚普汽车部件股份有限公司、宁波继峰汽车零部件股份有限公司、北京京西重工有限公司、延峰汽车内饰系统有限公司等；（4）其他制造业：西安陕鼓动力股份有限公司、大连橡胶塑料机械股份有限公司、万丰航空工业有限公司、万向集团、山西运城制版集团股份有限公司、瑞声科技控股有限公司等；（5）信息技术：华为技术有限公司、中兴通讯股份

① 中国商务部国际贸易经济合作研究院，中国驻捷克大使馆经济商务参赞处，中国商务部对外投资和经济合作司．对外投资合作国别（地区）指南捷克（2020 年版）［R］．2021.

有限公司、联洲技术有限公司（TP－LINK）等；（6）交通运输及仓储：中远集装箱运输有限公司、深圳市递四方科技有限公司、海南航空、中国东方航空、四川航空等；（7）金融业：中国中信集团、中国进出口银行、中国银行、中国工商银行、交通银行等；（8）房地产及娱乐业：中国中信集团、河北荣盛康旅集团等。

据中国商务部统计，2019 年中国企业在捷克新签承包工程合同 11 份，新签合同额 5907.29 万美元，完成营业额 5880.21 万美元。累计派出各类劳务人员 5 人，年末在捷克劳务人员 5 人。新签大型承包工程项目包括华为技术有限公司承建捷克电信项目。

第五节　克罗地亚

一、克罗地亚经济环境和政策

鉴于克罗地亚对旅游业的依赖程度较高，而且该国最大贸易伙伴意大利是受此次疫情影响最严重的国家之一，克罗地亚经济在 2020 年不可避免地遭遇了巨大冲击。据 wiiw 统计数据，2020 年克罗地亚 GDP 增速下降 9.4%，衰退程度远大于中东欧 17 国的平均水平（－5.7%）。在疫情暴发初期，克罗地亚政府便成立了专项负责抗击疫情的关键机构（民防总部），该国媒体和公众对此机构的设立都持高度赞成态度。与此同时，多项疫情限制措施也在迅速推进，例如控制边境、关闭中小学校、大学、市场以及限制城际旅行等。然而，2020 年除了应对疫情大流行造成的影响，克罗地亚还须应对频发的地震对社会和经济所造成的影响，发生在该国境内最大的一次地震是在 2020 年 12 月 29 日，克罗地亚地震局公布的数据为里氏 6.2 级，震中位于克罗地亚首都萨格勒布东南部约 50 公里处，震源深度 10 公里。这次地震造成 7 人死亡，20 余人受伤。[①]

2020 年前 7 个月，克罗地亚的游客过夜数量与 2019 年同期相比减少了 58.9%。入境人数下降幅度最大的是 2020 年第二季度，然而，当国际旅游限制在 2020 年 6 月放松之后，7 月有所反弹。按照克罗地亚政府规定，从 2020 年 7 月 1 日起，所有欧盟/欧洲经济区国家的公民以及拥有永久居住权的个人都可以不受限制地进入克罗地亚，其他外国公民也可以因商务、旅游或其他迫切的个人原因申请进入克罗地亚，但必须提供相关证明。克罗地亚公共卫生研究所向入境人员发放了一本手册，在入境后的 14 天之内，所有人必须遵守该手册中的相关建议和

① wiiw, No quick Recovery in Sight, with Coronavirus Risks looming large [R]. Forecast Report, Autumn 2020.

注意事项。[①] 据统计，克罗地亚在 2020 年 7 月共接待游客 220 万人次，游客过夜数量达 1470 万人次。尽管如此，与 2019 年 7 月相比，入境游客人数下降了 48.1%，游客过夜数量减少了 42.5%。[②]

为了保护就业和最大限度地降低疫情的影响，克罗地亚政府采取了多项经济支持措施。2020 年 6 月 25 日，克罗地亚政府宣布引入短时工作制（见信息专题7），其支持资金来自欧盟。这项措施适用于所有行业、员工人数超过 10 人的企业。对于传染可能性较高的行业，如客运、酒店、旅行社、娱乐相关企业，以及文化、商业、体育赛事等，如果其营业额下降超过 60%，则向每位员工提供 4000 库纳的资助，此资助会持续至 12 月底。9 月 24 日，克罗地亚国有企业将利润计入预算的最后期限延长至 2021 年 1 月 15 日。自 2020 年 11 月底以来，克罗地亚政府开始资助因疫情防控而暂停工作的企业经营者的开支。2020 年 12 月 17 日，克罗地亚政府宣布在 2021 年 1 月和 2 月继续实行每人 4000 库纳的援助措施，以保护被迫关闭的企业。2021 年 2 月底，政府将此就业补贴又延长一个月。

2020 年 7 月 10 日，克罗地亚加入欧洲汇率机制Ⅱ（ERM Ⅱ）的申请得到了欧元区财政部长和欧洲央行的正式批准。克罗地亚早在 2018 年 7 月已表达了加入 ERM Ⅱ的意愿，并承诺在加入该机制之前实施一系列旨在确保能顺利加入 ERM Ⅱ的改革政策，包括加强银行监管、积极应对非银行金融部门存在的问题、进一步促进宏观审慎政策和反洗钱框架建设、收集编制统计数据、提高机构管理质量、减轻政府财政和行政负担等。

2020 年 1 月 1 日，克罗地亚接任欧盟理事会轮值主席国。尽管新冠肺炎疫情中断了克罗地亚在欧洲层面获得“认可”的过程，但是克罗地亚政府还是做了许多工作。最重要的是，5 月在线上举行的萨格勒布峰会（Zagreb Summit）通过了《萨格勒布宣言》（*Zagreb Declaration*），欧盟领导人也在峰会上与西巴尔干地区的伙伴会晤。同时，美国国务卿迈克·蓬佩奥（Mike Pompeo）访问了克罗地亚、波黑。[③]

二、中克经贸关系发展近况

（一）中克双边贸易近况

中国对克罗地亚长期保持贸易顺差。据中国海关统计，2020 年，中国和克罗

---

① IMF. Policy Responses to COVID – 19, Policy Tracker: https: //www. imf. org/en/Topics/imf – and – covid19/Policy – Responses – to – COVID – 19#B.

② wiiw, No quick Recovery in Sight, with Coronavirus Risks looming large ［R］. Forecast Report, Autumn 2020.

③ 中国—中东欧研究院 . 2020 年克罗地亚重要外交事件回顾 . 2020 – 12.

地亚双边贸易额为 17.06 亿美元，同比增长 10.6%。其中，中方出口 15.67 亿美元，同比增长 12.2%；中方自克罗地亚进口 1.39 亿美元，同比下降 4.3%。

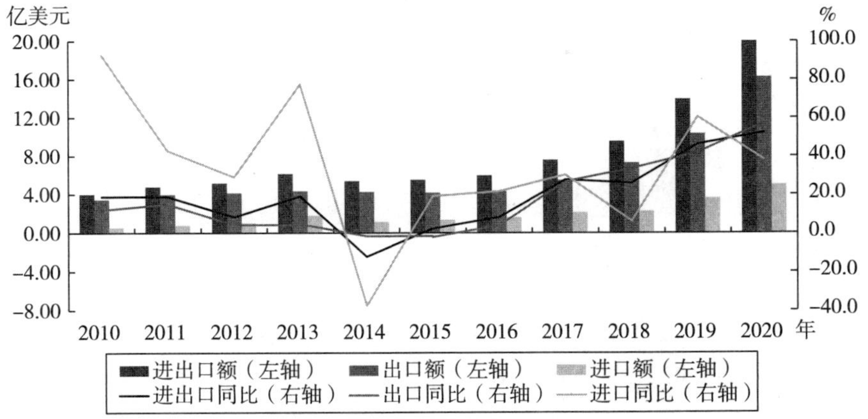

图 7-5 2010—2020 年中克双边贸易概况

（数据来源：中国海关、Wind 资讯）

中国对克罗地亚出口商品主要类别包括手机、空调、电动按摩器械和钢结构件等机电产品、纺织品、服装及鞋类等。中国从克罗地亚进口商品主要类别包括消防车辆为主的机电产品、锯木板材、建筑用石材、医药产品和饲料等。

（二）中克相互投资近况①

据中国商务部统计，2019 年，中国对克罗地亚直接投资流量为 2869 万美元；截至 2019 年末，中国对克罗地亚直接投资存量为 9840 万美元。

2017 年，克罗地亚经济商会在上海设立代表处。2018 年末，克罗地亚旅游委在上海设立办事处。

2019 年中国企业在克罗地亚新签承包工程合同 2 份，新签合同额 9943.58 万美元，完成营业额 2.15 亿美元。累计派出各类劳务人员 694 人，年末在克罗地亚劳务人员为 917 人。

近两年，佩列沙茨跨海大桥项目稳步推进。佩列沙茨跨海大桥是克罗地亚一座横跨亚得里亚海小斯通湾，连接隔海相望的克罗地亚领土的跨海公路桥梁，大桥设计总长 2440 米，桥面宽度 22.5 米，通航净高 55 米，预估造价超过 4 亿欧元（约合 4.88 亿美元），是克罗地亚建国以来规模最大的战略性基建项目，欧盟基金将承担 85% 的项目建设支出。2018 年 1 月 12 日，由中国路桥公司牵头的中国企业联合体成

① 中国商务部国际贸易经济合作研究院，中国驻克罗地亚大使馆经济商务参赞处，中国商务部对外投资和经济合作司．对外投资合作国别（地区）指南克罗地亚（2020 年版）[R]．2021.

功中标大桥和连接线一期工程项目，目前该项目的施工稳步推进。截至 2020 年 7 月 1 日，大桥墩身工程量累计完成 76%，承台累计完成 91.7%，桩基累计完成 99.4%。中国路桥公司预计，佩列沙茨大桥项目一期工程有望于 2021 年底完工[①]（原计划工期 36 个月，于 2021 年 7 月底完工[②]，因受疫情影响略有推迟）。

第六节　拉脱维亚

一、拉脱维亚经济环境和政策

疫情大流行对拉脱维亚经济的影响与对欧洲大部分国家的影响基本一致。拉脱维亚 GDP 在 2020 年第二季度急剧下滑之后，在第三季度实现了小幅反弹。作为拉脱维亚经济增长主要动力的家庭消费在 2020 年第二季度下降了 20%，导致该季度 GDP 收缩近 9%；固定资本投资总额下降幅度不算太大，但在短期内仍将受到一定的抑制；2020 年初，在经历了一段时间的低迷之后，拉脱维亚出口的复苏比进口更为强劲：自 2020 年 6 月起，该国出口开始出现名义上小幅增长，出口物品中的电子、机械设备和木材产品反弹程度最大；与此同时，商品进口则出现了更加明显的下降，主要原因是进口价格大幅下跌，尤其是燃料价格下降，由此导致拉脱维亚经常账户在 2020 年转为正值（超过 GDP 的 2%）。与商品相比，服务贸易的下降幅度要大得多，如 2020 年拉脱维亚运输服务业出口可能仅为 2019 年出口规模的 50%。总体来看，拉脱维亚 GDP 增速在 2020 年将萎缩至 4.6%，萎缩程度较中东欧 17 国平均水平（-5.1%，IMF 统计数据）要小。[③]

2020 年 3 月 2 日，拉脱维亚报告了首例新冠肺炎病例，不久政府宣布进入紧急状态并采取严格的限制措施，包括从 3 月 17 日起关闭大部分国际客运服务和学校，禁止在公共室内以及室外 2 人以上的聚集等。虽然在 2020 年夏季的几个月里，拉脱维亚的社会和经济活动逐渐重新开放，然而鉴于病毒在秋季迅速传播，自 11 月 6 日起，该国再次进入第二次紧急状态。疫苗的推广在拉脱维亚起步较为缓慢，大规模接种疫苗从 2021 年 4 月开始。[④]

疫情大流行期间，拉脱维亚政府实施了大规模财政刺激政策，这在很大程度

---

① 中国驻克罗地亚大使馆经济商务处官网，http：//hr. mofcom. gov. cn/article/jmxw/202104/20210403055775. shtml。

② 新华社报道，参见 http：//www. xinhuanet. com/fortune/2018 -07/31/c _ 1123200628. htm。

③ wiiw, No quick Recovery in Sight, with Coronavirus Risks looming large Forecast Report, Autumn 2020.

④ IMF. Policy Responses to COVID -19, Policy Tracker: https：//www. imf. org/en/Topics/imf - and - covid19/Policy - Responses - to - COVID - 19#B.

上缓解了疫情对经济的影响。在2020年，政府宣布了一项总额为38亿欧元（约占本年度GDP的13%）的援助计划。（1）规模较大的支出是以贷款和国家担保的形式向受疫情直接影响、经营境况不佳的企业提供的援助，援助金额达11亿欧元。（2）对拉脱维亚的重要部门提供资金支持，如航空、运输、教育、卫生等部门，金额总计为12亿欧元；2020年5月7日，拉脱维亚政府批准了总额为2.5亿欧元的对波罗的海航空公司股权的投资，旨在帮助该公司应对新冠肺炎疫情造成的经济困难。之后，欧盟委员会批准了该项投资。（3）将7.6亿欧元的欧盟基金用于减轻新冠肺炎疫情的影响。（4）将3亿欧元用于支持暂时失业的工人以及社会福利。为了支持受疫情影响的大型企业，拉脱维亚政府还设立了1亿欧元的投资基金，其中的5000万欧元由政府提供。上述措施的部分资金来自政府发行的15亿欧元的欧洲债券，以及从预算中节省的一些开支（共计440万欧元）。政府还与北欧投资银行签署了一笔5亿欧元的10年期新冠肺炎疫情缓解贷款。作为欧元区成员国，拉脱维亚在欧洲央行实施的货币政策的基础上，还制定了以下措施：（1）对旅游业中的中小企业和大型企业的贷款利率分别下调50%和15%；（2）将国有金融发展机构Altum的储备资本增加1亿欧元，以提高其通过贷款和担保向企业提供支持的能力。①

2020年，拉脱维亚国内政治事项的重点是缓解新冠肺炎疫情所带来的一系列影响。议会和政府作出了持续的努力，修订、加强以及补充防疫紧急措施。拉脱维亚部长内阁批准了《新冠肺炎疫情防疫管理法》（*Law on the Management of the Spread of Covid-19 Infection*），以便通过引入适当的防预性措施来建立紧急状态结束后的正常法律秩序。2020年拉脱维亚的核心政治事件之一是里加市议会（Riga City Council）的特别选举。由于疫情影响，里加市议会的特别选举改期，于8月在里加举行。此次选举是里加市政选举（municipal election）自1997年以来投票率最低的一年。新冠肺炎疫情可能是投票率如此低的原因之一，但是选举的投票环节中一定也有各党派应该分析的其他因素。这次选举的结果令人耳目一新：在左翼"和谐党"（Harmony）与其盟友"光荣服务里加党"（Honor to Serve Riga，GKR）执政十载后，拉脱维亚的首都里加市迎来了全新的执政联盟。2020年6月10日，在一次线上会议上，拉脱维亚议会于第三读即最后一读（final reading）通过了针对地方政府以及拉脱维亚区划的重大改革。值得指出的是，由于拉脱维亚议会迅速引入了在线辩论与投票，因此立法事宜并未被搁置。②

① IMF. Policy Responses to COVID-19, Policy Tracker: https://www.imf.org/en/Topics/imf-and-covid19/Policy-Responses-to-COVID-19#B.

② 中国—中东欧研究院. 2020年拉脱维亚主要政治事件回顾. 2020-12.

二、中拉经贸关系发展近况

（一）中拉双边贸易近况

据中国海关数据，2020 年中拉双边贸易额为 12.53 亿美元，同比下降 2.8%。其中，中国向拉脱维亚出口 10.52 亿美元，同比下降 3.8%；自拉脱维亚进口 2.00 亿美元，同比增长 2.4%。

2019 年双边贸易额为 12.9 亿美元，同比下降 6.6%。其中，中国向拉脱维亚出口额为 10.9 亿美元，同比下降 6.4%；进口 2 亿美元，同比下降 8.2%。

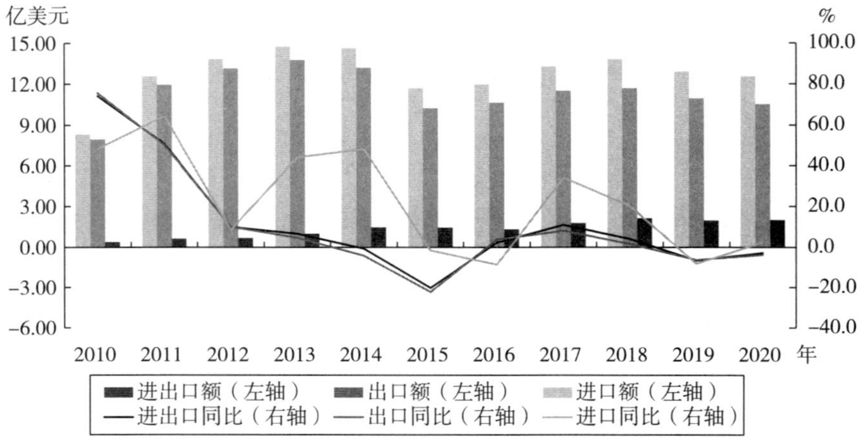

图 7-6　2010—2020 年中拉双边贸易概况

（数据来源：中国海关、Wind 资讯）

中国对拉脱维亚出口商品主要类别包括：①电机、电气设备及其零件，声音的录制和重放设备及其零件、附件；②锅炉、机器、机械器具及其零件；③有机化学品。

中国从拉脱维亚进口商品主要类别包括：①木及木制品，木炭；②矿物燃料、矿物油及蒸馏产品，沥青物质，矿物蜡；③电机、电气设备及其零件，声音的录制和重放设备及其零件、附件。

（二）中拉相互投资近况[①]

据中国商务部统计，截至 2019 年末，中国对拉脱维亚直接投资存量为 1163 万美元。中国对拉脱维亚主要投资领域为生命科技、沐浴护肤产品制造、木材加

① 中国商务部国际贸易经济合作研究院，中国驻拉脱维亚大使馆经济商务参赞处，中国商务部对外投资和经济合作司．对外投资合作国别（地区）指南拉脱维亚（2020 年版）[R]．2021.

工等。中资企业主要有施丹兰公司、拉脱维亚华大智造公司、华为技术拉脱维亚子公司。同时，数十家从事食品工业、银行业、信息技术和高科技、翻译、化妆品、木材加工、物流、房地产、机械和矿产生产的拉脱维亚企业已进入中国市场。

中国在拉脱维亚尚未投资开发经贸合作区、工业园区，没有在建的大型工程项目。两国尚未签订产能合作协议及基础设施合作协议。

2019 年中国企业在拉脱维亚新签承包工程合同 3 份，新签合同额 1040 万美元，完成营业额 40 万美元。累计派出各类劳务人员 3 人，年末在拉脱维亚劳务人员为 15 人。

第七节 立陶宛

一、立陶宛经济环境和政策

在此次疫情大流行期间，立陶宛是欧盟成员国中受负面冲击最小的国家之一，仅在 2020 年第二季度经历了短暂且可控的衰退。得益于高于预期的出口以及随后几个月家庭消费的迅速反弹，立陶宛的 GDP 在 2020 年仅下降 2%。立陶宛的商品和服务业贸易在 2020 年第二季度均出现大幅下滑，然而，由于旅游业在立陶宛经济中所占份额较低，与波罗的海邻国相比，经济受到的打击相对较小。因此，2020 年下半年的服务业贸易基本恢复到 2019 年同期的水平，由此导致的结果是，立陶宛 2020 年经常账户盈余可能会升至 GDP 的 7%，净出口对该国 2020 年 GDP 增长作出了积极贡献。①

2020 年 4 月 15 日，立陶宛政府开始放松限制措施，开放了某些非食品类商店和服务企业、户外活动、图书馆和博物馆，并在 4 月 30 日之前开放了更为广泛的休闲活动。5 月 18 日，立陶宛政府允许幼儿园、学前班、更广范围的医疗服务、室内餐厅、咖啡馆以及户外团体活动逐步开放。6 月 1 日，包括国际比赛在内的职业体育比赛恢复，咖啡馆和餐馆的营业时间不再受到限制。与此同时，立陶宛政府卫生部提供关于安全开放和运营的各种活动和场所的准则，并定期更新。然而，在 2020 年秋季新增病例急剧上升后，立陶宛政府于 11 月 7 日重启了限制措施，并持续到 2021 年 5 月 31 日。目前，立陶宛主要使用辉瑞和阿斯利康疫苗，政府还批准了从 Novavax 和 Valneva 制药公司购买疫苗。截至 2021 年 2 月

① wiiw, No quick Recovery in Sight, with Coronavirus Risks looming large, Forecast Report, Autumn 2020.

25 日，作为优先群体的医疗工作者疫苗接种工作已宣布完成。[①]

2020 年初，为应对新冠肺炎疫情，立陶宛政府宣布了总额为 25 亿欧元的财政支持计划。6 月 10 日，新的一项总额为 63 亿欧元（占 2019 年 GDP 的 13%）的投资计划再度获批，其中 22 亿欧元（占 2019 年 GDP 的 4.5%）为新投资，其余为已规划的投资。在政府的 2021 年预算中，在第二次隔离期间至 2021 年 6 月期间，将为立陶宛经济的支持措施划拨出 11 亿欧元的资金，这笔资金将用于扩大工资补贴、求职补贴、利息费用补偿、向企业提供软贷款以及为购买新冠肺炎疫苗提供资金。[②]

2020 年立陶宛政治情况发生了切实改变。在 10 月的议会选举后，由农民与绿色联盟党、社会民主党组成立陶宛第十七届政府的任期在 2020 年 12 月截止。立陶宛新一届政府由女性（曾任财政部长）担任首脑，政府各部长中有 7 名女性和 8 名男性，本届政府是欧盟中东欧国家中性别最为均衡的政府，同时也是人员构成最年轻的政府之一。本届政府内阁成员的平均年龄为 38 岁，最年轻的部长为 31 岁，最年长的部长为 50 岁。然而，更重要的是，除两位政府部长外，其他所有部长都有明确的政治立场。这些部长中包括组成中右翼执政联盟的三个政党的两位领导人。[③]

二、中立经贸关系发展近况

近年来，中立经贸关系平稳顺利，签订了多个经贸协定，且自 2018 年起，经贸合作混委会改为每年举行一次。2019 年 4 月，中华人民共和国海关总署与立陶宛共和国农业部签署了《中华人民共和国海关总署与立陶宛共和国农业部关于立陶宛小麦输华植物检疫要求议定书》。2019 年 9 月，中华人民共和国海关总署与立陶宛共和国农业部签署《中华人民共和国海关总署与立陶宛共和国农业部关于立陶宛输华野生海捕水产品检验检疫和兽医卫生要求议定书》。

（一）中立双边贸易近况

据中国海关统计，2020 年，中立双边贸易额为 22.95 亿美元，同比增长 7.5%。其中，中方出口 18.08 亿美元，同比增长 6.4%；自立陶宛进口 4.87 亿美元，同比增长 11.6%。

---

① IMF. Policy Responses to COVID－19, Policy Tracker: https://www.imf.org/en/Topics/imf－and－covid19/Policy－Responses－to－COVID－19#B.

② IMF. Policy Responses to COVID－19, Policy Tracker: https://www.imf.org/en/Topics/imf－and－covid19/Policy－Responses－to－COVID－19#B.

③ 中国—中东欧研究院. 女性领导立陶宛政治变革. 2020－12.

2019 年，中立双边贸易额为 21.35 亿美元，同比增长 2.0%。其中，中方出口 16.99 亿美元，同比减少 3.6%；自立陶宛进口 4.37 亿美元，同比增长 32.3%。

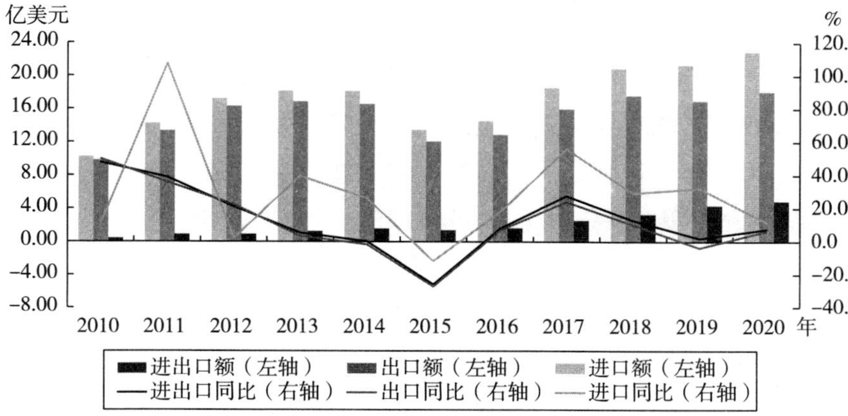

图 7-7　2010—2020 年中立双边贸易概况

（数据来源：中国海关、Wind 资讯）

中国对立陶宛出口商品主要类别包括：机电产品；贱金属及制品；纺织品及原料等。中国从立陶宛进口商品主要类别包括：家具、玩具、杂项制品；木及制品；机电产品；光学、钟表、医疗设备等。

（二）中立相互投资近况①

目前中国在立陶宛的直接投资规模较小。据中国商务部统计，截至 2019 年末，中国对立陶宛直接投资存量为 981 万美元。投资主要分布在通信、电网设计、电子、纺织、金融、餐饮等领域。

中国在立陶宛的投资呈现稳步发展的趋势，并不断拓展新的合作领域。除 70 多家华人中餐馆之外，有中资企业 10 余家，包括华为技术有限公司、华北电力设计院有限公司并购的立陶宛 ETI 公司、江苏林洋能源股份有限公司并购的立陶宛 ELGAMA 公司，以及多家金融科技（Fintech）公司等。

2019 年中国企业在立陶宛新签合同额 253 万美元，完成营业额 25 万美元；累计派出各类劳务人员 3 人，年末在立陶宛劳务人员为 15 人。

① 中国商务部国际贸易经济合作研究院，中国驻立陶宛大使馆经济商务参赞处，中国商务部对外投资和经济合作司．对外投资合作国别（地区）指南立陶宛（2020 年版）[R]．2021.

第八节　罗马尼亚

一、罗马尼亚经济环境和政策

罗马尼亚在此次新冠肺炎疫情中遭受了较为严重的损失，经济在 2020 年萎缩了 5%。GDP 增速在 2020 年第一季度经历小幅增长（2.5%）之后，第二季度急速下滑，同比下降 10.3%。其中，家庭消费和净出口拖累了罗马尼亚经济增长，而政府公共消费和投资在一定程度上缓解了这一趋势。2020 年 4 月该国新冠病毒感染人数首次达到峰值，在政府实施严格限制措施之后，5 月的感染人数有所下降。然而在 7 月封锁解除之后，这一数字再度上升，并在 10 月初第二次达到峰值，每天的感染和死亡人数与 4 月相比要高出三倍左右。据统计，在 10 月的上半月，罗马尼亚的死亡率为每 10 万居民 3.7 人，是欧盟死亡率第二高的国家。①

财政赤字问题一直是罗马尼亚发展的一大障碍。2020 年 9 月中旬，罗马尼亚议会投票通过将退休金上调 40% 以及增加其他年度支出的提议。然而，罗马尼亚国家银行（National Bank of Romania）报告显示，上调退休金将直接导致罗马尼亚 2021 年预算赤字增加到占 GDP 的 11%。虽然为了缓解疫情对经济的冲击，所有欧盟国家的预算赤字都有所增加，但其他国家的预算赤字增加是由短期支出造成的，与卫生危机和经济复苏一揽子措施有关。而罗马尼亚政府承诺的却是增加长期性支出（permanent expenditures），如退休金和薪金。②

2020 年 9 月，布加勒斯特证券交易所（Bucharest Stock Exchange）的上市公司收到了好消息：金融评估机构富时罗素（FTSE Russell）决定考虑流动性标准后，罗马尼亚资本市场已从“前沿市场”提升为“次级新兴市场”（Frontier to Secondary Emerging Market）。这是罗马尼亚资本市场被纳入该机构观察名单之后 3 年来首次升级。评级升级的主要意义是，大型投资者将会开始交易上市股票，尤其是富时指数体系中的股票。从现在起，布加勒斯特证券交易所的上市公司可以获得比之前多 50 倍的投资资金，并且有更多机会从新投资者那里融资。③

2020 年 5 月 15 日，罗马尼亚开始逐步重新开放。在第一阶段，理发店、图书馆、牙医诊所、小商店和博物馆重新开放，人们可以离开自己的家，无须对其旅行目的地实行审核。第二轮放松措施于 6 月 1 日开始实施，包括取消对城市外

---

① wiiw, No quick Recovery in Sight, with Coronavirus Risks looming large [R]. Forecast Report, Autumn 2020.

② 中国—中东欧研究院. 疫情对罗马尼亚经济的影响. 2020 - 10.

③ 中国—中东欧研究院. 疫情对罗马尼亚经济的影响. 2020 - 10.

旅行的限制，恢复国际车辆和火车的交通运输，允许在特殊情况下进行户外体育比赛（不包括公共场所）和户外音乐会，开放露天市场和海滩。自6月15日起，对部分国家恢复国际旅行，且回国后的旅客不再强制隔离或者自我隔离；商场（食品区、电影院除外）、体育馆、幼儿园全部开放。然而，进入2020年秋季之后，罗马尼亚的病毒感染人数在11月再次达到峰值，在每1000人中病例超过1.5例的地区不得不再次实施新的限制措施。2021年2月罗马尼亚室内餐厅、酒吧、剧院和电影院大多在有限的时间内重新开放，并且只能容纳30%的人。不过，随着3月感染病例的激增，罗马尼亚对超过特定感染率的地区再次实施了新的限制措施，包括限制商店流通和营业时间、关闭餐馆和健身房。罗马尼亚的疫苗接种计划于12月27日启动，第一批接种群体是医护人员，第二阶段针对弱势群体，疫苗开始接种日期为2021年1月中旬，普通民众于2021年4月开始接种。①

在疫情大流行期间，为缓解疫情的冲击，罗马尼亚的主要税收和政府支出措施已经超过了GDP的3%（截至2021年5月6日），主要包括：（1）为医疗系统提供的额外资金；（2）因学校停课而必须留在家里的父母的部分工资将由政府补贴；（3）对企业的支持措施，例如对自由职业者、离岗员工和返岗员工给予部分补贴，对中小企业水电费予以缓缴；（4）缴纳企业所得税的额外奖金；（5）对企业业务的补贴。另外，政府为经营困难公司重新安排了支付税金的时间表。与此同时，罗马尼亚央行实施的主要货币政策包括：（1）将货币政策利率下调1.25个百分点至1.25%；（2）将货币政策利率附近固定资产利率区间由±1.0个百分点缩小至±0.5个百分点；（3）通过回购交易（政府证券的回购交易）向信贷机构提供流动性；（4）在二级市场上购买政府债券；（5）确保支付和结算系统顺利运作的业务措施。此外，罗马尼亚政府还颁布了一项法案，要求银行将受新冠肺炎疫情影响的家庭和企业的贷款还款推迟至多9个月，最晚期限为2021年3月。欧洲央行和罗马尼亚央行达成了一项总额45亿欧元的欧元回购便利性协议，原计划截止于2020年底，现已延期至2022年3月。②

2020年，罗马尼亚政府为中右的国家自由党主导，奥尔班政府与约翰尼斯总统默契合作抗击疫情。其间社会民主党在议会发起对奥尔班政府的不信任动议，要求政府下台，但由于没有达到议会开会的法定人数，该提案未获通过。原定6月举行的地方选举由于疫情延期到9月，国家自由党在地方层面取得执政优势。

---

① IMF. Policy Responses to COVID－19，Policy Tracker：https：//www. imf. org/en/Topics/imf－and－covid19/Policy－Responses－to－COVID－19#B.

② IMF. Policy Responses to COVID－19，Policy Tracker：https：//www. imf. org/en/Topics/imf－and－covid19/Policy－Responses－to－COVID－19#B.

2020 年 12 月 6 日，罗马尼亚举行国家议会大选。尽管社会民主党在参众两院均以近 30% 的得票率领先，但未能达到单独组阁所需席位。21 日晚，国家自由党、拯救罗马尼亚联盟党—自由统一和团结党联盟、匈牙利族民主联盟签署联合执政协议。21 日，罗马尼亚新一届议会参议院和众议院举行首次会议，前财政部长安卡·德拉古当晚当选参议长，国家自由党主席、前总理奥尔班 22 日凌晨当选众议长。22 日下午，约翰尼斯总统与罗马尼亚议会政党就新总理人选进行磋商，并接受执政联盟提出的人选。议会第一大党社会民主党没有参与在总统府举行的政党间组阁磋商。22 日晚，约翰尼斯总统宣布提名来自国家自由党的瓦西里 - 弗洛林·克楚为新总理，并授权克楚尽快完成组阁。议会以 260 票赞成、186 票反对通过了对新政府的信任投票程序。12 月 23 日，克楚领导的新内阁宣誓就职，从奥尔班政府到克楚政府实现了快速过渡。①

2020 年，罗马尼亚在外交领域取得了一系列成就。首先，通过欧盟多年期财政框架和欧盟复兴计划的谈判，罗马尼亚可获益于近 800 亿欧元的资金。其次，2020 年底罗马尼亚软件和服务业雇主协会发表声明，第一个欧盟机构——欧洲网络安全中心（European Cybersecurity Centre）即将落户布加勒斯特。最后，罗马尼亚巩固了与美国和法国的战略伙伴关系，与两国分别签署了关于切尔纳沃德核电站（Cernavoda Nuclear Power Plant）新机组建造的协议。②

二、中罗经贸关系发展近况

中罗经贸关系发展势头良好。2019 年 4 月，在第八次中国—中东欧领导人会晤期间，中罗两国签署了《中华人民共和国商务部与罗马尼亚营商环境、贸易和创业部关于设立贸易畅通工作组的谅解备忘录》，两国政府间建立起贸易畅通工作组机制。2019 年 9 月，中罗贸易畅通工作组第一次会议在布加勒斯特成功举行。中罗双方就促进跨境电商等贸易新业态合作、提升贸易便利化水平、营造更加公平的营商环境、推动罗马尼亚优势农产品输华准入、组织参加中国进口博览会、拓宽双边贸易合作等双方共同关心的议题进行了深入务实的交流。③

（一）中罗双边贸易近况

据中国海关统计，2020 年，中罗双边贸易总额为 77.65 亿美元，同比增长

---

① 中国—中东欧国家智库交流与合作网络：https：//www.17plus1 - thinktank.com/article/1175.html?source = article _ link，检索日期：2021 年 4 月 5 日。

② 中国—中东欧研究院 . 2020 年罗马尼亚外交回顾 . 2020 - 12.

③ 中国商务部国际贸易经济合作研究院，中国驻罗马尼亚大使馆经济商务参赞处，中国商务部对外投资和经济合作司 . 对外投资合作国别（地区）指南罗马尼亚（2020 年版）［R］. 2021.

12.5%。其中，中国出口51.26亿美元，同比增长12.1%；中国进口26.38亿美元，同比增长13.4%。

2019年，中罗双边贸易总额为69.00亿美元，同比增长3.4%。其中，中国出口45.75亿美元，同比增长1.5%；中国进口23.26亿美元，同比增长7.2%。

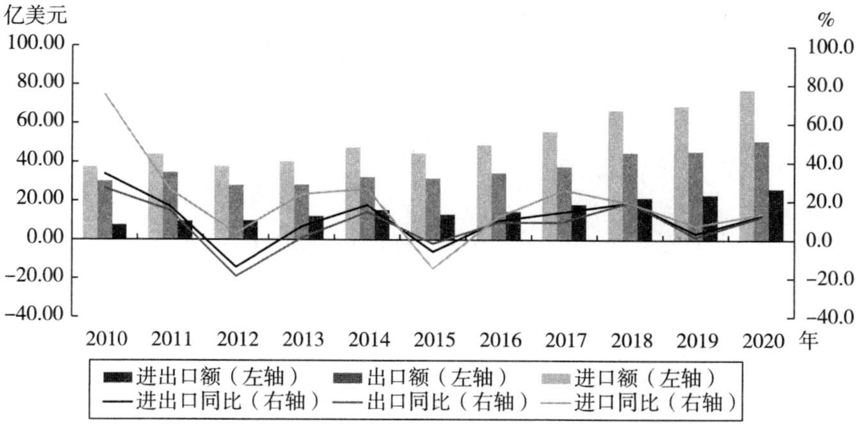

图7-8　2010—2020年中罗双边贸易概况

（数据来源：中国海关、Wind资讯）

据中国海关统计，近年来，中国对罗马尼亚出口商品主要类别包括：①电机、音像设备及其零部件；②锅炉、机械设备及其零部件；③光学、照相设备，医用外科工具；④针织或钩编服装及附件；⑤家具、寝具及台灯等；⑥钢铁；⑦塑料及制品；⑧钢铁制品；⑨车辆及其零部件；⑩纺织品、刺绣等。

中国从罗马尼亚进口商品主要类别包括：①锅炉、机械设备及其零部件；②电机、音像设备及其零部件；③木材及木制品，木炭；④非针织或钩编服装及附件；⑤铜及铜制品；⑥矿石、矿渣及矿灰；⑦光学、照相设备，医用外科工具；⑧车辆及其零部件；⑨橡胶及橡胶制品；⑩塑料及制品。

（二）中罗相互投资近况①

据中国商务部统计，2019年中国对罗马尼亚直接投资流量为8411万美元；截至2019年末，中国对罗马尼亚直接投资存量为4.28亿美元。

中国在罗马尼亚规模较大的投资合作企业包括：中烟国际欧洲有限公司、华为技术有限公司、中兴通讯罗马尼亚公司、东辉体育用品公司、运城制版（罗马尼亚）公司等。

---

① 中国商务部国际贸易经济合作研究院，中国驻罗马尼亚大使馆经济商务参赞处，中国商务部对外投资和经济合作司．对外投资合作国别（地区）指南罗马尼亚（2020年版）[R]．2021.

2019 年中国企业在罗马尼亚新签承包工程合同 16 份，新签合同额 8913.98 万美元，完成营业额 6997.23 万美元。累计派出各类劳务人员 9 人，年末在罗马尼亚劳务人员为 35 人。新签大型承包工程项目包括华为技术有限公司承建罗马尼亚电信项目。

第九节 斯洛伐克

一、斯洛伐克经济环境和政策

为遏制新冠肺炎疫情蔓延而实施的大封锁严重冲击了斯洛伐克国内经济，虽然 2020 年第一季度该国 GDP 同比仅下降 3.7%，但是在第二季度，疫情的影响开始全面显现：GDP 同比收缩高达 12.1%，其中家庭消费下降 4.2%，政府消费下降 10.4%，固定资本形成总额下降 32.3%，商品和服务进口和出口均下降 27% 左右，使得净出口对经济的贡献略为负。在第二季度，斯洛伐克受到影响最严重的四个领域是工业、娱乐业、建筑业和旅游业，同比分别下降 25%、22%、18% 和 16%。汽车工业是斯洛伐克的支柱产业之一，虽然该领域在 2020 年第二季度收缩幅度最大，但复苏速度也最快。因担心新冠肺炎病毒蔓延，3 月中旬斯洛伐克四大汽车制造商——大众布拉迪斯拉发、标致雪铁龙、起亚和捷豹路虎关闭了工厂，导致该国 4 月汽车生产表现较差。不过，随着夏季疫情逐步得到控制，斯洛伐克汽车产出已经基本恢复到 2019 年同期水平。疫情期间，斯洛伐克出口同样受到非常大的冲击。2020 年 1—8 月，斯洛伐克货物出口和进口分别下降了 12% 和 13%。其中，该国对欧盟主要贸易国德国、捷克均下降了 16%；对欧盟以外的主要贸易国美国、俄罗斯和中国分别下降了 33%、28% 和 10%。①

2020 年 9 月中旬，第二轮疫情在斯洛伐克暴发，每日感染人数再次呈上升趋势，严重程度高于第一轮疫情。10 月 1 日斯洛伐克政府宣布全国进入紧急状态，并在 10 月 24 日至 11 月 14 日期间实施了部分封锁。10 月 31 日至 11 月 1 日，斯洛伐克首次在全国范围内对成年人口进行了大规模检测，随后在阳性病例率较高的地区进行了小规模检测。12 月 19 日斯洛伐克再次实行宵禁，尽管与 2020 年春季相比，这些措施的针对性更强，但严格程度也较低，由于新感染、住院以及与新冠肺炎相关的死亡率仍在上升，上述限制措施一直实施到 2021 年 4 月底。②

---

① wiiw, No quick Recovery in Sight, with Coronavirus Risks looming large [R]. Forecast Report, Autumn 2020.

② IMF. Policy Responses to COVID - 19, Policy Tracker: https: //www. imf. org/en/Topics/imf - and - covid19/Policy - Responses - to - COVID - 19#B.

斯洛伐克联合政府在疫情期间采取的主要财政援助措施包括：（1）为受疫情影响的企业和个体经营者提供工资补偿，并向无收入个人提供生活补贴，上述措施延长至2021年6月，并扩大规模；（2）增加失业津贴、疾病和护理津贴；（3）为受疫情影响的企业和自由职业者推迟或免除雇主的社会保险缴款，上述措施延期至2021年6月；（4）减轻企业的行政负担，放宽劳动法要求；（5）对收入下降超过40%的企业，延期支付工资和企业所得税；（6）允许公司计入自2014年以来的亏损结转；（7）提供租赁补贴；（8）增加医疗支出。上述政府援助措施的资金支持以及2021年政府预算中应对疫情影响的储备金额总计为39.6亿欧元，占2020年GDP的4.3%。与此同时，为了缓解流动性压力，斯洛伐克政府还推出了几项国家担保计划，总额达40亿欧元，占2020年GDP的4.4%，该计划所覆盖的范围包括斯洛伐克的中小企业以及大型企业。①

货币政策方面，斯洛伐克国家银行与欧洲央行和欧洲银行管理局采取协调措施，实施了以下措施：（1）未达到一级资本（CET1）标准，可能部分满足第二支柱（Pillar 2）资本要求的银行允许使用相关资本工具；（2）银行可在适当合理的情况下，暂时在资本保存缓冲规定的资本水平以下经营；（3）银行在有充分理由的情况下，可暂时豁免全面遵守流动性覆盖率的要求。斯洛伐克国家银行还决定，自2020年8月1日起，将逆周期资本缓冲从1.5%下调至1.0%，并取消了此前将利率上调至2.0%的决定。此外，从2021年1月1日起，斯洛伐克国家银行还将具有系统重要性机构（Postova银行）的资本缓冲率从1%下调至0.25%。②

2020年2月29日，斯洛伐克举行了议会选举。获胜的政党是保守派的"普通民众和独立人士党"（Obyčajní ľudia a nezávislé osobnosti，OĽANO），获得了超过25%的选票，在新议会中拥有53个席位。排在第二位的是"社会民主方向党"，得票率为18.29%，鲍里斯·科拉尔（Boris Kollár）领导的保守派民粹主义政党"我们是一家党"（We Are Family，Sme Rodina）以8.24%的支持率位列第三。议会中还有另外三个政党：极右翼的"我们的斯洛伐克－人民党"（Ľudová strana－Naše Slovensko，ĽSNS），支持率为7.97%；自由主义政党"自由与团结党"（SaS），得票率为6.22%；前总统安德烈·基斯卡（Andrej Kiska）领导的综合保守派和自由派的"为了人民党"（Za Ľudí），得票率为5.77%。③ 选举后，上述四个政党中的右翼政党组成了新政府，包括"普通民众和独立人士党"、"我们

---

① IMF. Policy Responses to COVID－19，Policy Tracker：https：//www.imf.org/en/Topics/imf－and－covid19/Policy－Responses－to－COVID－19#B.

② IMF. Policy Responses to COVID－19，Policy Tracker：https：//www.imf.org/en/Topics/imf－and－covid19/Policy－Responses－to－COVID－19#B.

③ 中国—中东欧研究院.2020年斯洛伐克政治发展回顾［R］. 2020－12.

是一家党”、“自由与团结党” 和 “为了人民党”。2020 年 3 月 6 日，斯洛伐克出现了首例新冠肺炎确诊病例。新旧政府的权力交接于 2020 年 3 月 21 日进行，因此上一届政府在离任前的两周主管应对疫情的工作。①

2020 年 3 月，长期致力于司法改革的先行者，“为了人民党” （For the People）的玛丽亚·蔻里科娃（Mária Kolíková）成为新一任司法部部长，并制订了整顿司法的详细方案。新制定的《政府计划宣言》（*the Government Program Declaration*）包括解决最严重法治问题的方案。这些方案如能实施，确有可能增强司法机构及其他机构的公信力。增强人民对国家机关的信任正是新政府面临的最大挑战之一。②

二、中斯经贸关系发展近况

（一）中斯双边贸易近况

据中国海关统计，2020 年，中斯贸易额达 94.65 亿美元，同比增长 6.4%，斯洛伐克是中国在中东欧第四大贸易合作伙伴。其中，中国出口 30.33 亿美元，同比增长 3.7%；中国进口 64.31 亿美元，同比增长 7.8%。近三年，中国对斯洛伐克贸易保持逆差，且逆差呈逐年增长趋势。2020 年中国对斯洛伐克贸易逆差为 33.98 亿美元。

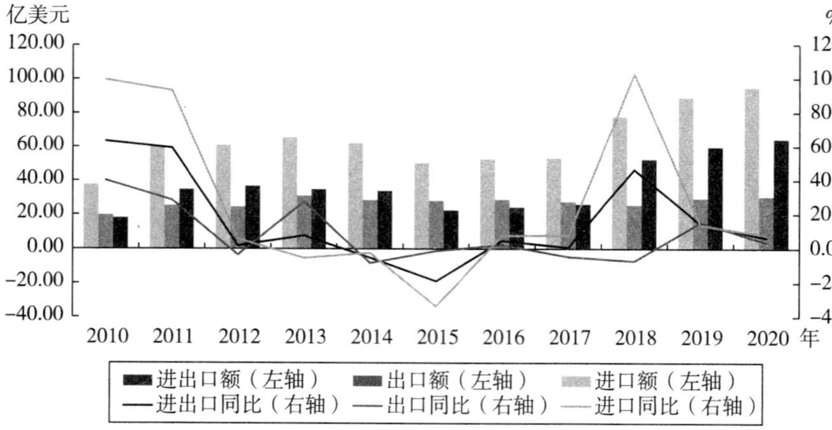

图 7-9　2010—2020 年中斯双边贸易概况

（数据来源：中国海关、Wind 资讯）

中国对斯洛伐克出口商品主要包括：①液晶显示板；②车用往复式活塞发动机；③空气泵或真空泵、空气和其他气体压缩机及零件；④彩色电视接收机零

① 中国—中东欧研究院 . 2020 年的斯洛伐克外交 . 2020-12.

② 中国—中东欧研究院 . 2021 年斯洛伐克最重大的政治事件 . 2021-01.

件；⑤自动数据处理设备的彩色液晶监视器；⑥与电视接收机配套使用的视频游戏控制器及设备；⑦滚动轴承的其他零件；⑧锂离子蓄电池；⑨直流稳压电源；⑩其他点燃式活塞内燃发动机的零件。

中国自斯洛伐克进口商品主要包括：①仅装有点燃往复式活塞内燃发动机的越野车；②装有点燃往复式活塞内燃发动机及驱动电动机的主要用于载人的机动车；③机动车辆用电气照明装置；④机动车辆用视觉信号装置；⑤具有变流功能的半导体模块；⑥其他点燃式活塞内燃发动机的零件；⑦车身（包括驾驶室）的未列名零件、附件；⑧牵引车、拖拉机和特殊用途的车辆等机动车的零件、附件；⑨制造半导体器件或 IC 的其他刻蚀及剥离设备；⑩离心机，过滤、净化机器及装置的零件。

（二）中斯相互投资近况①

近年来，中斯相互投资快速增长。呈现出“规模扩大化，领域宽泛化，方式多样化”的特点，在电信、研发、机械、农业和新能源等诸多领域的合作取得积极进展。中国在斯洛伐克投资合作主要项目有联想欧洲、中东和非洲地区支持中心、ZVL AUTO 汽车轴承厂、青岛软控欧洲研发和技术中心、中车集团控股博戈汽车零配件厂、海鹰集团控股 IEE 斯洛伐克公司及国新国际公司 Galanta 物流园和尼特拉汽车配件物流园等。

据中国商务部统计，2019 年中国对斯洛伐克直接投资流量为 -53 万美元；截至 2019 年末，中国对斯洛伐克直接投资存量为 8274 万美元。

2019 年中国企业在斯洛伐克新签承包工程合同 4 份，新签合同额 500 万美元，完成营业额 500 万美元；无各类劳务人员派出。

第十节　斯洛文尼亚

一、斯洛文尼亚经济环境和政策

在疫情暴发之前，斯洛文尼亚经济已经开始放缓。2020 年第一季度 GDP 增速为 2.5%，第二季度因疫情冲击急剧下滑了 13%，其中，除了政府支出，居民消费、投资和贸易对经济增长均为负贡献，消费者信心跌至 20 世纪 90 年代以来的最低水平。在疫情大流行期间，得益于斯洛文尼亚政府推行的短时工制政策

① 中国商务部国际贸易经济合作研究院，中国驻斯洛伐克大使馆经济商务参赞处，中国商务部对外投资和经济合作司．对外投资合作国别（地区）指南斯洛伐克（2020 年版）[R]．2021.

（见信息专题 7），国内劳动力市场的严峻形势得到一定的缓解。尽管如此，与 2019 年相比，2020 年斯洛文尼亚失业人数增加 1.5 万人，失业率达 5.8%，与此前的预期相比，较为乐观。在 2020 年夏季，随着疫情逐步得到控制，斯洛文尼亚服务业和制造业重新吸纳新的劳工，使得国内劳动力市场开始改善。[①]

为了缓解疫情对经济造成的负面影响，斯洛文尼亚政府在 2020 年 5 月至 9 月先后出台了五轮经济刺激计划，总费用占本国 GDP 的 16%：（1）对员工提供工资补贴、信贷和担保，为企业提供金融支持（共计 10 亿欧元）；（2）为小型公司和自由职业者提供选择性免税政策以及工资补贴，为弱势群体以及退休人员提供社会捐助，为企业、公司提供贷款担保（共计 30 亿欧元）；（3）对此前推出的方案进行了修订，并引入新的担保方案（共计 20 亿欧元）；（4）为每位公民发放价值为 200 欧元的旅游券，同时还推出了一项短时工制补贴计划以及新的流动性贷款计划（共计 10 亿欧元）；（5）为雇主提供被隔离工人各项开支的资金支持等（共计 4.2 亿欧元）。[②] 此外，斯洛文尼亚央行实施的主要政策包括：（1）允许受疫情影响较大的公司和个人延期偿还银行贷款；（2）斯洛文尼亚央行将欧洲央行的所有措施扩大到斯洛文尼亚的所有银行和储蓄银行；（3）限制银行和储蓄银行的利润分配；（4）降低了银行账户收费的最高限额，对弱势群体的降幅更大；（5）允许商业银行在计算信用度时暂时排除因疫情导致的收入下滑的情况。[③]

由于斯洛文尼亚国民的积极配合，该国是第一个宣布第一轮疫情结束（2020 年 5 月中旬）并重新开放边界的欧洲国家。然而，面对秋季的第二轮疫情，斯洛文尼亚政府从 2020 年 10 月开始实行部分封锁，包括关闭电影院、文化场所，取消集会活动等。2021 年 3 月中旬，斯洛文尼亚出现了第三轮疫情。对此，政府从 4 月 1 日开始实施为期 10 天的第三次封锁。这些措施包括在公共场所强制佩戴防护口罩、限制区域间的活动、禁止集会、转向远程学习（幼儿园和小学一至三年级的儿童除外）、限制公共交通、关闭所有非必要的商店和服务提供商。此外，斯洛文尼亚对来自疫情严重国家的入境旅客实施了严格的限制：若不能提供核酸检测阴性结果或疫苗接种证明，则必须隔离 10 天。[④]

2020 年 1 月 24 日，斯洛文尼亚财政部长安德雷伊·贝尔顿采利（Andrej Bertoncelj）宣布辞职，随后，马里安·沙雷茨（Marjan Šarec）总理于 1 月 27 日宣布

---

① wiiw, No quick Recovery in Sight, with Coronavirus Risks looming large [R]. Forecast Report, Autumn 2020.

② wiiw, No quick Recovery in Sight, with Coronavirus Risks looming large [R]. Forecast Report, Autumn 2020.

③ IMF. Policy Responses to COVID－19, Policy Tracker: https://www.imf.org/en/Topics/imf－and－covid19/Policy－Responses－to－COVID－19#B.

④ IMF. Policy Responses to COVID－19, Policy Tracker: https://www.imf.org/en/Topics/imf－and－covid19/Policy－Responses－to－COVID－19#B.

辞职，这也宣告了沙雷茨少数政府（minority government）的终结。疫情在斯洛文尼亚暴发时，政府正在组建的过程中。考虑到国内的健康卫生状况不容乐观，部长听证会和投票过程进行了适当简化，由亚内兹·扬沙领导的新一届政府在3月13日宣誓就职。①

二、中斯经贸关系发展近况

2019年5月，科技部部长王志刚与斯洛文尼亚副总理兼教育科学体育部部长皮卡洛签署《中华人民共和国科学技术部与斯洛文尼亚共和国教育科学体育部关于联合资助研发项目的谅解备忘录》。

（一）中斯双边贸易近况

据中国海关统计，2020年，中斯进出口贸易总额为39.61亿美元，比上年增长了0.8%。其中中国出口34.52亿美元，比上年增长1.2%；中国进口5.09亿美元，比上年下降1.5%。

2019年，中斯进出口贸易总额为39.3亿美元，比上年减少21.7%。其中中国出口34.1亿美元，比上年下降22.9%；中国进口5.2亿美元，比上年下降12.6%。

中国是斯洛文尼亚在亚洲最大的贸易伙伴，也是斯洛文尼亚在欧盟外第二大进口来源国。斯洛文尼亚是中国在前南斯拉夫地区最大的贸易伙伴。

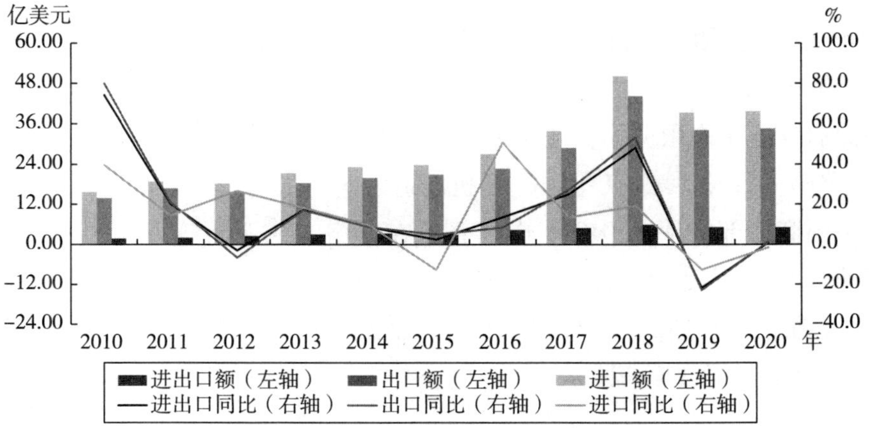

图7-10　2010—2020年中斯双边贸易概况

（数据来源：中国海关、Wind资讯）

① 中国—中东欧研究院. 2020年斯洛文尼亚政治回顾. 2020-12.

中国对斯洛文尼亚主要出口商品类别有：电机、电气、音像设备及其零部件；针织或钩编的服装及衣着附件；锅炉、机械器具及零件；非针织或非钩编的服装及衣着附件；有机化学品等。

中国自斯洛文尼亚主要进口商品类别有：电机、电气、音像设备及其零部件；车辆及其零部件；机械器具及零件；塑料及其制品；光学、照相、医疗等设备及零部件等。

（二）中斯相互投资近况[①]

据中国商务部统计，2019 年中国对斯洛文尼亚直接投资流量为 2684 万美元；截至 2019 年末，中国对斯洛文尼亚直接投资存量为 1.90 亿美元。

中国对斯洛文尼亚投资的主要项目：2018 年，中国海信集团出资约 3 亿欧元收购了斯洛文尼亚著名家电制造商戈兰尼亚（Gorenje），持有该公司 100% 的股权。2018 年，Gorenje 营收达 11.84 亿欧元，其中家电核心业务营收达 10.74 亿欧元（占整体营收的 91%）。海信收购 Gorenje 后，对其进行了业务重组（通过出售及退市），陆续剥离除制造和营销家用电器外的非核心业务。2020 年由于新冠肺炎疫情导致订单和收入急剧下降，并于 2020 年 4 月底启动了裁员计划，同时停止其在欧洲的生产基地。[②] 不过，裁员未改变海信在斯洛文尼亚设立电视机生产工厂的计划，即在 2020 年底建成年产 100 万台电视机的工厂，新增数百个就业岗位，在 2023 年前将年产量提高至 400 万台。[③]

据斯洛文尼亚央行统计数据，截至 2017 年底，斯洛文尼亚在华投资额累计 4530 万欧元，主要集中在制造业、批发零售业等领域。主要项目包括：①雷瑞卡（苏州）汽车电器有限公司；②中斯科技公司（Sinoslo Technology）；③苏州海达瑞柴油冷启动技术有限公司；④宁波美诺华科尔康制药有限公司；⑤KOLEKTOR 公司南京分公司；⑥蝙蝠（中国）飞机制造公司。

据中国商务部统计，2019 年中国企业在斯洛文尼亚新签承包工程合同 1 份，完成营业额 250 万美元。目前，中国建筑、中国路桥、中铁九局和葛洲坝集团 4 家企业正在跟踪科迪二号线铁路项目，工程金额约 7 亿欧元，4 家企业与其他 6 家企业一起进入第二轮招标。

---

① 中国商务部国际贸易经济合作研究院，中国驻斯洛文尼亚大使馆经济商务参赞处，中国商务部对外投资和经济合作司．对外投资合作国别（地区）指南斯洛文尼亚（2020 年版）[R]．2021.

② 参见：http：//jiaju. sina. cn/news/20200601/6673042687811453851. shtml。

③ 更多信息请参考：https：//www. investgo. cn/article/yw/alfx/202004/485400. html。

第十一节　希腊

一、希腊经济环境和政策

由于希腊对服务业和旅游业的依赖程度较高，在疫情的巨大冲击下，IMF 统计数据显示，2020 年希腊 GDP 增速下降 8.2%，衰退程度远大于中东欧 17 国的平均水平（-5.1%）。2020 年第二季度，由于大范围实施限制措施，导致希腊实际 GDP 前所未有地下降了 14%。失业率在 6 月达到 18% 的峰值，高于 2 月的 15.6%，但在 7 月降至 16.8%。受服务业出口大幅下滑的拖累，希腊对外出口同比下降 32%，创历史新低。随着经济活动的重新开放和限制措施的暂时放松，受国内需求的推动，2020 年第三季度希腊的 GDP 增长了 2.3%。然而，由于受到入秋后的第二轮疫情冲击，希腊政府于 2020 年 11 月 7 日开始实施新的全国封锁直至 2021 年初。①

在疫情大流行期间，希腊政府宣布了一项总费用为 235 亿欧元（占 2020 年 GDP 的 14%）的一揽子财政支持措施，包括：（1）为医生和护士、采购医疗用品和卫生部门工作人员提供现金奖金；（2）为经营困难公司的雇员和自由职业者提供现金津贴以及全额支付养恤金和医疗福利，扩大失业福利，支持短期就业，向家庭提供贷款补贴，为在家照顾子女而无法上班的父母提供带薪休假；（3）通过贷款担保、贷款和利息补贴、可退还的预付款、租金减免、延期缴纳税款和社保缴费等方式，为困难企业提供流动性支持；（4）降低疫情防护所需关键产品、研究支出以及运输和接待部门的增值税税率。在 2020 年 11 月和 2021 年 3 月实施新的流动限制的同时，政府延长了部分支持措施，目的是将财政措施的成本在 2021 年控制在 GDP 的 7.5% 左右。② 货币政策方面，在欧洲央行现有的规则之下，欧洲央行此前宣布的 2020 年底前额外增加 1200 亿欧元规模的资产购买计划中虽然并未包括希腊，然而希腊可以享受欧洲央行的其他货币支持政策，包括：（1）对所有在 2020 年 6 月至 2021 年 6 月尚未完成的定向长期再融资操作（TLTRO Ⅲ操作）适用更为优惠的条款；（2）欧洲央行推出的疫情应对紧急长期再融资操作（PELTRO）为欧元区金融体系提供流动性支持，其利率将比欧元体系在其整个寿命期内主要再融资操作的平均利率（目前为 0）低 25 个基点，希腊

① European Commission. European Economic Forecast Autumn 2020, Institutional Paper 136, November 2020.

② 中欧陆家嘴国际金融研究院，中东欧经济研究所．中国支援中东欧国家抗疫［J］．中东欧视界，2020（3）．

同样有资格获得上述流动性支持；（3）最晚在 2021 年 6 月之前，欧洲央行额外为希腊追加 13.5 亿欧元的私人和公共部门证券资产购买计划（大流行紧急购买计划，PEPP）；（4）希腊还可以根据企业部门购买计划（CSPP）扩大合格资产范围，并放宽欧元体系再融资业务（MROs，LTROs，TLTROs）的担保标准。①

2020 年 11 月 6 日，穆迪宣布将希腊评级从“B1”上调至“Ba3”，前景为“稳定”。穆迪认为，虽然疫情在短期内将对希腊经济产生负面影响，特别是旅游行业，但希腊经济将受益于不断改善的投资环境和大量流入的欧盟复苏资金，对希腊经济增长前景看好。穆迪在疫情期间提高希腊信用评级意外提振了希腊市场。②

2020 年 11 月 24 日，由诺贝尔奖获得者克里斯托弗·皮萨里德斯率领的专家委员会起草了长达 244 页的行动计划，报告中包括了希腊的全面改革计划，目标主要包括增加希腊人均收入、增强社会凝聚力及改善自然环境。③

2020 年 12 月 28 日，希腊财政部启动了提前偿还国际货币基金组织（IMF）36 亿欧元贷款的程序。财政部长斯泰库拉斯表示，上述还款将涵盖 2021 年和 2022 年到期的贷款。偿还将通过协商并充分遵守国家对债权人的合同义务进行。这将是希腊一年之内第二次提前偿还 IMF 贷款，两次偿还总额为 63 亿欧元，约占 IMF 80 亿欧元贷款总额的 80%。④

2020 年 9 月 4 日，希腊总统萨克拉罗普卢、总理米佐塔基斯在雅典分别会见中共中央政治局委员、中央外事工作委员会办公室主任杨洁篪。杨洁篪表示，2020 年两国并肩应对新冠肺炎疫情，再次体现风雨同舟的情怀和担当；希望同希方一道推进“一带一路”框架下重点领域对接，将比雷埃夫斯港打造为世界一流港口（见信息专题 6）。希腊领导人表示，希方愿同中方继续携手抗疫，扩大双向贸易投资，推进比雷埃夫斯港等重点合作项目，办好 2021 年希中文化旅游年，促进文明对话和民心相通。⑤

2021 年 1 月 5 日，改组后的希腊新内阁在希腊总统府举行宣誓就职仪式。此次改组中，包括负责外交、国防和公民保护事务的部长在内的多名部长没有更换

---

① IMF. Policy Responses to COVID－19, Policy Tracker: https://www.imf.org/en/Topics/imf－and－covid19/Policy－Responses－to－COVID－19#B.

② 中华人民共和国驻希腊共和国大使馆经济商务处官网：http://gr.mofcom.gov.cn/article/jmxw/202011/20201103016996.shtml，检索日期：2021 年 4 月 15 日。

③ 中华人民共和国驻希腊共和国大使馆经济商务处官网：http://gr.mofcom.gov.cn/article/jmxw/202012/20201203021522.shtml，检索日期：2021 年 4 月 15 日。

④ 中华人民共和国驻希腊共和国大使馆经济商务处官网：http://gr.mofcom.gov.cn/article/jmxw/202101/20210103031085.shtml，检索日期：2021 年 4 月 15 日。

⑤ 外交部官网：https://www.fmprc.gov.cn/web/zyxw/t1812477.shtml，检索日期：2021 年 5 月 28 日。

职务。而原内阁中两名重要部长，原劳工和社会福利部长扬尼斯·弗鲁齐斯和原内政部长塔基斯·塞奥佐里卡科斯，遭到撤职的决定，被认为是预料之中。此外，旅游部长哈里斯·塞奥哈里斯尽管面临众多非议，最终还是得以留任，他希望自己可以为希腊的旅游业复兴继续努力。①

二、中希经贸关系发展近况

2019年，中希两国签署了《关于重点领域2020—2022年合作框架计划》和《中国商务部与希腊发展和投资部关于推动双边投资合作高质量发展的谅解备忘录》。

（一）中希双边贸易近况

根据中国海关数据，2020年，中国与希腊的双边货物贸易总额为78.10亿美元，同比减少7.7%。其中，中国对希腊出口70.36亿美元，减少9.1%；自希腊进口7.73亿美元，增长6.7%。

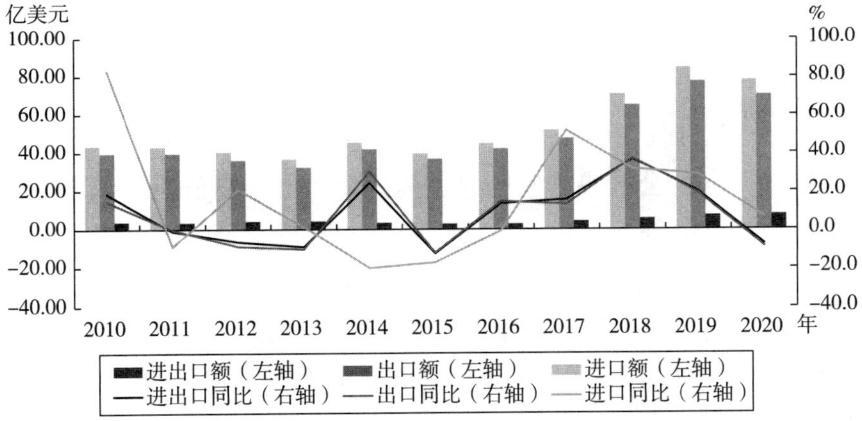

图7-11　2010—2020年中希双边贸易概况

（数据来源：中国海关、Wind资讯）

中方在中希双边货物贸易中长期处于顺差，2019年中方顺差达到70.1亿美元的最高值，2020年中方顺差降至62.63亿美元。2019年，希腊是中国在欧盟27国中第十五大贸易伙伴、第十九大进口来源地和第十大出口目的地，是中国在中东欧17国中第五大贸易伙伴、第七大进口来源地和第三大出口目的地。

根据中方统计数据，2019年中国对希腊前五大出口商品为机械器具（13.8亿美元，占比17.8%）、针织或钩编的服装（11.9亿美元，占比15.4%）、非针

① 中国新闻网官网：http：//m.cnhubei.com/content/2021－01/06/content_13545363.html，检索日期：2021年4月15日。

织或非钩编的服装（7.5 亿美元，占比 9.7%）、电气设备（6.5 亿美元，占比 8.5%）、鞋靴（6.1 亿美元，占比 7.9%）。中国自希腊前五大进口商品为石料（2.4 亿美元，占比 33.6%）、药品（1.6 亿美元，占比 21.9%）、机械器具（0.93 亿美元，占比 12.9%）、矿砂（0.67 亿美元，占比 9.2%）、棉花（0.31 亿美元，占比 4.2%）。

（二）中希相互投资近况[①]

据中国商务部统计，2019 年当年中国对希腊直接投资流量为 57 万美元。截至 2019 年末，中国对希腊直接投资存量为 2.31 亿美元。

中希双向投资总体规模不大，集中在海运、电信和光伏领域。截至 2020 年 6 月，希腊对华直接投资项目累计 194 个，实际投资额 1.05 亿美元。[②]

中国对希腊投资的在建项目有：2016 年 8 月，中远海运集团收购了比雷埃夫斯港务局 67% 的股份。按照协议，中远海运集团在接下来的 5 年内完成约 3 亿欧元的强制投资。2019 年 10 月，中远海运比雷埃夫斯港总体规划正式获批，标志着新的 6 亿欧元的投资计划已进入实施阶段。该项目是目前中国在希腊最大的在建项目。

此外，其他主要投资项目还有：2017 年 10 月，中国国家电网公司成功收购希腊公共电力公司下属的独立输电网络公司 24% 的股权；2017 年 11 月，中国国家能源集团与希腊 CG 公司签署收购色雷斯四个风电项目公司 75% 股权的协议；2019 年 7 月，华为同希腊 Wind 电信公司联合进行希腊首个商用 5G 业务；2019 年 11 月，国家电网公司同希腊国家电网公司签署《希腊克里特岛联网项目股权投资意向协议》。同月，中国银行雅典分行完成设行监管审批程序；中国工商银行希腊代表处获颁牌照。2019 年中国企业在希腊新签承包工程合同 26 份，新签合同额 4.487 亿美元，完成营业额 1.81 亿美元。累计派出各类劳务人员 389 人，年末在希腊劳务人员为 951 人。

信息专题 6　中远比雷埃夫斯港项目

一、项目概况

比雷埃夫斯港位于巴尔干半岛的南端，位于希腊雅典的西南海岸。它连接着欧洲、亚洲和非洲。比雷埃夫斯港陆地面积 2725 万平方米，海岸线约 24 公里，是希腊最大的港口，也是希腊重要的集装箱港口。

---

① 中国商务部国际贸易经济合作研究院，中国驻希腊大使馆经济商务参赞处，中国商务部对外投资和经济合作司．对外投资合作国别（地区）指南希腊（2020 年版）［R］．2021.

② 中国外交部官网，https：//www.fmprc.gov.cn/web/gjhdq_676201/gj_676203/oz_678770/1206_679834/sbgx_679838/。

2008 年 10 月，中远海运集团（以下简称中远海运）通过竞标获得比雷埃夫斯港二号、三号集装箱码头 35 年的特许经营权，自 2009 年 10 月负责经营。

2008 年 11 月 10 日，中远海运成立中远海运比雷埃夫斯集装箱码头有限公司（Piraeus Container Terminal S. A.，简称 PCT）。按协议中远海运自 2009 年 10 月 1 日起接管比雷埃夫斯港二号码头，但到次年 6 月 1 日之前都属于过渡期，在此期间码头维修、运营仍由原管理方港务局负责，中远海运只负责经营。之后，PCT 投资翻新二号码头，又投资建设三号码头东侧及西侧工程。①

2011 年 10 月 1 日，开始建设三号码头东侧，并已于 2013 年 6 月建成一期工程。

2015 年 1 月，开始建设三号码头西侧工程，并于 2019 年 6 月 3 日建成。

2016 年 4 月，中远海运与希腊共和国资产发展基金签署协议，以 3.685 亿欧元收购希腊比雷埃夫斯港务局（Piraeus Port Authority）67% 的股份，使运营范围从二号、三号码头扩大至整个比雷埃夫斯港。根据 2052 年到期的特许经营权协议，收购分为两个阶段：第一笔交易是支付 2.85 亿欧元收购 51% 的股份。5 年后（即 2021 年），中远海运可以以 8800 万欧元的价格收购其余 16% 的股份，前提是达到或超过 3 亿欧元的强制投资门槛。②

2019 年，中远海运比雷埃夫斯港总体规划的正式签约，标志着新的 6 亿欧元的投资计划已进入实施阶段。中远海运计划投入 3 亿欧元用于扩建现有集装箱码头，对历史最悠久的一号码头进行全面现代化升级，并翻新跨爱琴海航线的渡轮码头。此外，还计划准备建设第四个集装箱码头和一个免税邮轮码头服务中心。第四个集装箱码头的投资预算为 3.3 亿欧元，计划建在第一集装箱码头的东端，设计容量为 280 万标箱，建成后比雷埃夫斯港的年最大集装箱吞吐量也将进一步上升至 1000 万标箱。

2020 年 2 月 25 日，比雷埃夫斯港邮轮码头扩建工程开工。扩建项目包括新建 2 个邮轮深水泊位，建成后新泊位可靠泊目前全球最大的长 360 米、载客量 6000 人的邮轮。③

二、对希腊的影响

首先，中远海运比雷埃夫斯港项目大大提高了该港口的竞争力。中远海运引进了最先进的设备，对港口基础设施进行了升级改造。比雷埃夫斯港已经成

① 更多信息请参考中国商务部官网：http：//www. mofcom. gov. cn/article/beltandroad/gr/chnindex. shtml。

② 刘倩倩，Polyxeni Davarinou. 从中远集团希腊比雷埃夫斯港项目看“一带一路”中希经济合作 . 2019 - 12.

③ 更多信息请参考新华网：http：//www. xinhuanet. com/2020 - 02/26/c _ 1125629577. htm。

为世界上发展最快的集装箱港口、地中海第一大港口和欧洲第四大港口（仅次于荷兰鹿特丹港、比利时安特卫普港和德国汉堡港）。[①] 2018 年，比雷埃夫斯港集装箱吞吐量已经从中远海运参与经营前（2008 年）的 68 万标箱提升至 491 万标箱，在全球港口中的排名由 2008 年的第 93 位跃升至第 32 位。2018 年，比雷埃夫斯港累计实现收入 3.3 亿欧元，利润总额 7318 万欧元。[②] 2019 年，该港口的吞吐量已达到 565 万标箱。已经以比雷埃夫斯港为枢纽建设了 55 条航线，这些航线最远到达地中海、黑海、中东、西北欧、北美和亚太地区。

其次，该港口项目促进了当地经济发展及就业。根据希腊比雷埃夫斯港务局年报数据，港口经营利润稳步攀升（见表 7－1）。2019 年比雷埃夫斯港实现了 4760.6 万欧元税前利润，2018 年为 4233.3 万欧元（比 2017 年的 2119 万欧元增长了近两倍）。2017—2019 年的净利润分别为 1128.9 万欧元、2788.3 万欧元和 3544.7 万欧元。2018 年中远海运向希腊政府支付了 480 万欧元的特许权费，比 2017 年增加了 70 万欧元。此外，中远海运在比雷埃夫斯港的投资还为当地直接创造了 3000 个就业岗位，为希腊间接创造了 10000 多个就业岗位。物流产值从 4 亿欧元提升至 25 亿欧元，带动希腊 GDP 提高 0.8 个百分点。到 2052 年，预计为希腊经济贡献 15 亿欧元，创造就业岗位 12.5 万个。[③]

表 7－1　　2015—2019 年比雷埃夫斯港各项业绩

年份	总收入（万欧元）	毛利润（万欧元）	毛利率（%）	税前利润（万欧元）	净利润（万欧元）
2015	9988.0	2615.0	26	977.2	837.6
2016	10349.6	3233.8	31	1103.9	669.9
2017	11153.0	3875.5	35	2118.7	1128.9
2018	13293.1	5932.4	45	4233.3	2788.3
2019	14922.2	7395.7	50	4760.6	3544.7

数据来源：希腊比雷埃夫斯港务局、中国一带一路网。

中远海运在比雷埃夫斯港的投资为希腊吸引了新的中国投资者，这有可能帮助提振希腊经济。受中远海运比雷埃夫斯港项目成功的鼓舞，许多有竞争力的中国企业正在希腊投资或寻求投资机会。比雷埃夫斯港项目是吸引中国投资的锚点投资。例如，2016 年 10 月，中国国家电网公司成功收购希腊公共电力公司下属的独立输电网络公司 24% 的股权，与希腊当局合作，在希腊岛屿和大

① 更多信息请参考中国一带一路网：https：//www.thepaper.cn/newsDetail_forward_7611290。

② 更多信息请参考中国商务部官网：http：//www.mofcom.gov.cn/article/beltandroad/gr/chnindex.shtml。

③ 更多信息请参考环球网：https：//k.sina.cn/article_1686546714_6486a91a020018yuy.html。

陆之间提供更好的电力互联；中国国家能源集团在希腊注册了新能源欧洲总部，随后与希腊 Copelouzos 集团签署了可再生能源和常规电力供应合作协议；中国国航于 2017 年 9 月开通北京—雅典直航，并在 2018 年 4 月将每周航班从两班增加到三班。此外，中国最大的煤炭生产商神华集团与希腊最大的投资集团之一的 Copelouzos 集团签署了一项协议，收购希腊公司开发的四个风电园区 75% 的股份。已有十多家有实力的中国企业赴希腊投资。[①]

三、结论

比雷埃夫斯港还是中欧交流的枢纽，将海上丝绸之路与陆上丝绸之路连接起来。中远海运通过整合海上航线网络与比雷埃夫斯港枢纽港建设两方面的综合优势，启动中欧陆海快线[②]，将传统西北欧海铁联运的运输周期缩短了 7～11 天。2018 年有 3.5 万个集装箱从这里运往中东欧的 14 个城市，2019 年的前 10 个月已经有 7 万个集装箱发往中东欧地区城市。

中远海运对比雷埃夫斯港的投资确实对希腊经济产生了积极影响，改善了基础设施投资，提高了港口的竞争力，成为吸引更多外国投资的成功范例，在促进中希经济合作方面的作用不容忽视。

第十二节　匈牙利

一、匈牙利经济环境和政策

2020 年新冠肺炎疫情对匈牙利的经济同样造成严重冲击，其中汽车出口和旅游业首当其冲。IMF 统计数据显示，匈牙利全年 GDP 增速收缩 5%，基本与中东欧 17 国平均水平（－5.1%）持平。2020 年第二季度，匈牙利经济同比下滑 13.6%。其中，制造业下降超过 20%，建筑业和服务业分别萎缩 13% 和 12%。在服务业中，跨境旅游和运输收入下降了 25% 以上。然而，农业、信息和电信部门、金融服务和食品行业表现出一定的韧性，降幅较小，有的甚至出现小幅的扩张。随着封锁措施的放松和国际供应链的恢复，到 2020 年 8 月，匈牙利工业增加值和社会消费品零售总额同比分别仅下降 2.1% 和 1.2%。就业率也有所回升，

① 刘倩倩，Polyxeni Davarinou. 从中远集团希腊比雷埃夫斯港项目看“一带一路”中希经济合作 . 2019－12.

② “中欧陆海快线”南起比雷埃夫斯港，北至匈牙利布达佩斯，途经马其顿斯科普里和塞尔维亚贝尔格莱德。

8 月同比仅下降 0.4%。然而，2020 年秋天，第二轮疫情再次冲击匈牙利，消费者信心指数和一些流动性指标有所下降，使得第四季度经济小幅萎缩。[①]

在疫情期间，匈牙利政府实施了多轮财政援助措施。自 2020 年 5 月起，实施的措施主要包括：（1）5 月 7 日，政府宣布购买总额为 1500 亿匈牙利福林（约 4.25 亿欧元，占 GDP 的 0.3%）的银行债券，以支持疫情期间的银行贷款，维持金融稳定；（2）5 月 20 日，政府宣布了一项针对新员工的新工资补贴计划，其前提条件是企业须保留员工至少 9 个月；（3）自 6 月 21 日起，政府向中小企业提供无息贷款，所得资金的一半用于投资（上限为 1.5 亿匈牙利福林，约 43 万欧元），而另一半用于支持流动性和运营（上限为 3 亿匈牙利福林，约 85 万欧元）；（4）8 月 25 日，政府宣布为受疫情影响最严重的企业提供雇员工资补贴直至 2021 年 6 月。匈牙利政府还向议会提交了修订后的 2021 年预算以及 2022 年预算，两份预算的赤字目标均高于最初计划（分别为 GDP 的 7.5% 和 5.9%）。[②]

自疫情暴发以来，匈牙利央行进行了多轮基准利率下调行动，2020 年 6 月 24 日，基准利率由 0.9% 下调 15 个基点至 0.75%，以鼓励匈牙利企业和家庭进行大胆消费和投资，进而提振国家经济。[③] 7 月 21 日，匈牙利央行货币委员会再次下调基准利率 15 个基准点至 0.60%，利率走廊维持不变。2021 年 1 月 26 日，匈牙利央行货币委员会宣布，维持基准利率 0.6% 和汇率走廊不变，匈牙利央行表示在目前环境多变的背景下，应维持短期收益在接近 0 的安全范围内，匈牙利央行将根据通胀率变化采取适当的手段应对。匈牙利央行将持续为支持价格稳定、金融稳定和经济增长营造货币条件。[④]

2020 年 8 月 24 日，国务委员兼外长王毅在广西北海同匈牙利外交与对外经济部长西雅尔多举行会谈。王毅表示，西雅尔多外长是欧洲新冠肺炎疫情发生后首位访华的欧盟国家外长，使匈方再次站到中国同欧盟交往的前列，既表明中匈关系的强劲和韧性，也体现了双方加快合作步伐的强烈愿望。西雅尔多表示，匈方高度赞赏中方在短时间内成功控制疫情，衷心感谢中方为匈方在华采购大量防疫物资提供的有力支持。[⑤]

---

① wiiw, No quick Recovery in Sight, with Coronavirus Risks looming large [R]. Forecast Report, Autumn 2020.

② IMF. Policy Responses to COVID - 19, Policy Tracker: https: //www. imf. org/en/Topics/imf - and - covid19/Policy - Responses - to - COVID - 19#B.

③ 中华人民共和国驻匈牙利大使馆经济商务处官网：http: //hu. mofcom. gov. cn/article/jmxw/202006/20200602977454. shtml，检索日期：2021 年 4 月 15 日。

④ 中华人民共和国驻匈牙利大使馆经济商务处官网：http: //hu. mofcom. gov. cn/article/jmxw/202101/20210103035392. shtml，检索日期：2021 年 4 月 15 日。

⑤ 中华人民共和国驻匈牙利大使馆经济商务处官网：http: //hu. mofcom. gov. cn/article/jmxw/202008/20200802995635. shtml，检索日期：2021 年 4 月 15 日。

2021 年 1 月 29 日，匈牙利外交与对外经济部长西雅尔多表示，匈牙利将从中国国药集团购买 500 万剂新冠肺炎疫苗，可供 250 万人接种。采购合同已于当日中午成功签署，匈牙利成为首个批准中国产疫苗的欧盟国家。[①] 匈牙利总统阿戴尔和总理欧尔班分别于 2021 年 2 月 26 日和 28 日接种了中国国药集团生产的新冠疫苗，表明匈牙利对中国疫苗的安全性和有效性高度认可。

二、中匈经贸关系发展近况

（一）中匈双边贸易近况

据中国海关统计，2020 年中匈双边贸易额为 116.87 亿美元，同比增长 14.4%，创历史新高。其中，中国对匈牙利出口 74.05 亿美元，同比增长 14.4%；中国自匈牙利进口 42.82 亿美元，同比增长 14.3%。中方贸易顺差 31.23 亿美元。中国跃居匈牙利全球第四大贸易伙伴和第二大进口来源国[②]。

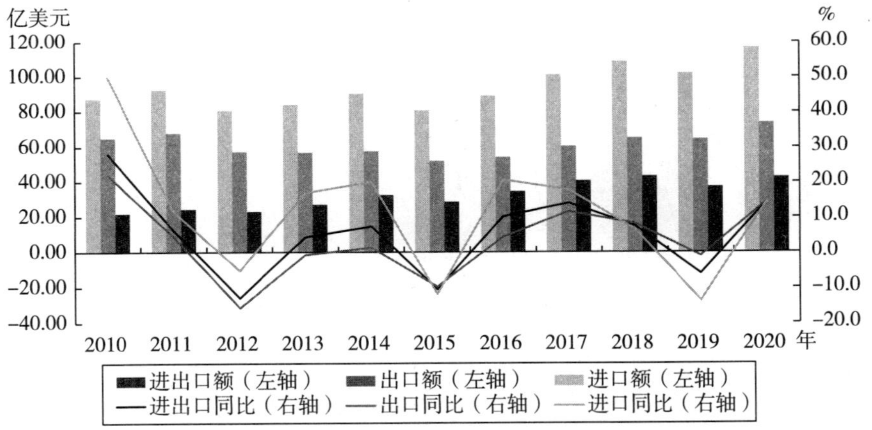

图 7－12　2010—2020 年中匈双边贸易概况

（数据来源：中国海关、Wind 资讯）

据欧盟统计局统计，2019 年匈牙利与中国的双边货物贸易额为 99.7 亿美元，增长 7.0%。其中，匈牙利对中国出口 16.2 亿美元，下降 8.1%，占其出口总额的 1.3%，下降 0.1 个百分点；匈牙利自中国进口 83.5 亿美元，增长 10.6%，占其进口总额的 7.0%，提高了 0.8 个百分点。匈方贸易逆差为 67.3 亿美元，增长 16.3%。

① 中华人民共和国驻匈牙利大使馆经济商务处官网：http：//hu.mofcom.gov.cn/article/jmxw/202101/20210103035394.shtml，检索日期：2021 年 4 月 15 日。

② 中华人民共和国驻匈牙利大使馆经济商务处官网：http：//hu.mofcom.gov.cn/article/zxhz/202103/20210303048859.shtml，检索日期：2021 年 5 月 18 日。

中国对匈牙利主要出口商品种类有：电机、电气、机械设备；纺织品及原料；贱金属及制品等。中国自匈牙利主要进口商品种类有：机电产品；光学、钟表、医疗设备；化工产品等。

（二）中匈相互投资近况①

随着双边贸易的不断发展，两国相互投资也稳步增长，匈牙利已成为中东欧地区中资企业最为集中的国家之一。据中国商务部统计，2019 年，中国对匈牙利直接投资为 1.23 亿美元；截至 2019 年底，中国对匈牙利直接投资存量为 4.27 亿美元。2019 年，匈牙利对华直接投资为 2189 万美元；截至 2019 年底，匈牙利对华直接投资存量为 3.9 亿美元。

2020 年，中国对匈牙利投资逆势上扬，全年总计 10 个中资项目落地，投资额约 6.64 亿欧元，中国首次成为匈牙利第一大外资来源国②。截至 2020 年底，中国对匈牙利累计投资逾 55 亿美元，占对中东欧总投资的一半，创造 2.3 万个就业岗位，匈牙利继续成为中国在中东欧第一大投资目的国。③ 中国对匈牙利投资的主要项目有：中国银行在匈牙利设立了分行和子行；山东烟台万华集团收购匈牙利宝思德化学公司；华为公司在匈牙利设立了欧洲供应中心和欧洲物流中心；中兴通讯和中欧商贸物流合作园等企业也在匈牙利开展了相关投资经营活动。

2020 年中国在匈牙利主要投资项目如下：联想宣布投资约 2700 万美元在匈牙利建设欧洲首家工厂；南京泉峰汽车精密技术股份有限公司投资逾 6000 万欧元在匈牙利设立全球首家海外子公司，建设汽车零部件智能制造欧洲生产基地；上海恩捷新材料科技有限公司投资 1.83 亿欧元在匈牙利建立 9.7 万平方米的锂电池隔离膜工厂；万华宝思德化学公司增资 3961 万美元启动新项目；深圳科达利实业股份有限公司投资约 4800 万美元在匈牙利投资锂电池零件工厂。④

2019 年，中国企业在匈牙利新签承包工程合同 10 份，新签合同额 5.96 亿美元，完成营业额 2667.73 万美元。累计派出各类劳务人员 4 人，年末在匈牙利劳务人员为 4 人。新签大型承包工程项目包括中兴通讯股份有限公司承建 Telenor

---

① 商务部国际贸易经济合作研究院，中国驻匈牙利大使馆经济商务参赞处，商务部对外投资和经济合作司．对外投资合作国别（地区）指南匈牙利（2019 年版）[R]．2020.

② 根据《对外投资合作国别（地区）指南匈牙利（2019 年版）》，2019 年，对匈牙利直接投资流量前十位的国家依次为英国、美国、卢森堡、瑞士、德国、韩国、法国、奥地利、意大利、日本。中国排名第 12 位。

③ 中华人民共和国驻匈牙利大使馆经济商务处官网：http：//hu.mofcom.gov.cn/article/tjsj/202104/20210403056683.shtml，检索日期：2021 年 5 月 18 日。

④ 中华人民共和国驻匈牙利大使馆经济商务处官网：http：//hu.mofcom.gov.cn/article/tjsj/202104/20210403056683.shtml，检索日期：2021 年 5 月 18 日。

Hungary Extension 项目，蚌埠阳光投资股份有限公司承建项目等。

匈塞铁路项目建设取得重要进展。2019 年 5 月，中匈企业联合体经公开招标成为匈塞铁路匈牙利段项目主承包商并签署 EPC 合同；2020 年 4 月，中国进出口银行与匈牙利财政部就匈塞铁路项目贷款签署协议，标志着项目进入正式实施阶段。[①]

信息专题 7　短时工作制简介

2020 年新冠肺炎疫情给全球经济生产带来了巨大的冲击，为了减少企业所面临的流动性问题，欧洲各国政府采取了一系列援助措施，其中值得特别注意的是短时工作制（Short - time Working）。短时工作制不仅是企业的有效管理战略，也是政府失业保险机制的一种，其主要目的是通过减少现有劳动力的工作时间（而非裁员）来调整劳动力投入和成本，以适应公司业务规模突然下降或中断，而政府则补贴全部或部分雇员损失的工作报酬。

在发生经济危机时，短时工作制对雇员、企业和政府均有利。首先，对雇员来说，尽管在短时工作制实施期间收入有所减少，但是短期内其工作职位得以保留，保障了基本的收入，避免被解雇。其次，对于企业雇主来说，实施短时工作制加强了劳动力的灵活性，避免了烦琐而成本高昂的裁员程序，一旦危机过去，经济逐渐复苏，通过短时工作制而保留的熟练和高技能员工可以帮助企业迅速地恢复到正常生产水平。[②] 最后，对于政府来说，通过在困难时期辅助企业和劳动者，既保证劳动者的就业和生活不会受到根本性的威胁，也维持了社会秩序和经济生命力。一旦危机开始减缓，国家的社会经济就能迅速恢复。保障劳动者的基本收入，也相当于保留了国民的购买力，形成供应和需求的良性循环。从政府财政支出的角度来看，通过短时工作补贴减少失业人数，有可能降低更为长期的失业金支出。[③]

短时工作制最早可追溯到 20 世纪初。1910 年 5 月 25 日，德国首次引入了短时工福利制（Kurzarbeitergeld）以应对钾肥开采和化肥行业的低迷。1924 年，魏玛共和国出现第一次经济危机，为渡过此次危机，短时工作制被正式确立。2007—2009 年国际金融危机期间，德国政府为短时工作制划拨了 51 亿欧元的

---

① 匈塞铁路塞尔维亚段由中国企业承建并于 2018 年 6 月开工，计划于 2022 年完工。

② European Commission, European Network of Public Employment Services, Short - time Work Schemes in the EU. May 2020.

③ 更多信息请参考：https：//workerundervirus. github. io/2020/04/29/deguoduangongshi/。

预算，以弥补逾 140 万工人的部分收入损失。[①] 对此，经合组织的一份研究报告显示，该计划在经济衰退期间挽救了近 50 万个工作岗位；国际货币基金组织同样认为短时工作制是评估一国政府援助类措施是否有效的“黄金标准”；许多政策观察者和经济学家认为短时工作制是德国能够在金融危机后早于美国和欧洲其他国家恢复经济的关键因素之一。如今，为了应对疫情危机，德国联邦政府在 2020 年 3 月通过一项临时性危机应对法案（KugV）来规范短时工作制在疫情期间的实施。2020 年 9 月，德国联邦政府将该短时工作制实施时间延长至 2021 年 12 月 31 日。在新的规定下，企业只要有 10% 的雇员工作和月收入受到影响就可以申请实施短时工作方案，在此之前，满足申请短时工作补助的条件是 30% 的员工受到影响并且月收入减少 10% 以上。新的临时法案同时还规定了临时工也可以获得短时工作补助，政府亦会全额返还企业需要缴纳的社保金。德国政府还规定如下实施细节：在实施短时工作制的前 3 个月，雇员获得 60%（无子女）和 67%（有子女）的税后工资；第 4～6 个月，雇员获得 70%（无子女）和 77%（有子女）的税后工资；第 7～12 个月，雇员获得 80%（无子女）和 87%（有子女）的税后工资；在实施短时工作制之后，西德和东德雇员每月税前工资分别最高不超过 6900 欧元和 6450 欧元。德国的短时工作制度为其他欧洲国家提供了一个可供借鉴的疫情危机应对模式，目前，欧盟 27 国均引入了短时工作制以帮助政府和企业渡过危机。

不过，需要注意的是，虽然欧盟各国均推出短时工作制，但具体的实施方式有所不同。以德国为代表的欧盟发达国家，如奥地利、比利时、法国、意大利、卢森堡、葡萄牙等国基于较好的经济实力，其短时工作制的规模相对较大且较完善；另一些欧盟发达国家，如丹麦、芬兰、爱尔兰、荷兰和西班牙，对短时工作制雇员的支持是通过“部分失业福利”（Partial Unemployment Benefits）提供的。[②] 以克罗地亚、保加利亚为代表的欧盟欠发达国家推出的短时工作制无论在补贴金额还是实施的时限方面均不及欧盟发达地区。例如，在保加利亚，短时工作制设立于 2020 年 3 月，因该机制仅与国家经济紧急状态相关联，其最长期限设定为 3 个月，原计划于 2020 年 7 月结束，然而由于疫情始终未得到有效控制，短时工作制被延长至 2020 年 9 月（截至 2020 年底信息）。[③]

① 更多信息请参考：https：//en. wikipedia. org/wiki/Short－time _ working。

② European Trade Union Confederation, Short Time Work Measures Across Europe. November 2020.

③ 更多信息请参考：https：//epthinktank. eu/2020/04/03/eu－27－support－for－national－short－time－work－schemes/。

在短时工作制下，保加利亚雇员获得全额的原始工资，其中 60% 由政府补贴，40% 由雇主支付。政府还会补贴雇员 60% 的社会保障金（社会保障金通常情况下是由雇主支付）。克罗地亚政府于 2020 年 6 月推出了短时工作制，并于 2020 年 12 月 31 日结束（截至 2020 年底信息）。根据规定，在雇佣合同不变的情况下，雇员保留原工资水平；雇主可以就减少工作时间的 70%（2020 年 10 月克罗地亚政府将该比例由 50% 上调为 70%）申请政府补贴，从而使每人最高补助金额从 265 欧元提高至 370 欧元。[①]

① European Trade Union Confederation, Short Time Work Measures Across Europe. November 2020.

第八章　中东欧—非欧盟国家

第一节　阿尔巴尼亚

一、阿尔巴尼亚经济环境和政策

在疫情大流行期间，阿尔巴尼亚经济遭遇了疫情和地震的双重打击，2020 年经济下滑 3.5%（IMF 统计数据）。2019 年第四季度、2020 年第一和第二季度，阿尔巴尼亚连续三个季度同比收缩 0.1%、2.5% 和 10.3%。特别是在 2020 年第二季度，大封锁期间实施的严格限制措施导致私人消费、投资和实际净出口分别下降了 7%、11% 和 3%。商品和服务出口和进口分别下降了 49% 和 36%。在生产方面，除农业和房地产以外，所有行业的生产活动均出现下降。农业和房地产活动对第二季度 GDP 增长均作出正贡献，分别为 0.7 个和 0.3 个百分点。贸易（-4.1 个百分点）、运输和住宿服务（-1.5 个百分点）是阿尔巴尼亚第二季度经济的主要拖累。①

为了缓解疫情期间就业和收入问题，阿尔巴尼亚政府批准了两项新冠肺炎疫情援助就业计划。第一批拨款为 5200 万欧元，用于支付小型企业员工三个月的工资；该计划的进一步措施包括在 2020 年 4 月至 6 月将失业和社会援助福利增加一倍。为支持留住工作岗位和收入，第二轮财政援助计划为 5700 万欧元，用于向 17.6 万名雇员一次性支付 4 万列克（约 322 欧元）的现金补贴，其中大型公司、小型企业和旅游业的员工分别占比 37%、57% 和 6%。此外，欧盟划拨了 5000 万欧元用于支持阿尔巴尼亚商业复苏。② 2020 年 11 月 16 日阿尔巴尼亚议会通过

① wiiw, No quick Recovery in Sight, with Coronavirus Risks looming large [R]. Forecast Report, Autumn 2020.

② wiiw, No quick Recovery in Sight, with Coronavirus Risks looming large [R]. Forecast Report, Autumn 2020.

2021 年预算，其中与疫情相关的支出共计 142 亿列克（约 1.16 亿欧元，占 GDP 的 0.8%）：（1）72 亿列克（约 0.57 亿欧元）被用于治疗新冠肺炎病人；（2）45 亿列克（约 0.35 亿欧元）被用于增加医生和护士的工资；（3）35 亿列克（约 0.24 亿欧元）被用于临时增加的社会救助（截至 2021 年 6 月）和失业救济。此后，在 2021 年 3 月和 4 月的连续预算修订中，阿尔巴尼亚政府额外拨款 30 亿列克（约 0.24 亿欧元）用于购买新冠肺炎疫苗，这使得 2021 年预算中与疫情相关的支出上升至 172 亿列克（1.4 亿欧元），占其 GDP 的 1%。①

2020 年 3 月 25 日，阿尔巴尼亚央行宣布将基准利率自 1% 下调至 0.5%；隔夜借贷工具利率由 1.9% 下降至 0.9%。隔夜存款工具利率维持 0.1% 不变。②

2020 年 7 月 30 日，阿尔巴尼亚成为第一个在新冠肺炎疫情期间实行宪法修正案的欧洲国家。暑假之前，国会议员（Members of the Parliament，MP）通过了备受争议的宪法修正案（Controversial Amendment）。社会党多数派代表和议会反对派代表一致通过了对两项条款的修正案。宪法修正案旨在阻止政党在大选前结盟，并将政党进入议会的门槛从全国总票数的 3% 提高至 5%。③

2020 年 3 月 24 日，欧盟成员国在欧洲事务部长视频会议上达成一致，拟启动阿尔巴尼亚和北马其顿的入盟谈判。阿尔巴尼亚和北马其顿分别于 2014 年和 2005 年成为欧盟候选国。在 2019 年 10 月举行的欧盟峰会上，因法国等国反对，欧盟成员国未能就启动阿尔巴尼亚和北马其顿入盟谈判达成一致。欧盟委员会于 2020 年 2 月初公布改革加入欧盟程序的建议，通过增加谈判可逆性等条款进一步约束候选国，以期消除法国对北马其顿和阿尔巴尼亚开启入盟谈判的阻力。法国对欧盟改革建议态度积极，法国总统马克龙表示将基于欧盟委员会的评判同意启动入盟谈判。④

二、中阿经贸关系发展近况

（一）中阿双边贸易近况

据中国海关统计，2020 年，中阿双边贸易额为 6.51 亿美元（不含港澳台数据），同比下降 7.6%。其中，中方出口 5.71 亿美元，同比下降 5.0%；中方进口

---

① IMF. Policy Responses to COVID – 19, Policy Tracker: https: //www. imf. org/en/Topics/imf – and – covid19/Policy – Responses – to – COVID – 19#B.

② 中华人民共和国驻阿尔巴尼亚共和国大使馆经济商务处官网：http: //al. mofcom. gov. cn/article/jmxw/202008/20200802993508. shtml，检索日期：2021 年 4 月 15 日。

③ 中国—中东欧研究院．疫情背景下的宪法修正案．2020.

④ 新华社官网：https: //baijiahao. baidu. com/s? id = 1662102358702319985&wfr = spider&for = pc，检索日期：2021 年 4 月 16 日。

7969 万美元，同比下降 22.6%。中国对阿尔巴尼亚贸易顺差 5.0 亿美元。

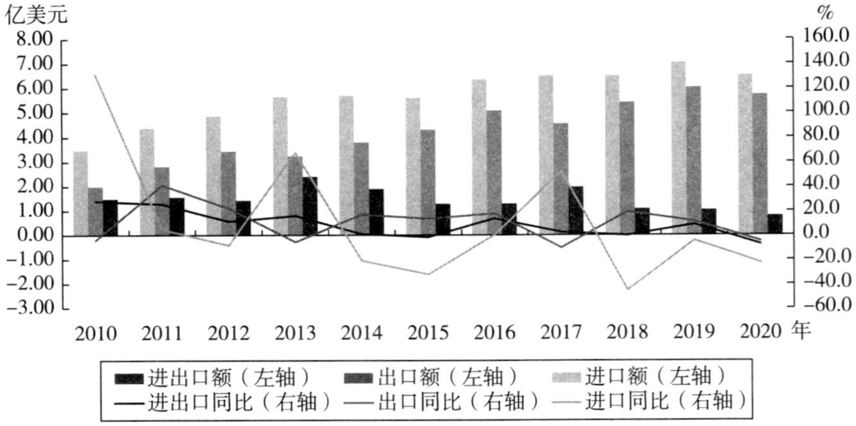

图 8－1　2010—2020 年中阿双边贸易概况

（数据来源：中国海关、Wind 资讯）

据阿尔巴尼亚国家统计局公布的数据，2019 年，阿中双边贸易额为 659.27 亿列克（约合 6 亿美元，不含港澳台数据），同比上升 10.1%（按美元计算），占阿尔巴尼亚对外贸易总额的 7.0%。其中，阿方出口 62.11 亿列克（约合 0.57 亿美元），同比上升 9.6%；阿方进口 597.16 亿列克（约合 5.44 亿美元），同比增长 10.3%；阿尔巴尼亚对华贸易逆差为 535.05 亿列克（约合 4.87 亿美元），同比上升 10.4%。2019 年，中国是阿尔巴尼亚第三大贸易伙伴（排在意大利、希腊之后）、第三大进口来源地（排在意大利、土耳其之后）及第七大出口目的地（排在意大利、科索沃地区、西班牙、德国、希腊、北马其顿之后）。

从贸易结构上看，据阿尔巴尼亚国家统计局公布的数据，2019 年阿尔巴尼亚从中国进口商品主要为机械设备和零部件（占比为 41.5%）、纺织品和鞋类（占比为 19.7%）、建筑材料及金属（占比为 15.1%）；阿尔巴尼亚对华出口商品主要为矿产品（占比为 97.7%）。

（二）中阿相互投资近况

据中国商务部统计，2019 年当年中国对阿尔巴尼亚直接投资流量为 69 万美元。截至 2019 年末，中国对阿尔巴尼亚直接投资存量为 711 万美元。据阿尔巴尼亚银行统计，截至 2019 年底，中国对阿尔巴尼亚累计直接投资存量为 438 万欧元。

2019 年中国企业在阿尔巴尼亚新签承包工程合同 2 份，新签合同额 3900 万美元，完成营业额 2457.76 万美元。累计派出各类劳务人员 101 人，年末在阿尔巴尼亚劳务人员为 295 人。

目前，在阿尔巴尼亚开展业务的中国企业主要有：从事石油开发的洲际油气股份有限公司；从事机场运营的中国光大控股有限公司；从事铜矿合作的江西铜业集团公司；从事石油服务的海隆石油技术服务有限公司和山东科瑞控股集团有限公司；从事电信合作的华为技术有限公司；从事广播电视合作的中国广播电视国际经济技术合作总公司等。阿尔巴尼亚还有少数从事贸易、铬矿开采的中资企业，另有 3 家华人餐馆及 20 余家华人华侨开办的小商铺。此外，中国建筑股份有限公司、中国电建集团国际工程有限公司、中国交通建设股份有限公司、中国葛洲坝集团海外投资有限公司、北方国际合作股份有限公司、中国电力技术装备有限公司等企业均在阿尔巴尼亚长期跟踪交通、能源等基础设施项目。

第二节　北马其顿

一、北马其顿经济环境和政策

在新冠肺炎疫情暴发初期，北马其顿政府及时采取了限制措施，使得国内病毒感染病例数量保持在欧洲最低水平。之后，由于北马其顿政府过早地开始重新开放经济，其国内的第一轮疫情持续了相当长一段时间。IMF 统计数据显示，2020 年北马其顿经济下降 4.5%，萎缩程度低于中东欧 17 国平均水平（-5.1%）。自 2020 年 5 月以来，北马其顿一直是欧洲新发和重症病例数量最高的国家之一。另外，由于政府财政支持力度不足，北马其顿 2020 年第二季度 GDP 同比下降 12.7%。其中，家庭最终消费同比下降 11.6%，而资本形成总额下降幅度更大，为 25.6%。北马其顿政府财政支持力度不强，并不是因为财政空间有限，而是因为刺激计划制定的目标不明确。政府在第二季度采取了三套刺激方案，总额为 5.5 亿欧元（占 GDP 的 5%）。这些一揽子计划的结构与其他国家类似，诸如免税、延期偿还债务、优惠信贷、信贷担保以及对企业和家庭的各种直接补贴，其中最大的补贴是对受危机影响的企业实施为期三个月的人均最低工资补贴。为了支持上述援助计划，北马其顿政府进行了大量借款，发行欧洲债券，并从 IMF、世界银行和欧盟委员会获得总额超过 10 亿欧元（约占 GDP 的 10%）的贷款。这使得该国公共债务占 GDP 的比例从 2019 年底的 48.9% 上升到 2020 年第二季度末的 59.5%。尽管如此，北马其顿政府财政刺激方案实施的实际支出仅约 2 亿欧元，占宣布金额的 36%。[①]

---

① wiiw, No quick Recovery in Sight, with Coronavirus Risks looming large [R]. Forecast Report, Autumn 2020.

北马其顿央行实施的货币政策在危机期间起到了支持作用。自疫情暴发以来，北马其顿央行已进行了三次降息，累计降息 75 个基点至 1.25%。在 2020 年第二季度末，信贷总额同比增长 6.6%，超过了此前央行 4.3% 的预测，这意味着宽松的货币政策已经产生了效果。此外，北马其顿央行还启动了两轮债务延期，这在很大程度上支持了受疫情冲击的企业和家庭。① 2020 年欧洲央行和北马其顿央行还达成了一项总额为 4 亿欧元的欧元回购便利性协议，2021 年 2 月双方同意将该协议延期至 2022 年 3 月。②

2020 年 3 月 27 日，北马其顿正式成为北约第 30 个成员国。北约秘书长斯托尔滕贝格当天在布鲁塞尔发表讲话说，北马其顿现在是北约大家庭的一员，北约由 30 个国家组成，拥有近 10 亿人口。一直以来，北马其顿对欧洲—大西洋地区的安全作出了贡献，包括曾参与了北约领导的在阿富汗和科索沃的任务。3 月 30 日，北约将在比利时布鲁塞尔总部为北马其顿举行升旗仪式。③

北马其顿原定于 2020 年 4 月 12 日的议会选举，因受新冠肺炎疫情影响被推迟至 7 月 15 日。选举投票从当地时间上午 7 时开始，晚上 9 时结束。参加投票的选民需严格遵守相关防疫规定，在投票前后进行消毒，投票过程中佩戴口罩，保持距离。北马其顿共有 180 多万合格选民参加投票，来自 15 个政党或联盟的 1578 名候选人参加竞选。2000 多名来自国内外的观察员对选举进行监督。④

2020 年 8 月 18 日，社会民主联盟（Social Democratic Union of Macedonia，SDSM）和阿族融合民主联盟（Democratic Union for Integration，DUI）的领导人宣布了关于联合组建北马其顿新内阁的协议。根据协议，扎埃夫将再次担任总理，任期 4 年，其任期最晚不得超过下届议会选举后的 100 天，届时阿族融合民主联盟将提名一名阿尔巴尼亚族总理候选人；来自阿族融合民主联盟的塔拉特·贾菲里（Talat Xhaferi）将继续担任议会议长职务。8 月 30 日，议会以 62 票赞成、51 票反对的结果正式成立新联合政府。过半数的议会成员同意联合政府由社会民主联盟的 46 个议员和阿族融合民主联盟的 15 个议员，以及阿尔巴尼亚民主党（Democratic Party of Albanians，DPA）的 1 个议员组成。在此情况下，扎埃夫宣布“新政府的首要任务是进一步帮助公民应对危机和恢复经济”。⑤

---

① wiiw, No quick Recovery in Sight, with Coronavirus Risks looming large［R］. Forecast Report, Autumn 2020.

② IMF. Policy Responses to COVID－19, Policy Tracker：https：//www. imf. org/en/Topics/imf－and－covid19/Policy－Responses－to－COVID－19#B.

③ 央视网：https：//baijiahao. baidu. com/s？ id＝1662342272417277959&wfr＝spider&for＝pc，检索日期：2021 年 4 月 15 日。

④ 新华社：https：//baijiahao. baidu. com/s？ id＝1672294213408915059&wfr＝spider&for＝pc，检索日期：2021 年 4 月 15 日。

⑤ 中国—中东欧研究院．北马其顿新一届联合政府成立 . 2020－09.

二、中北马经贸关系发展近况

（一）中北马双边贸易近况

据中国海关统计，2020 年中北马双边贸易额为 3.84 亿美元，同比增长 36.2%。其中，中方出口 1.57 亿美元，同比增长 17.4%；从北马进口 2.27 亿美元，同比大幅增长 53.2%。中方逆差为 7042 万美元。

2019 年中北马双边贸易额为 2.82 亿美元，同比增长 80.6%。其中，中方出口 1.34 亿美元，同比增长 24.0%；从北马进口 1.48 亿美元，同比大幅增长 206.7%。中方逆差 1471 万美元。

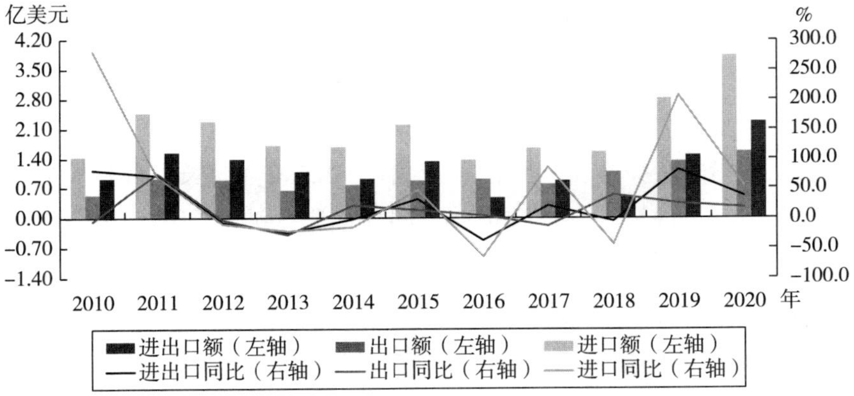

图 8－2　2010—2020 年中北马双边贸易概况

（数据来源：中国海关、Wind 资讯）

据北马方统计，2019 年北马其顿对中国出口 1.66 亿美元，同比增长 154.6%；自中国进口 5.45 亿美元，同比增长 4.1%；外贸总额为 7.11 亿美元，同比增长 20.8%，中国连续六年为北马其顿第七大贸易伙伴。

据中国海关统计，近年来，中国对北马其顿出口商品主要有手机、通信设备、便携式电脑等；中国从北马其顿进口商品主要有矿物、钢铁及其制品等。

（二）中北马相互投资近况

据中国商务部统计，2019 年中国对北马其顿直接投资流量为－1338 万美元。截至 2019 年末，中国对北马其顿直接投资存量为 2109 万美元。

2019 年中国企业在北马其顿新签承包工程合同 3 份，新签合同额 2.2 亿美元，完成营业额 1.3 亿美元；累计派出各类劳务人员 147 人，年末在北马其顿劳务人员为 513 人。新签大型工程承包项目包括：水电国际工程承包北马其顿肯切沃—奥赫里德高速公路项目变更与新增、承建北马其顿斯科普里综合体项目；中国水电建设集团国际工程有限公司承建克鲁匹斯特—柯查尼快速路项目、北马其顿肯切沃—奥赫里德高速公路项目 3 号补充协议；中国水利水电第七工程局有限公司承建克鲁匹斯—科查尼快速路项目等。

第三节　波黑

一、波黑经济环境和政策

IMF 数据显示，2020 年波黑全年经济下降 5.5%，萎缩程度略高于中东欧 17 国的平均水平（-5.1%）。此次疫情严重打击了波黑服务业，波黑国家统计机构的数据显示，2020 年上半年波黑旅游业收入同比下降了 70.6%，外国游客过夜停留数量较 2019 年同期下降了 71.1%。在疫情暴发前，旅游部门已成为波黑经济增长的一个重要支柱。由于波黑宽松的签证政策，2019 年大约有 150 万游客访问该国，其中，波黑的萨拉热窝坎顿已经成为阿拉伯联合酋长国和沙特阿拉伯游客最青睐的欧洲度假目的地。新冠肺炎疫情同样加剧了波黑国内的失业率，2020 年 3 月至 7 月，登记失业人数增加了约 2.8 万人。考虑到波黑服务业在 2019 年的雇员人数约为 5 万人，wiiw 预计，波黑失业率在疫情大流行期间将从 2019 年的 15.7% 上升至 2020 年的 18%。[①]

在疫情大流行初期，波黑银行为受疫情严重影响的个人和企业进行了信贷重组，实施了贷款延期 6 个月偿还的政策。该政策最初设定为到 2020 年 12 月 31 日截止，现已被延长至 2021 年 6 月。银行被要求考虑对客户的额外援助，包括审查当前的服务费用，避免为处理风险敞口调整而收取费用。所有银行均被限制暂不发放股息或奖金。[②]

由于波黑相对缺乏实施财政政策的空间，这凸显出国际贷款对该国的重要性：通过快速融资工具（RFI），IMF 为波黑划拨了 3.3 亿欧元的援助资金；欧盟为西巴尔干地区特别划拨了 33 亿欧元的资金支持，波黑获得其中的 4.11 亿欧元。[③] 2021 年 1 月 16 日，欧盟委员会经济事务委员真蒂洛尼签署欧盟对波黑的 2.5 亿欧元大规模财政援助谅解备忘录。此前波黑部长会议副主席兼财长贝万达

---

① wiiw, No quick Recovery in Sight, with Coronavirus Risks looming large [R]. Forecast Report, Autumn 2020.

② IMF. Policy Responses to COVID-19, Policy Tracker: https://www.imf.org/en/Topics/imf-and-covid19/Policy-Responses-to-COVID-19#B.

③ wiiw, No quick Recovery in Sight, with Coronavirus Risks looming large [R]. Forecast Report, Autumn 2020.

已代表波方签署该谅解备忘录。该援助将分成两批提供，每批 1.25 亿欧元。[①]

自 2021 年 1 月开始，波黑养老金将增长 3%，即年度养老金总额将增加 4200 万马克。波黑总理维什科维奇表示，增加金额已纳入 2021 年度财政预算，且根据波黑政府有关规定，政府每年都会对养老金进行调整。[②]

2021 年 2 月 2 日，波黑联邦议会代表院通过多重贷款决定提案。一是通过了波黑与国际复兴开发银行 4500 万欧元贷款协议，该贷款 60% 用于联邦，40% 用于波黑，主要用于减缓新冠肺炎疫情对私营企业的影响。二是通过了欧盟与波黑以及波黑央行之间的《信贷额度协议》决定提案。三是通过了一笔 2.5 亿欧元贷款计划，该贷款期限为 15 年，其中 61.5% 用于波黑联邦。[③]

2021 年 2 月 3 日，波黑部长会议通过《2021—2023 年经济改革计划》。该计划按照欧盟委员会指导意见形成，聚焦外部环境中的经济活动和疫情形势，包括中期宏观经济框架和财政政策框架，以及旨在促进国家经济增长和竞争力的全面结构性改革。[④]

2021 年 2 月 18 日，波黑联邦政府通过了《2021—2027 年发展战略》，该战略包含四个优先发展目标，即加速经济发展、提高资源效率、建设繁荣包容社会、实现透明可持续发展。

二、中波经贸关系发展近况

（一）中波双边贸易近况

据中国海关统计，2020 年中国和波黑双边贸易额为 1.93 亿美元，同比增长 0.3%。其中，中国对波黑出口 1.20 亿美元，同比增长 4.36%；自波黑进口 7268 万美元，同比下降 5.66%。中方顺差 4742 万美元。

2019 年中国和波黑双边贸易额为 1.92 亿美元，同比增长 2.7%。其中，中国对波黑出口 1.15 亿美元，同比增长 4.88%；自波黑进口 7704 万美元，同比下降 0.5%。中方顺差 3804 万美元。

据中国海关统计，2019 年中国对波黑出口商品主要包括：①电机、电气、音

---

① 中华人民共和国驻波黑大使馆经济商务处官网：http：//ba. mofcom. gov. cn/article/jmxw/202101/20210103032070. shtml，检索日期：2021 年 4 月 15 日。

② 中华人民共和国驻波黑大使馆经济商务处官网：http：//ba. mofcom. gov. cn/article/jmxw/202101/20210103034498. shtml，检索日期：2021 年 4 月 15 日。

③ 中华人民共和国驻波黑大使馆经济商务处官网：http：//ba. mofcom. gov. cn/article/jmxw/202102/20210203037014. shtml，检索日期：2021 年 4 月 15 日。

④ 中华人民共和国驻波黑大使馆经济商务处官网：http：//ba. mofcom. gov. cn/article/jmxw/202102/20210203037018. shtml，检索日期：2021 年 4 月 15 日。

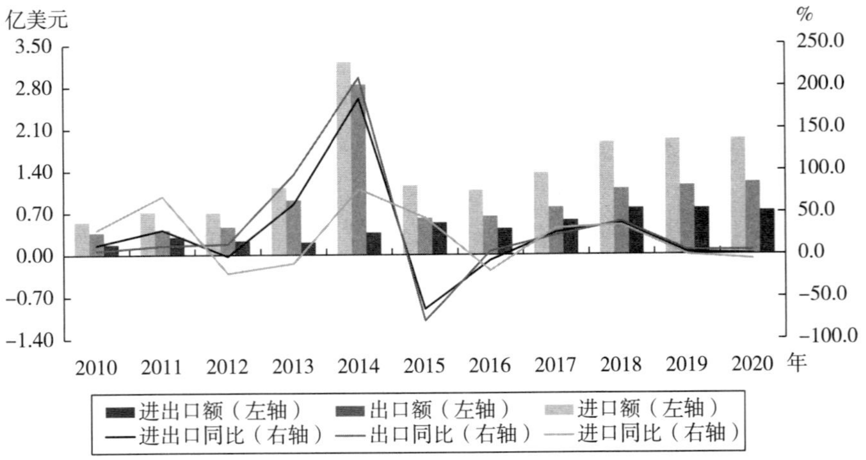

图 8－3　2010—2020 年中波双边贸易概况

（数据来源：中国海关、Wind 资讯）

像设备及其零部件；②锅炉、机械器具及其零件；③钢铁；④橡胶及制品；⑤塑料及制品；⑥铝及制品；⑦家具、寝具、灯具等制品，活动房；⑧车辆及其零部件；⑨其他商品；⑩光学、照相、电影、计量、检验、医疗或外科用仪器及设备、精密仪器及设备，上述物品的零件、附件。

中国从波黑进口商品主要包括：①木及木制品，木炭；②非针织或非钩编的服装及衣着附件；③车辆及其零部件；④矿砂、矿渣及矿灰；⑤鞋靴、护腿和类似品及其零件；⑥家具、寝具、灯具等制品，活动房；⑦锅炉、机械器具及其零件；⑧电机、电气、音像设备及其零部件；⑨纸及纸板；⑩皮革制品。

（二）中波相互投资近况

中波相互投资较少。山东对外经济技术合作集团有限公司以特许经营方式在波黑投资高速公路建设，此外有华商在波黑开办石材厂、酒店、小型贸易公司等。据中国商务部统计，截至 2019 年末，中国对波黑直接投资流量为 1219 万美元，对波黑直接投资存量为 1670 万美元。2019 年当年波黑对中国的直接投资为 0。

2019 年中国企业在波黑新签承包工程合同 3 份，新签合同额 2653.78 万美元，完成营业额 190.06 万美元。累计派出各类劳务人员 6 人，年末在波黑劳务人员为 53 人。

2018 年 11 月，中国国药集团中标波黑多博伊医院设计、采购、建造项目。2019 年 3 月，双方签署项目商务合同并奠基。

2019 年 4 月，中国建筑和中国电建集团分别中标波黑 5C 走廊高速公路项目

（波契泰利 POCITELJ—兹维罗维契 ZVIROVICI 段）的两个标段，并均于 2019 年 11 月正式开工。

2020 年 4 月，葛洲坝集团中标达巴尔水电站项目。2020 年 5 月，双方签署商务合同。

2020 年 6 月，由中国能建葛洲坝集团牵头，与中国能建广东省电力设计研究院组成联合体，以 EPC 总承包模式建设的波黑图兹拉火电站 7 号机组工程正式开工。图兹拉火电站 7 号机组是波黑国家历史上最大的基建投资项目。

第四节　黑山

一、黑山经济环境和政策

黑山是中东欧 17 国中受新冠肺炎疫情影响最严重的国家，IMF 统计数据显示，2020 年全年黑山 GDP 萎缩 15.2%，程度远高于该地区的平均水平（-5.1%）。旅游业是黑山最重要的经济支柱，约占本国 GDP 的 22%，每年创造的收入在 11 亿～13 亿欧元，直接和间接创造了约 36000 个就业岗位，占全国就业岗位的 1/5。黑山统计局提供的数据显示，2020 年前 8 个月，黑山旅游业的入境游客人数比疫情暴发前（2019 年）下降了 77.9%。2020 年前 7 个月，旅游业的收入只有 7320 万欧元，而 2019 年同期为 5.32 亿欧元。除了旅游业，黑山的经济增长还依赖于其作为巴尔干半岛和意大利之间电力交通枢纽的地位。在外国直接投资下降以及因疫情导致能源、建筑等领域大型投资项目暂时关闭后，用电量骤减，再次严重拖累了黑山经济。此外，黑山侨民的汇款是该国经济增长的传统驱动力。2019 年，汇款约占黑山 GDP 的 10%。然而，根据世界银行的数据，由于疫情的影响，这一数字在 2020 年可能会跌至 GDP 的 3.4%。与其他西巴尔干地区国家的情况类似，黑山政府应对经济衰退的财政空间有限，因为该国的公共债务已经接近 GDP 的 80%。另外，由于经济活动的衰退和税收的延期，黑山政府还面临着税收收入的急剧下降。基于上述原因，黑山政府的经济刺激计划规模比其他西巴尔干国家的计划规模要小。①

2020 年 3 月 17 日，黑山报告了首例新冠肺炎确诊病例。随着严格的限制措施的逐步实施，黑山的疫情防控取得了较好成绩，5 月 25 日该国总理宣布黑山成为欧洲首个无新冠肺炎疫情国家。然而，6 月中旬病毒却卷土重来，黑山政府于

---

① wiiw, No quick Recovery in Sight, with Coronavirus Risks looming large [R]. Forecast Report, Autumn 2020.

7月22日宣布全国暴发疫情。不过，随着欧洲地区整体疫情的好转，从8月15日起，黑山与塞尔维亚、阿尔巴尼亚、科索沃和波黑的陆地边界重新开放。①

2020年7月23日，波黑的第三套财政刺激方案通过，该方案为期四年，包括总额为12.2亿欧元的短期和长期措施。上述一揽子措施中的短期措施包括：（1）对旅游部门提供一系列支持措施，如贷款的利息补贴，将酒店业的增值税从21%降至7%等；（2）对农业部门提供利息补贴；（3）实施提高竞争力的计划；（4）工资补贴；（5）对退伍军人和退休人员提供一次性现金补贴。②

2020年10月22日，黑山央行宣布了第五套援助措施，旨在帮助受疫情严重影响的公民，具体措施包括：（1）针对在2020年3月31日前后失去工作的公民，如果他们从未有超过90天未偿还贷款的记录，并且在2019年底之前未被列入不良记录名录里，黑山央行推出了为期6个月的暂停偿还贷款的政策；（2）如果公民工资受疫情影响下降至少10%，黑山央行帮助他们进行贷款重组。其他措施还包括，黑山央行决定将银行提取存款准备金流动性的费用减半，以及将存款准备金率降低2个百分点。另外，存款保护基金（the Deposit Protection Fund）将其对欧洲复兴开发银行的信贷额度从此前的3000万欧元提高到5000万欧元。③

例行议会选举是黑山2020年最为重要的政治事件。尽管议会选举在8月举行，新政府于12月才完成组建。2020年8月30日，黑山举行议会选举，11个党派和党派联盟将争夺议会的81个席位。9月14日，黑山国家选举委员会公布了议会选举最终结果，执政的黑山社会主义者民主党在选举中未获得超半数席位。三个反对党联盟将根据此前达成的协议联合组建政府。④

2020年10月，欧盟委员会通过的西巴尔干地区经济与投资计划（Economic Investment Plan for the Western Balkans）表明了欧盟对西巴尔干地区的重视。该计划的期限从2021年至2027年，预算金额90亿欧元，计划涉及运输、能源环境、数字基础设施等领域。该计划的实施是黑山及其他西巴尔干国家经济发展的重要推动力，也是应对新冠肺炎疫情所致困难的重要激励措施。⑤

---

① IMF. Policy Responses to COVID－19, Policy Tracker：https：//www. imf. org/en/Topics/imf－and－covid19/Policy－Responses－to－COVID－19#B.

② IMF. Policy Responses to COVID－19, Policy Tracker：https：//www. imf. org/en/Topics/imf－and－covid19/Policy－Responses－to－COVID－19#B.

③ IMF. Policy Responses to COVID－19, Policy Tracker：https：//www. imf. org/en/Topics/imf－and－covid19/Policy－Responses－to－COVID－19#B.

④ 新华网：http：//www. xinhuanet. com/world/2020－09/14/c _ 1126493026. htm，检索日期：2021年4月15日。

⑤ 中国—中东欧研究院. 2020年黑山外交发展回顾. 2020－12.

二、中黑经贸关系发展近况

（一）中黑双边贸易近况

中国对黑山长期保持贸易顺差。据中国海关统计，2020 年中国和黑山双边贸易额为 1.7 亿美元，同比增长 8.7%。其中，中国对黑山出口 1.1 亿美元，同比下降 0.6%；自黑山进口 5737 万美元，同比增长 32.5%。中方顺差 5579 万美元。

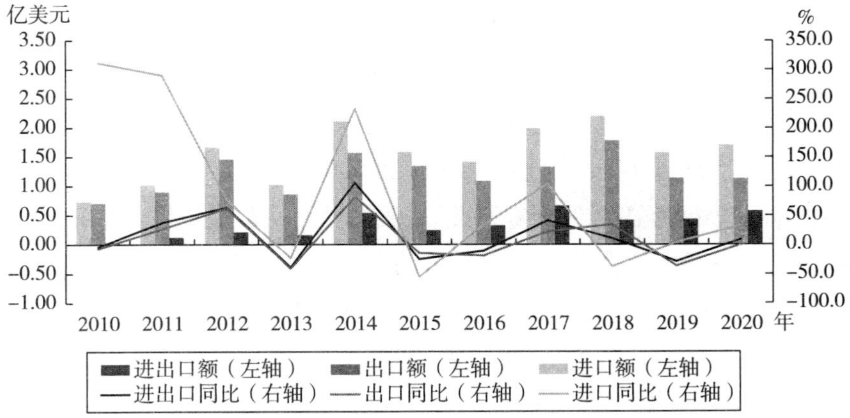

图 8-4　2010—2020 年中黑双边贸易概况

（数据来源：中国海关、Wind 资讯）

据黑山方统计，2019 年两国进出口贸易额为 2.4 亿欧元，下降 11.6%。其中，黑山出口 1741 万欧元，增长 24.3%；进口 2.2 亿欧元，下降 13.5%。黑山主要出口铝土矿、葡萄酒等，主要进口公路施工用机械设备、电子设备、轻纺产品等。[①]

（二）中黑相互投资近况

据中国商务部统计，2019 年中国对黑山直接投资流量为 2266 万美元；截至 2019 年末，中国对黑山直接投资存量为 8509 万美元。

据黑山中央银行统计，截至 2019 年底，中国累计对黑山直接投资 1073 万欧元。

2019 年中国企业在黑山新签承包工程合同 2 份，新签合同额 6058.22 万美元，完成营业额 3.48 亿美元。累计派出各类劳务人员 741 人，年末在黑山劳务人员为 2124 人。新签大型承包工程项目包括中国路桥工程有限责任公司承建黑山南北高速起点互通项目、南北高速供水项目等。

① 中国商务部国际贸易经济合作研究院，中国驻黑山大使馆经济商务参赞处，中国商务部对外投资和经济合作司. 对外投资合作国别（地区）指南黑山（2020 年版）[R]. 2021.

第五节　塞尔维亚

一、塞尔维亚经济环境和政策

在中东欧地区，塞尔维亚是疫情大流行期间表现最好的国家之一。2020 年上半年 GDP 只下降了 0.8%，第三季度的数据显示该国经济正在稳步复苏，维也纳国际经济比较研究所数据显示，2020 年全年塞尔维亚经济仅萎缩了 2%（IMF 测算结果为仅下降 1%）。塞尔维亚能够取得较好的经济表现，一方面是因为该国的支柱产业并非旅游业，而是主要依赖国内市场（如农业）；另一方面是因为政府的大规模财政支持以及在疫情危机期间借助大量海外资金以支持本国经济。然而，上述措施不可能无限期地持续下去，塞尔维亚未来前景仍然取决于当前吸引外国直接投资的经济模式在后疫情时期的可行性。①

2020 年第二季度，塞尔维亚政府提供的财政刺激政策非同一般，政府总支出占 GDP 的比重高达 58%，比过去三年平均水平高出 16 ~ 17 个百分点。在所有西巴尔干国家中，塞尔维亚实施了规模最大的经济刺激方案，总额为 51 亿欧元（占 GDP 的 11%）。其中，最大的一项是 20 亿欧元的信用担保计划，为企业提供更优惠的信贷。另一个重要部分是为中小企业提供 2 亿欧元的优惠信贷额度。塞尔维亚政府还向企业提供为期三个月的工资补贴，金额相当于每个工人每月的最低工资。该计划中最具争议（现金发放并没有针对性，甚至补贴较富裕的公民）的部分是向每个成年公民发放 100 欧元现金的计划，总额达 6 亿欧元。然而，此方式可支撑私人消费，缓冲经济下滑。在疫情危机期间，塞尔维亚实施了相应的货币政策以支持经济。塞尔维亚国家银行效仿全球其他央行的做法，放松了货币政策，分别在 2020 年 3 月、4 月和 6 月三次下调基准利率至 1.25%。此外，塞尔维亚央行还启动了两轮债务延期偿付，使得约 80% 的家庭和 60% 的企业暂时减缓了债务负担。②

受疫情影响，塞尔维亚议会选举被推迟至 2020 年 6 月 21 日，21 个党派和党派联盟争夺议会的 250 个席位。7 月 5 日，塞尔维亚选举委员会公布的议会选举最终结果显示，此次议会选举的投票率为 48.93%。以总统武契奇领导的前进党为首的党派联盟“为了我们的孩子”获得 60.65% 的选票，赢得 188 个议席，超过独立组阁所需的议会半数席位。10 月 28 日，塞尔维亚国民议会召开特别会议，以 227 票赞成、5 票反对的表决结果通过了新一届政府组成人员名单，布尔纳比

---

① wiiw, No quick Recovery in Sight, with Coronavirus Risks looming large [R]. Forecast Report, Autumn 2020.

② wiiw, No quick Recovery in Sight, with Coronavirus Risks looming large [R]. Forecast Report, Autumn 2020.

奇连任总理。新政府由21个部委组成，设23位部长，其中2人为不管部长①。与上届政府相比，新政府增加了乡村事务部、家庭事务部以及人权与社会对话部。②

2020年11月20日，塞尔维亚政府通过《塞尔维亚2021年预算法案》，该预算法案设想总收入为13363亿第纳尔，比2020年的预计收入增加450亿第纳尔，设想总支出为15148亿第纳尔。预计2021年财政赤字将占GDP的3%，公共债务到年底将保持在58.7%的水平。③

2021年1月16日，首批中国国药集团生产的新冠疫苗抵达塞尔维亚。1月19日，塞尔维亚开始接种中国疫苗，成为首个使用中国疫苗的欧洲国家。3月18日，塞尔维亚总统武契奇与中国驻塞尔维亚大使陈波在贝尔格莱德见证塞方通过视频会议的方式与中国国药集团签署协议，再次购买一批新冠疫苗。4月6日，武契奇在塞尔维亚东部的马伊丹佩克市（Majdanpek）鲁德纳格拉瓦（Rudna Glava）的卫生防疫站，接种了第一剂来自中国国药集团的新冠灭活疫苗。④

二、中塞经贸关系发展近况

（一）中塞双边贸易近况

塞尔维亚是中国在巴尔干地区重要的经贸伙伴之一。双边贸易中，中方长期处于顺差地位。据中国海关统计，2020年，中塞双边贸易额为21.2亿美元，同比增长52.4%。其中，中国出口16.2亿美元，同比增长57.3%；中国进口5.0亿美元，同比增长38.2%。中方顺差11.3亿美元。

（二）中塞相互投资近况

据中国商务部统计，2019年当年中国对塞尔维亚直接投资流量为3360万美元。截至2019年底，中国对塞尔维亚直接投资存量为1.65亿美元。

中国在塞尔维亚的较大投资项目包括：紫金矿业集团收购波尔铜矿和Timok铜金矿（见信息专题8）；山东高速集团收购塞尔维亚一家地产企业建设中国文化中心；江苏恒康家居科技股份有限公司与丹麦Everrest APS公司合资成立塞尔维亚艾瑞斯特制品有限公司；江苏嘉德纤维科技有限公司在丘普利亚市租赁厂房开

---

① 指政府中不专管某一部事务的部长级官员，亦有称为不管部大臣、国务大臣、无任所相等的。在实行内阁制的国家，不管部长通常是内阁成员，出席内阁会议，参与政府决策，承办内阁会议或政府首脑交办的特殊重要事务。详细信息请参考：https：//baike.baidu.com/item/不管部长/1917141？fr=aladdin，检索日期：2021年10月22日。

② 新华网：http：//www.xinhuanet.com/world/2020-07/06/c_1126199377.htm，检索日期：2021年4月15日。

③ 中华人民共和国驻塞尔维亚共和国大使馆经济商务处官网：http：//yu.mofcom.gov.cn/article/jmxw/202011/20201103018016.shtml，检索日期：2021年4月15日。

④ 中国—中东欧国家合作官网：http：//www.china-ceec.org/chn/sbhz/t1863040.htm，检索日期：2021年5月15日。

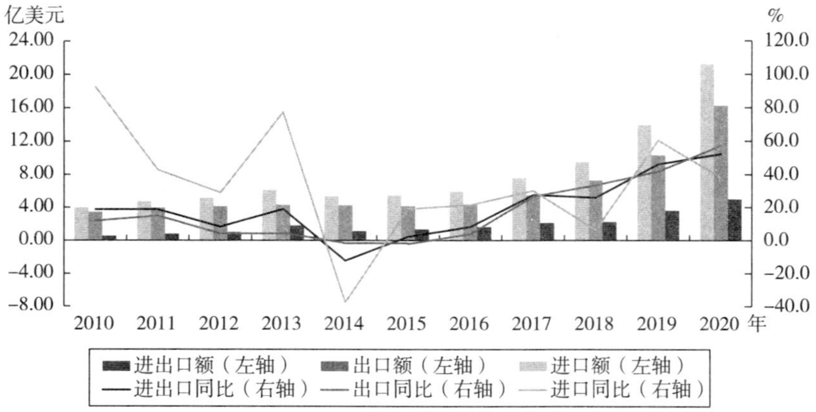

图 8 –5　2010—2020 年中塞双边贸易概况

（数据来源：中国海关、Wind 资讯）

设纤维产品生产厂。2019 年，星宇车灯、延锋汽车在塞尔维亚投资设厂。

2019 年中国企业在塞尔维亚新签承包工程合同 12 份，新签合同额 12.12 亿美元，完成营业额 6.17 亿美元。累计派出各类劳务人员 1482 人，年末在塞尔维亚劳务人员为 1864 人。新签大型承包工程项目包括：中国路桥工程有限责任公司承建塞尔维亚 E763 高速公路普瑞利纳—波热加段项目；中国路桥工程有限责任公司承建匈塞铁路诺维萨德—苏博蒂察段项目；中冶建工集团有限公司承建河钢塞尔维亚有限公司技术改造项目等。

信息专题 8　紫金矿业在塞尔维亚发展近况

紫金矿业自 2015 年起开始实施对海外优质资源的收购。对塞尔维亚波尔铜矿（见表 8 –1）和 Timok 铜金矿两处的投资进一步扩充了优质铜矿资源，提升了矿产铜产量。

2018 年 12 月 18 日，紫金矿业集团与塞尔维亚政府签署协议，出资 3.5 亿美元收购塞尔维亚政府持有的波尔铜矿 63% 的股份（塞政府保留剩余 37% 的股份）。紫金矿业还将承担波尔铜矿 2 亿美元的债务，并承诺在未来 3 年保留现有 5000 名员工的岗位，追加投资 10 亿美元，使波尔铜矿的产能由现在的每年6 万吨阴极铜翻倍达到 12 万吨。该项目成为迄今中国对塞最大投资项目。

波尔铜矿拥有 JM、VK、NC、MS 4 座铜矿山和 1 个冶炼厂，矿山位于欧亚成矿带上，成矿远景好，找矿潜力大。该项目原为亏损企业，2018 年公司被收购后，迅速扭亏为盈。塞尔维亚紫金铜业正在加快推进下属 4 座矿山和冶炼厂技改扩建，建成后每年矿山产铜 12 万吨、冶炼产铜 18 万吨。

表 8-1　　塞尔维亚紫金铜业波尔铜矿项目概况

地理位置	塞尔维亚波尔市
持股比例	63%
项目状态	在产+扩建
矿床类型	斑岩型
保有资源储量	铜 1012 万吨@0.40%，金 360 吨@0.14 克/吨
采选方法	露采+铜采+重选+浮选
2020 年产量	矿产铜 5.2 万吨，其中电解铜 4.69 万吨

资料来源：紫金矿业集团股份有限公司官网。

2019 年 3 月 12 日，紫金矿业以 93.6 亿元完成 Nevsun Resources Ltd.（以下简称 Nevsun）100%股权收购，Nevsun 拥有塞尔维亚 Timok 铜金矿上带矿 100%权益和下带矿 46%权益。

2019 年 11 月 4 日，紫金矿业通过收购自由港勘探公司（Freeport - McMoRan Exploration Corporation）持有的 CuAu International Holdings（BVI）Ltd. 72%的 B 类股份，从而获得 Timok 铜金矿下部矿带（或称"下带矿"）权益和Rakita Exploration d. o. o. 持有的探矿权的权益。本次收购完成后，紫金矿业即拥有 Timok 铜金矿上、下带矿 100%权益以及外围五宗探矿权。从资源储量来看，在全球近 20 年新发现的前十大铜矿项目中，Timok 铜矿位列第四①。

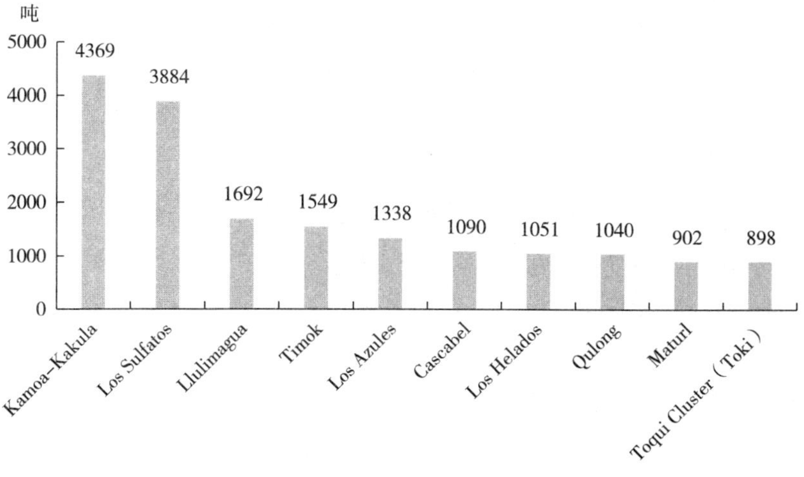

图 8-6　全球近 20 年新发现的前十大铜矿项目

（资料来源：紫金矿业集团股份有限公司官网）

① 紫金矿业在全球近 20 年新发现的前十大铜矿项目中占据三座，分别为刚果（金）卡莫阿—卡库拉铜矿（Kamoa - Kakula）、塞尔维亚 Timok 铜金矿和西藏驱龙铜矿（Qulong）。十大新发现铜矿山中，除紫金矿业旗下三座铜矿将在 2021 年建成投产外，其余均处于预可研、概略研究或勘探状态。

2020 年 6 月 8 日，Timok 铜金矿上带矿全面开工。上部矿带为地下开采，设计生产规模年处理量 330 万吨，基建期 2.5 年，总服务年限 13 年。2021 年 4 月，紫金矿业最新公告称，上带矿各项工作按计划推进，选厂各系统陆续进入设备调试和单机试车，预计 2021 年 6 月底建成投产。

2021 年，塞尔维亚紫金铜业还计划投资 4.08 亿美元（高于 2020 年的 3.6 亿美元）以彻底整合并扩建波尔铜矿的四个矿场（三个露天矿、一个地下矿）和一个冶炼厂，并改善塞尔维亚东部污染严重的博尔地区的环境。

促进当地经济发展及就业。以波尔铜矿项目为例，紫金矿业接手后，大力推行技术创新，加强各生产环节管理，降低矿石贫化率和采矿损失率，提高选矿和冶炼回收率。同时采购先进的技术装备，向信息化、自动化、智能化转型，大幅提高生产效率，降低生产运营成本，使得当地员工的月平均收入两年内在 68160 第纳尔（约合 4610 元人民币）基础上增加了 1/3，2020 年已高于全国平均工资。此外，截至 2020 年 12 月底，两个项目的塞籍员工达 5451 人，Timok 铜金矿项目 2021 年建成投产后，还将创造约 1200 个新就业岗位。中国企业的投资和经营为当地的经济作出了很大贡献。

但同时，矿产开发带来了环保问题，包括污染、噪声问题等，当地陆续有多起抗议活动，民意的发酵也给当地政府带来了压力。2020 年 9 月，紫金矿业塞尔维亚铜冶炼厂（RTB Bor copper smelter）项目暂停运营，据当地媒体报道，主因是二氧化硫排放超标，导致持续数天的空气污染，博尔市政府对塞尔维亚紫金博尔铜业公司提起了刑事诉讼。紫金矿业表示，导致二氧化硫排放超标的主要原因是设备故障。①

2021 年 4 月 14 日，英国路透社称，因塞尔维亚紫金铜业“未能遵守环境标准”，塞尔维亚矿业和能源部部长米哈伊洛维奇（Zorana Mihajlovic）在 3 月末要求该公司停止在 Jama 铜矿的竖井作业。4 月 16 日，俄罗斯卫星通讯社专门针对此事进行报道：塞尔维亚矿业和能源部部长米哈伊洛维奇澄清，Jama 铜矿确实没有被关闭，只是有关施工被暂停。由于中国紫金矿业集团在环保方面投入了巨资，塞尔维亚专家相信，该国政府的环保诉求很快会得到解决。塞尔维亚紫金矿业公司旗下铜矿被暂时关停的事件可以分为民意发酵与群众抗议、政府回应、媒体报道与误读、紫金矿业和塞尔维亚政府回应四个阶段。这次事件最初源于当地铜矿在生产过程中产生的噪声问题，当地的部分居民觉得受到

① 更多信息请参考：https：//news. smm. cn/news/101278674。

了滋扰，于是自2020年起陆续有当地居民向政府投诉，给当地政府带来一定的压力。塞尔维亚矿业和能源部部长米哈伊洛维奇称，对紫金矿业的有关举措是"对Jama矿附近居民投诉做出的回应"。此事也引起了西方媒体的关注，但是在报道的过程中，部分西方媒体采取了误导性的报道方式，使用了如停工（halts work）、关停（cease）、关闭（closed）等字样，夸大了相关事实。4月16日，紫金矿业集团对此回复，事实上该集团在塞尔维亚的4个铜矿生产运营正常，Jama铜矿"暂停了新建工程施工"，其矿山生产运营正常进行中。同时，紫金矿业也再次公开了在当地环保上的巨大投入和成效：完成当地所有尾矿库、露采边坡的绿化，种植6.13万株苗木，新增绿化面积34.9万平方米；在治理粉尘、废水、废气等方面也采取了很多措施。截至2020年底，紫金矿业公司对环保的投入达到7658万美元。而2021年至2022年公司还将增加环保投入2000万美元。①

由此可见，负面的舆论宣传也是中资企业海外投资必须面对的一个难题。对于"走出去"的中国企业来说，首先，遵守当地的法律法规和环保标准是应有之义，能够从根本上解决大部分问题。其次，中国企业不仅要与政府建立良好关系，还要积极发展与议会的关系。要关注塞尔维亚议会和地方议会讨论的焦点问题，尤其是与环保议题相关的，并与在相关议题上有影响力的议员保持良好的沟通，一方面可以报告企业对于地方的贡献；另一方面也可以反映相关的问题和困难，争取对方的理解和支持。最后，民心相通是消除负面舆论的重要方法。应积极建立与当地居民的良好联系，宣传企业的环保努力和环保成果。

① 更多信息请参考：https：//zhuanlan. zhihu. com/p/371181765。

参考文献

[1] 安永 . 2020 年全年中国海外投资概览 [R]. 2021 - 02.

[2] 华红娟 . 中国与中东欧国家产业深度合作的实现路径研究 [J]. 区域经济评论，2020（5）.

[3] 姜建清 . 中东欧经济研究报告 2019—2020 [M]. 北京：中国金融出版社，2020.

[4] 姜建清 . 中东欧经济研究报告 2018—2019 [M]. 北京：中国金融出版社，2019.

[5] 姜琍 . 中东欧国家加入欧元区前景分析 [J]. 欧亚经济，2018（4）.

[6] 刘倩倩，Polyxeni Davarinou. 从中远集团希腊比雷埃夫斯港项目看“一带一路”中希经济合作 [Z]. 2019 - 12.

[7] 刘作奎 . 中国企业对中东欧国家营商环境看法调研报告（2020）[J]. 欧亚经济，2020（4）.

[8] 胡勇 . 南南合作视野下的中国—中东欧国家合作 [J]. 社会科学，2017（10）.

[9] 欧盟中国商会，罗兰贝格企业管理咨询公司 . 迅捷行动，共创未来 [R]. 2020.

[10] 中国信息通信研究院 . 全球数字经济新图景（2020）——大变局下的可持续发展新动能 [R]. 2020 - 10.

[11] 中国商务部国际贸易经济合作研究院，中国驻波兰大使馆经济商务参赞处，中国商务部对外投资和经济合作司 . 对外投资合作国别（地区）指南波兰（2020 年版）[R]. 2021.

[12] 中国商务部国际贸易经济合作研究院，中国驻捷克大使馆经济商务参赞处，中国商务部对外投资和经济合作司 . 对外投资合作国别（地区）指南捷克

（2020 年版）［R］. 2021.

［13］中国商务部国际贸易经济合作研究院，中国驻斯洛伐克大使馆经济商务参赞处，中国商务部对外投资和经济合作司. 对外投资合作国别（地区）指南斯洛伐克（2020 年版）［R］. 2021.

［14］中国商务部国际贸易经济合作研究院，中国驻匈牙利大使馆经济商务参赞处，中国商务部对外投资和经济合作司. 对外投资合作国别（地区）指南匈牙利（2020 年版）［R］. 2021.

［15］中国商务部国际贸易经济合作研究院，中国驻爱沙尼亚大使馆经济商务参赞处，中国商务部对外投资和经济合作司. 对外投资合作国别（地区）指南爱沙尼亚（2020 年版）［R］. 2021.

［16］中国商务部国际贸易经济合作研究院，中国驻拉脱维亚大使馆经济商务参赞处，中国商务部对外投资和经济合作司. 对外投资合作国别（地区）指南拉脱维亚（2020 年版）［R］. 2021.

［17］中国商务部国际贸易经济合作研究院，中国驻立陶宛大使馆经济商务参赞处，中国商务部对外投资和经济合作司. 对外投资合作国别（地区）指南立陶宛（2020 年版）［R］. 2021.

［18］中国商务部国际贸易经济合作研究院，中国驻罗马尼亚大使馆经济商务参赞处，中国商务部对外投资和经济合作司. 对外投资合作国别（地区）指南罗马尼亚（2020 年版）［R］. 2021.

［19］中国商务部国际贸易经济合作研究院，中国驻保加利亚大使馆经济商务参赞处，中国商务部对外投资和经济合作司. 对外投资合作国别（地区）指南保加利亚（2020 年版）［R］. 2021.

［20］中国商务部国际贸易经济合作研究院，中国驻斯洛文尼亚大使馆经济商务参赞处，中国商务部对外投资和经济合作司. 对外投资合作国别（地区）指南斯洛文尼亚（2020 年版）［R］. 2021.

［21］中国商务部国际贸易经济合作研究院，中国驻克罗地亚大使馆经济商务参赞处，中国商务部对外投资和经济合作司. 对外投资合作国别（地区）指南克罗地亚（2020 年版）［R］. 2021.

［22］中国商务部国际贸易经济合作研究院，中国驻阿尔巴尼亚大使馆经济商务参赞处，中国商务部对外投资和经济合作司. 对外投资合作国别（地区）指南阿尔巴尼亚（2020 年版）［R］. 2021.

［23］中国商务部国际贸易经济合作研究院，中国驻塞尔维亚大使馆经济商务参赞处，中国商务部对外投资和经济合作司. 对外投资合作国别（地区）指南

塞尔维亚（2020 年版）［R］. 2021.

［24］中国商务部国际贸易经济合作研究院，中国驻北马其顿大使馆经济商务参赞处，中国商务部对外投资和经济合作司. 对外投资合作国别（地区）指南北马其顿（2020 年版）［R］. 2021.

［25］中国商务部国际贸易经济合作研究院，中国驻波黑大使馆经济商务参赞处，中国商务部对外投资和经济合作司. 对外投资合作国别（地区）指南波黑（2020 年版）［R］. 2021.

［26］中国商务部国际贸易经济合作研究院，中国驻欧盟使团经济商务参赞处，中国商务部对外投资和经济合作司. 对外投资合作国别（地区）指南欧盟（2020 年版）［R］. 2021.

［27］中国商务部国际贸易经济合作研究院，中国驻希腊大使馆经济商务参赞处，中国商务部对外投资和经济合作司. 对外投资合作国别（地区）指南希腊（2020 年版）［R］. 2021.

［28］中国商务部. 中国外资统计公报 2020［R］. 2020 - 11.

［29］中国商务部，国家统计局，国家外汇管理局. 2019 年度中国对外直接投资统计公报［R］. 2020 - 09.

［30］中国—中东欧研究院. 波兰更换外交部长. 2020 - 09.

［31］中国—中东欧研究院. 2020 年克罗地亚重要外交事件回顾. 2020 - 12.

［32］中国—中东欧研究院. 2020 年拉脱维亚主要政治事件回顾. 2020 - 12.

［33］中国—中东欧研究院. 女性领导立陶宛政治变革. 2020 - 12.

［34］中国—中东欧研究院. 疫情对罗马尼亚经济的影响. 2020 - 10.

［35］中国—中东欧研究院. 2020 年罗马尼亚外交回顾. 2020 - 12.

［36］中国—中东欧研究院. 2020 年斯洛伐克政治发展回顾. 2020 - 12.

［37］中国—中东欧研究院. 2020 年的斯洛伐克外交. 2020 - 12.

［38］中国—中东欧研究院. 2021 年斯洛伐克最重大的政治事件. 2021 - 01.

［39］中国—中东欧研究院. 2020 年斯洛文尼亚政治回顾. 2020 - 12.

［40］中国—中东欧研究院. 疫情背景下的宪法修正案. 2020 - 10.

［41］中国—中东欧研究院. 北马其顿新一届联合政府成立. 2020 - 09.

［42］中国—中东欧研究院. 2020 年黑山外交发展回顾. 2020 - 12.

［43］中欧陆家嘴国际金融研究院、中东欧经济研究所，《中东欧视界》，2020（3）。

［44］中欧陆家嘴国际金融研究院、中东欧经济研究所，《中东欧视界》，2020（4）。

［45］中欧陆家嘴国际金融研究院、中东欧经济研究所，《中东欧视界》，2020（8）。

［46］中欧陆家嘴国际金融研究院、中东欧经济研究所，《中东欧视界》，2021（1）。

［47］中欧陆家嘴国际金融研究院、中东欧经济研究所，《中东欧视界》，2021（4）。

［48］中欧陆家嘴国际金融研究院、中东欧经济研究所，《中东欧视界》，2021（5）。

［49］ECB. Convergence Report. May 2018.

［50］ECB. Convergence Report. June 2020.

［51］Ettore Dorrucci, Michael Fidora, Christine Gartner and Tina Zumer. The European exchange rate mechanism (ERM Ⅱ) as a preparatory phase on the path towards euro adoption – the cases of Bulgaria and Croatia. ECB Economic Bulletin, 8, 2020.

［52］European Commission. European Economic Forecast Autumn 2020. Institutional Paper 136, November 2020.

［53］European Commission. European Economic Forecast Winter 2021 (Interim). Institutional Paper 144. February 2021.

［54］European Commission. EU's Next Long – term Budget & Next Generation EU: Key Facts and Figures. November 2020.

［55］European Commission. Breakdown of Cohesion Policy Allocation per Member States. July 2020.

［56］European Commission. Recovery and Resilience Facility – Grants Allocation per Member States. July 2020.

［57］European Commission. Flash Eurobarometer 487 – Introduction of the Euro in the Member States that have not yet adopted the common Currency. July 2020.

［58］European Commission. Debt Sustainability Monitor 2019. Economic and Financial Affairs. Institutional Paper 120, January 2020.

［59］European Commission. A Digital Single Market Strategy for Europe. May 2015.

［60］European Commission. Digital Economy and Society Index (DESI). June 2020.

［61］European Commission. International Digital Economy and Society Index 2020. December 2020.

[62] European Commission. European Network of Public Employment Services, Short – time Work Schemes in the EU. May 2020.

[63] European Trade Union Confederation. Short Time Work Measures across Europe. November 2020.

[64] Eurofound (2020). Living, Working and COVID – 19 Dataset. Dublin.

[65] IMF. World Economic Outlook: Managing Divergent Recoveries. April 2021.

[66] Jérôme Creel, Mario Holzner, Francesco Saraceno, Andrew Watt and Jérôme Wittwer. How to spend it: A Proposal for a European Covid – 19 Recovery Programme. Policy Notes and Reports 38, June 2020.

[67] Magyar Nemzeti Bank, Central Bank of Hungary and China – CEE Institute. Hungary and RMB Internationalisation. April 2019.

[68] McKinsey&Company. Digital Challengers in the next normal. October 2020.

[69] McKinsey&Company. The Rise of Digital Challengers. November 2018.

[70] Mario Holzner. One Trillion Euros for Europe. Policy Notes and Reports 35, November 2019.

[71] National Bank of Greece. A digital Reboot for the Greek Economy. Sectoral Report. April 2020.

[72] Nauschnigg, F. "The Austrian ASFINAG as a model for more infrastructure investment in the EU". Contribution to the 19th FMM Conference, 24 October 2015.

[73] Nauschnigg, F. (2015b). "Die österreichische Infrastrukturgesellschaft ASFINAG als verkehrspolitisches Modell". Wirtschaftsdienst, 95 (5), 2015: 342 – 346.

[74] OECD (2020). Education at a Glance 2020: OECD Indicator. OECD Publishing. Paris.

[75] OECD. International Migration Outlook 2020. October 2020.

[76] OECD. OECD Digital Economy Outlook 2020. November 2020.

[77] wiiw. No quick Recovery in Sight, with Coronavirus Risks looming large. Forecast Report, Autumn 2020.

[78] wiiw. Handbook of Statistics 2020: Central, East and Southeast Europe. December 2020.

[79] World Economic Forum. "Estonia built one of the world's most advanced digital societies. During COVID – 19, that became a lifeline". July 1 2020.

[80] UNCTAD. Digital Economy Report 2019. September 2019.

后　　记

《中东欧经济研究报告 2020—2021》是在主编姜建清先生和副主编盛松成先生、陈进女士的主导和策划下完成的，同时也是中欧陆家嘴国际金融研究院、中东欧经济研究所集体研究的成果。具体撰写人员如下：前言由陈玺撰写；第一章由孙丹撰写；第二章、第三章、第四章由陈玺撰写；第五章由于卫国撰写；第六章由蒋雪云撰写；第七章和第八章由陈玺和蒋雪云共同撰写。全书初稿完成后，主编和副主编进行了多次修订。

我们还要向支持这项课题研究及其成果发布的所有领导、专家和机构表示感谢。这份报告得以顺利完成，尤其要感谢中欧国际工商学院院长汪泓教授、副院长兼教务长丁远教授、副院长兼中方教务长张维炯教授以及中国—中东欧基金对课题研究的大力支持。在出版过程中，我们也得到了中国金融出版社的鼎力支持。本书责任编辑王效端、张菊香为本书的出版和发行付出了很多努力，在此一并诚致谢忱。

在编写本书过程中，我们参阅了中国政府有关部门、国内和国际各大研究机构、评级机构的公开信息，特此说明并致谢意。由于时间仓促及能力所限，其中一些研究还较为肤浅，不当之处在所难免，在此，恳请有关专家、读者批评指正为盼。

编者
2021 年 6 月